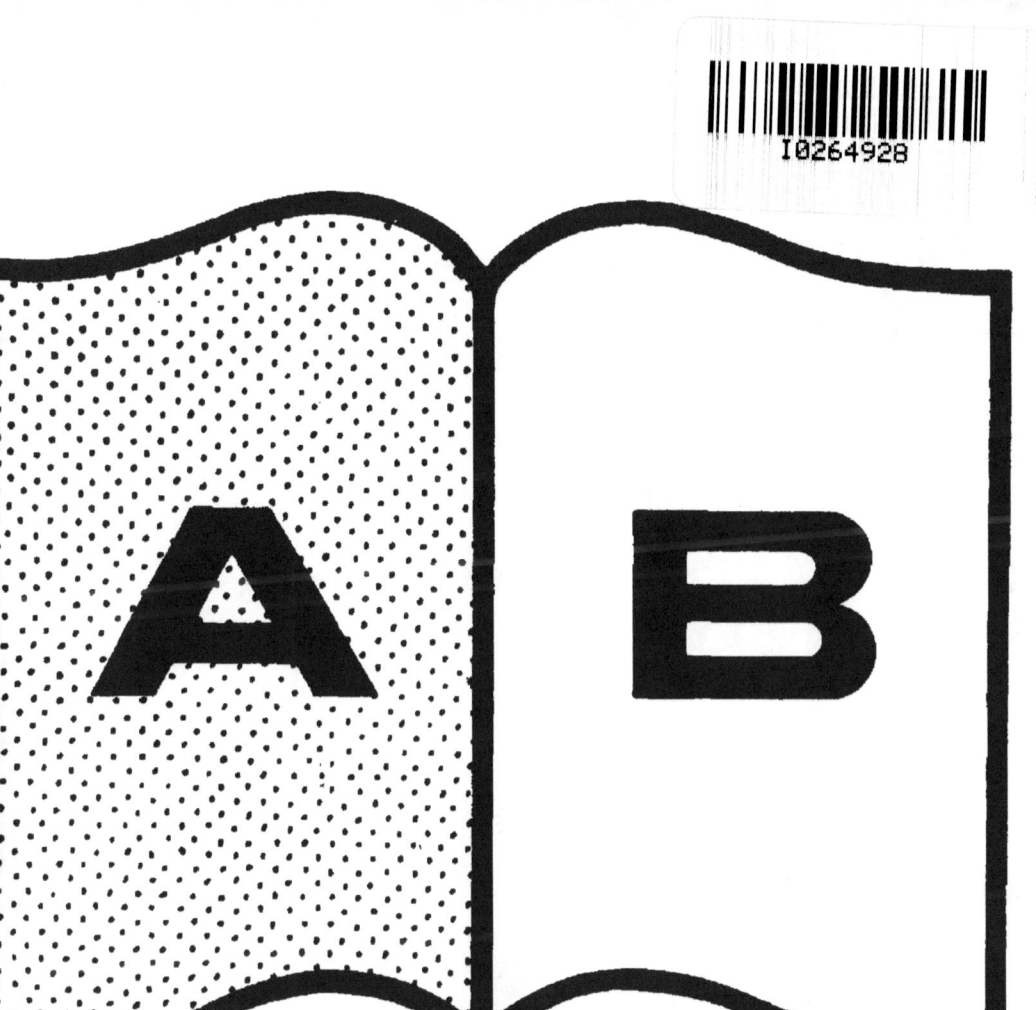

Contraste insuffisant

NF Z 43-120-14

L⁴j 5

COURS
D'ANTIQUITÉS
MONUMENTALES.

T. CHALOPIN, IMPRIMEUR-LIBRAIRE,

rue froide, n°. 2.

COURS D'ANTIQUITÉS MONUMENTALES,

Professé à Caen, en 1830,

PAR M. DE CAUMONT,

CORRESPONDANT DE L'INSTITUT,

SECRÉTAIRE DE LA SOCIÉTÉ DES ANTIQUAIRES DE NORMANDIE, MEMBRE DE LA SOCIÉTÉ
ROYALE DES ANTIQUAIRES DE FRANCE, DES SOCIÉTÉS DES ANTIQUAIRES DE
LONDRES ET D'ÉCOSSE, DE L'ACADÉMIE ROYALE D'HISTOIRE DE
MADRID, ET DE PLUSIEURS AUTRES COMPAGNIES SAVANTES
FRANÇAISES ET ÉTRANGÈRES.

HISTOIRE
DE
L'ART DANS L'OUEST DE LA FRANCE,

DEPUIS LES TEMPS LES PLUS RECULÉS
JUSQU'AU XVIIe. SIÈCLE.

TOME DEUXIÈME.

SECONDE PARTIE

Ère Gallo-Romaine.

PARIS,

CHEZ LANCE, RUE DU BOULOY, N°. 7;
CAEN, T. CHALOPIN, IMPRIMEUR, RUE FROIDE;
MARIE-VIEL, RUE S. SAUVEUR; AVONDE, RUE S. JEAN.
ROUEN, FRÈRE, QUAI DE PARIS.—POITIERS, SAURIN.

1831.

TABLE DES SOMMAIRES

DU

PREMIER AU NEUVIÈME CHAPITRE.

CHAPITRE Ier.

Page 1.

Une Ere nouvelle commence en Gaule pour les arts et la civilisation, après la conquête de ce pays par les Romains.— Premier établissement romain formé dans la Gaule transalpine.— Expédition de Jules César.— Conquête des cités comprises entre la Seine et la Loire, par Crassus, lieutenant de César.— Révolte des mêmes cités l'année suivante.— Défaite des insurgés.— Siège d'Alise. — Soumission complète de la Gaule.— Efforts infructueux tentés par les Gaulois pour recouvrer leur indépendance.

CHAPITRE II.

Page 11.

Aperçu des changements qui s'introduisirent dans la circonscription des provinces durant l'ère gallo-romaine.—Etendue des 2me. et 3me. Lyonnaises et distribution géographique des peuples compris entre la Seine et la Loire.—Examen des renseignements transmis sur cette partie de la Gaule par Strabon, Pline et Ptolémée d'Alexandrie.

CHAPITRE III.

Page 27.

Continuation du sujet. — Notions préliminaires sur les mesures de distance usitées en Gaule sous la domination romaine. — Itinéraire d'Antonin. — Explication de la partie de cette table qui se rapporte à la 2°. et la 3°. Lyonnaise. — Carte de Peutinger. — Son origine probable et son importance.—Examen d'un fragment de cette carte figurant la France occidentale. — Un mot sur la Notice des dignités de l'empire, et sur le parti qu'on en peut tirer pour l'avancement de la géographie ancienne. — Notice des Gaules. — Observations relatives aux noms des villes gallo-romaines.

CHAPITRE IV.

Page 90.

Importance et multiplicité des voies établies en Gaule sous la domination romaine.—Système d'après lequel elles ont été établies.—Exemples tirés de quelques voies observées dans la France occidentale.— Les chemins étaient divisés au moyen de colonnes régulièrement espacées.— Forme des bornes itinéraires et style des inscriptions qui les couvrent.—Description de plusieurs monuments pyramidaux placés sur le bord des voies antiques.—Aperçu géographique sur quelques-unes des routes gallo-romaines qui parcouraient la Normandie occidentale.

CHAPITRE V.

Page 155.

Objet du chapitre.—Du peu de vestiges apparents que présentent aujourd'hui les établissements gallo-romains. — Observations à ce sujet. — Examen des différents genres d'appareils usités dans les constructions romaines.—Mosaïques et pavés des édifices.—Description des poëles ou hypocaustes.—Placages et ornements des murs.—Tuiles des toits, etc., etc.—Objets répandus le plus abondamment dans les lieux habités sous la domination romaine.— Poteries. — Poteries rouges ornées de bas-reliefs.—Détails sur les procédés suivis pour la fabrication des vases de cette espèce.— Poteries noires. —Poteries grises et rougeâtres plus ou moins soignées. —Figurines en terre cuite. — Petites meules et autres ustensiles.

CHAPITRE VI.

Page 225.

Utilité des recherches au moyen desquelles on peut déterminer la position des lieux habités sous la domination romaine.— Indication de quelques localités des départements du Calvados, de l'Eure et de l'Orne, qui ont offert des vestiges de constructions antiques.— Faits généraux résultant de l'examen comparatif des débris observés dans ces trois départements et dans un très-grand nombre d'autres contrées de la France occidentale.

CHAPITRE VII.

Page 248.

Des sepultures gallo-romaines.—Elles peuvent indiquer l'importance relative des centres d'habitation et fournir de précieux documents sur les arts et les mœurs de l'époque. — Deux modes de sépulture employés durant l'ère gallo-romaine, l'usage de brûler les morts fut d'abord presque général, on l'abandonna graduellement dans le IIIème siècle. — Description des urnes cinéraires et des vases qui les accompagnent dans les cimetières antiques. — Aperçu comparatif des faits observés dans plusieurs grands dépôts d'urnes cinéraires. Les corps non brûlés ont été renfermés dans des cercueils. — Ils sont accompagnés de vases de différentes formes et souvent de quelques autres objets d'art, comme les urnes. — Description de quelques sépultures gallo-romaines du IVe siècle et de la seconde moitié du IIIe.

CHAPITRE VIII.

Page 289.

Du soin que les Romains apportaient dans le choix des lieux où ils établissaient leurs campements. — Aperçu de l'organisation des légions et de leur discipline. — Ordre et arrangement des troupes dans les camps. — Considérations sur les changements survenus dans les troupes romaines sous les empereurs et surtout au IVe. siècle. Description de plusieurs camps présumés de l'époque romaine observés en Normandie : ils sont tous sur des points élevés. — Inductions tirées de la position, du nombre et de la distribution géographique de ces monuments, pour déterminer l'époque à laquelle la plupart d'entr'eux ont été établis.

CHAPITRE IX.

Page 344.

Continuation du sujet. — Enceintes murales des villes gallo-romaines. — Forme, étendue, mode de construction de ces enceintes. — Presque toutes sont fondées sur des pierres taillées et souvent sculptées provenues de grands édifices détruits. — Nombreux exemples à l'appui de cette assertion. — Déduction tirée de ce fait et de quelques autres pour déterminer à quelle époque les villes gallo-romaines ont été pourvues de murailles militaires. — Conclusion.

ADDITIONS ET CORRECTIONS.

Pag. 18, lig. 15, sarges, *lisez* sauges.
— 61, 12, la trace, *lisez*, le tracé.
— 100, 7, le n°. 1ᵉʳ., *lisez* le n°. 3.
— 106, 5ᵐᵉ. paragraphe du tableau, — à peu de distance de Lisieux, *lisez*, à peu de distance de la route de Lisieux.
— 113, 10, *supprimez*, à peu près en ligne droite.
— 132, 15 et suivantes, — traversant la cour de la grande ferme de Rouvres, près de laquelle on a trouvé des médailles romaines, en parcourant le territoire de Sassy, etc., *lisez*, traverse la rivière entre la ferme de Rouves, et le Château d'Ouilly, près duquel on a trouvé des médailles, parcourt le territoire d'Olendon, celui de Perrières, puis incline vers l'Est, pour gagner les ponts de Jort. Il y a lieu de croire qu'à partir de Perrières, une route antique, se dirigeait vers le Sud, en passant par les monts d'Eraines; de là elle se dirigeait peut-être par Montabar, Ecouché, sur Jublains où Le Mans. Les recherches que nous avons entreprises M. Galeron et moi, éclairciront, j'espère, cette question de Géographie.
— 194, 12, hauteur, *lisez* profondeur.
— 165, 17-18, beaucoup d'observations, *lisez* d'excellentes observations.
— 197 26, vase brite, *lisez* vase brisé.
— id., 14, d'un gland, *lisez* par un gland.
— 199, 17, le vase n°. 5, *lisez* le vase n°.3.
— id., 25, l'espace de ans, *lisez* l'espace de 40 ans.
— 231, 8, de la note VITA ETERNAM, *lisez* VITA ETERNAM.
— 232, 25, construction, *lisez* constructions.
— 237, 26, la traddition, *lisez* la tradition.
— 249, 11, taples, *lisez* tables.
— 259, 13, le tombeau, *lisez* le cippe.

COURS D'ANTIQUITÉS MONUMENTALES.

SECONDE PARTIE.

CHAPITRE Ier.

Une Ere nouvelle commence en Gaule pour les arts et la civilisation, après la conquête de ce pays par les Romains. — Premier établissement romain formé dans la Gaule transalpine. — Expédition de Jules César. — Conquête des cités comprises entre la Seine et la Loire, par Crassus, lieutenant de César. — Révolte des mêmes cités l'année suivante. — Défaite des insurgés. — Siège d'Alise. — Soumission complète de la Gaule. — Efforts infructueux tentés par les Gaulois pour recouvrer leur indépendance.

Messieurs,

Un des plus grands événements de l'antiquité, la conquête de la Gaule par les Romains, établit une coupe bien naturelle dans l'histoire des monuments nationaux.

Ces peuples demi-barbares, sans annales, vont quitter leurs mœurs sauvages pour adopter les mœurs et les arts de Rome, se livrer à tous les genres d'industrie et élever des villes qui rivaliseront avec les cités de l'Italie.

A cette époque une ère nouvelle commence en Gaule pour les arts et la civilisation.

Le premier établissement des Romains dans la Gaule Transalpine date de l'an 124 avant J. C. ; alors ils fondèrent la colonie d'*Aquæ Sextiæ*, aujourd'hui Aix en Provence.

Le territoire de cette colonie s'accrut successivement et forma bientôt une province romaine; mais cette province n'occupa qu'une petite partie de la France méridionale, jusqu'au temps où les Helvétiens résolurent de quitter leur patrie pour aller envahir d'autres contrées (environ 60 ans avant J. C.). Le sénat, craignant alors pour la nouvelle colonie le résultat de ce soulèvement, résolut de s'y opposer et fit passer au-delà des Alpes une armée sous la conduite de Jules César qui projeta dès lors la conquête de toute la Gaule.

Les faits d'armes des légions romaines sont

assez connus pour que je doive les passer ici sous silence. Permettez-moi seulement de vous rappeler que les cités armoriques dont faisait partie le pays que nous habitons, furent conquises l'an 57 avant J.-C. par un des lieutenants de Jules César, Publius Crassus, auquel ce général avait confié le commandement d'une légion.

Les Armoriques, d'abord si facilement conquises, ne tardèrent pas à se révolter. César raconte, dans le troisième livre de ses commentaires, comment il fut obligé, pour réduire les Venètes, de faire construire une flotte sur les bords de la Loire (1), et de leur livrer un combat naval durant l'été de l'année 56 avant J.-C. (2).

Une autre victoire fut remportée presqu'en même temps par Sabinus, envoyé pour contenir les cités du Nord de l'Armorique.

Dès que Sabinus était arrivé avec les trois

---

(1) M. Bodin pense que les chantiers de construction furent établis dans un camp situé au confluent de la Maine et de la Loire, au-dessous d'Angers. Cette enceinte que j'ai visitée présente la forme d'un triangle dont les cotés sont formés par les deux fleuves et la base par un vaste retranchement qui s'étendait d'une rivière à l'autre; elle n'a pas moins de 14,400 mètres de pourtour : on y a trouvé beaucoup de médailles et quelques débris de constructions romaines.

(2) Cæsar de bello gallico, liv. III.

légions qu'il commandait, sur le territoire des Unelles, le peuple s'était soulevé. Les Aulerques Eburoviques (peuples du territoire d'Evreux) et les Lexoves (peuples de Lisieux) avaient massacré leurs sénateurs qui refusaient de prendre part à l'insurrection, et s'étaient réunis aux Unelles.

L'armée des insurgés était commandée par Viridovix (1), qui, selon le récit de César, avait encore fait venir des diverses parties de la Gaule, une foule d'hommes que leur humeur belliqueuse détournait des travaux agricoles.

La tactique de Sabinus triompha du nombre des insurgés; trompés par un stratagême, ils attaquèrent les Romains retranchés dans une position avantageuse (2), et furent complètement défaits. Les cités se rendirent aussitôt

(1) His præerat Viridovix, ac summam imperii tenebat earum omnium civitatum quæ defecerant. Cæs. de bello gallico, liv. III.

(2) M. de Gerville a découvert, à l'extrémité d'une montagne appelée *le Mont Castre*, qui s'étend sur les paroisses de Lithaire et du Plessis (Manche), l'enceinte d'un camp qui contient environ 40 hectares ou 80 arpents, espace suffisant pour trois légions, et qu'il regarde comme ayant été occupé par l'armée de Sabinus.

D'autres vestiges de campements situés dans la lande de Laune, canton de Lessay, ont paru à M. de Gerville indiquer la position occupée par les Gaulois.

V. les Archives normandes, 1er. vol., page 101, 102.

après, et, l'hiver suivant, plusieurs légions qui avaient été employées à tenir en respect les Morins et les Ménapiens, vinrent prendre leurs quartiers chez les Aulerques, les Lexoves et les autres peuples vaincus.

L'an 52 avant J.-C., lors du soulèvement général des Gaules et du siége de la ville d'Alise, les cités de l'Armorique fournirent leur contingent de guerriers. Les Aulerces Cénomans en envoyèrent 8,000, les Lexoves et les Aulerces Eburovices chacun 3,000, les Caletes, les Osismes, les Venetes, les Unelles, 6,000, etc., etc. Dans cette campagne comme dans les précédentes, le succès ne répondit pas au courage de l'armée gauloise, et l'issue désastreuse du siége d'Alise épuisa les ressources, en même temps qu'elle jeta le découragement dans les esprits.

Cependant la population gauloise était abattue, mais non soumise encore; une nouvelle ligue s'organisa, et trois centres de résistance furent établis chez les Bellovaques (habitants de Beauvais), dans le Nord; chez les Andes (habitants de l'Anjou), dans l'Ouest; et le troisième dans le midi, chez les Cadurques (habitants du pays de Cahors) (1).

(1) Voyez l'histoire des Gaulois par M. Thierry, tome III.

Mais les troupes romaines triomphèrent, par leur tactique, de la valeur et des efforts des guerriers gaulois.

Après dix ans de combats, la Gaule fut enfin soumise à l'empire romain.

César travailla surtout à s'attacher les Gaulois vaincus par une douce administration. Les peuples conservèrent leurs terres, leurs villes, la forme essentielle de leur gouvernement; un impôt de 40 millions de sesterces fut seulement établi sous la dénomination de solde militaire (1).

Cependant il fallait donner à la Gaule une organisation conforme à celle des autres provinces de l'empire; à cet effet, Auguste tint à Narbonne, 27 ans avant l'ère chrétienne, une grande assemblée qui avait aussi pour but de faire le dénombrement des personnes et de leurs biens, afin d'asseoir l'impôt sur de nouvelles bases (2), et de doter la Gaule des établissements qui pouvaient hâter les progrès de la prospérité publique et de la civilisation.

---

(1) Hist. des Gaulois par M. A. Thierry, 5e. volume.-40 millions de sesterces représentent une valeur de 8,200,000.

(2) Drusus, beau-fils de l'empereur, fut chargé du dénombrement et s'acquitta de cette mission avec une justice et une douceur qui lui gagnèrent l'affection de la Gaule.

Auguste réussit à donner aux différents peuples de la Gaule l'unité politique qui leur manquait, et bientôt ils se mêlèrent intimement aux Romains.

Cependant la Gaule devait encore faire quelques efforts pour recouvrer son indépendance. L'an 21 de l'ère chrétienne, le Trévire J. Florus et l'Eduen J. Sacrovir excitèrent un soulèvement.

Les Andes et les Turons montrèrent dans cette circonstance une impatience qui manqua de faire échouer le complot; ils prirent les armes avant le signal et furent bientôt arrêtés par une cohorte envoyée de Lyon et par un corps de troupes légionnaires.

Les autres cités protestèrent de leur fidelité à l'empire pour détourner les soupçons qu'avait fait naître la révolte prématurée des Andes et des Turons, puis elles se soulevèrent; mais après quelques batailles malheureuses, Sacrovir se vit forcé de fuir dans une maison de campagne qu'il possédait près d'Autun; il y mit le feu et se poignarda.

Les Gaulois firent dans la suite (68-70) un dernier effort pour secouer le joug des Romains et recouvrir leur indépendance. Le mouvement fut dirigé par le Batave J. Civilis, qui déguisa d'abord son projet de révolte en faisant marcher les cohortes qu'il commandait sous les aigles de Vespasien, celui des prétendants à l'empire qui était le plus éloigné (1).

Civilis entraîna dans la révolte J. Classicus, de Trèves, Tutor, chargé par Vitellius de garder les rives du Rhin, et Sabinus, de Langres.

Ses forces devinrent considérables surtout lorsque les Germains lui eurent envoyé des secours. Il assiéga dans leur camp les légions romaines, et secondé par Classicus et Tutor, il remporta sur elles plusieurs avantages.

Sabinus ne fut pas aussi heureux; après s'être fait proclamer César dans la ville de Langres, il marcha contre les Sequanes, à la tête d'une troupe indisciplinée, et fut défait (2).

Tacite parle longuement (3) des combats de Civilis avec les Romains ; après divers succès, le Batave éprouva des revers, et les Rémois

---

(1) Taciti hist. lib. IV.-V., aussi l'histoire des Gaulois par M. Thierry et l'hist. des Français par M. de Sismondi.

(2) Sabinus fit répandre le bruit de sa mort et put encore, en se cachant, prolonger sa vie pendant 9 années. On connaît le dévouement de son épouse Eponine qui voulut partager le sort de son mari.

(3) Lib. IV.

convoquèrent une assemblée de la Gaule pour délibérer entre la paix et une liberté qu'il fallait acheter par la guerre. Les cités, qui avaient déjà fait de sérieuses réflexions sur les suites de l'insurrection, se décidèrent pour la paix ; les députés des Trévires opinèrent seuls pour la guerre (1).

Cependant la guerre se prolongea quelque temps encore ; mais Civilis finit par se soumettre ; il obtint même la permission de vivre tranquille dans ses domaines.

Telle fut la dernière tentative faite par les Gaulois pour revenir à un ordre social et à un gouvernement qui n'étaient plus dans leurs mœurs et qui n'étaient pas désirables ni possibles. La Gaule était déjà romaine et devait rester une dépendance de l'empire.

Après Civilis et pendant près de 200 ans, les guerres qui éclatèrent dans cette province n'eurent pour but que de porter au pouvoir tantôt l'un, tantôt l'autre des généraux qui commandaient les légions (2).

---

(1) Taciti hist. lib. IV.—V., aussi l'histoire des Gaulois par M. Thierry, t. III.

(2) Voyez l'histoire des Français par M. de Sismondi, premier volume.

J'avais pensé à vous présenter un tableau complet des événements qui se succédèrent en Gaule depuis la conquête des Romains jusqu'à l'invasion des barbares; mais cet exposé nous détournerait de l'objet principal de nos conférences, *l'Histoire monumentale*. J'ai donc renoncé à mon premier projet, et je me contenterai de vous soumettre quelques réflexions sur l'état de la Gaule au IVe. siècle, mais seulement à la fin de la 3e. partie du Cours, et lorsque nous aurons appris quel était l'état de l'art durant la période gallo-romaine.

Cet aperçu historique à partir de Constantin, sous lequel la religion chrétienne prit de grands accroissements, jusqu'au temps où les peuples barbares qui inondaient l'empire brisèrent la puissance romaine, nous servira d'ailleurs de transition à l'étude du moyen âge.

CHAPITRE II.

Aperçu des changements qui s'introduisirent dans la circonscription des provinces durant l'ère gallo-romaine.— Etendue des 2me. et 3me. Lyonnaises et distribution géographique des peuples compris entre la Seine et la Loire.—Examen des renseignements transmis sur cette partie de la Gaule par Strabon, Pline et Ptolémée d'Alexandrie.

Nous commencerons l'intéressante revue que nous devons faire des monuments élevés en Gaule depuis la conquête de Jules César, jusqu'à l'invasion des barbares au Vme. siècle, par la description de ces chemins établis avec tant de solidité et qui contribuèrent si puissamment à hâter chez nous la colonisation des arts et de la civilisation de Rome.

Avant tout, il nous faut jeter un coup-d'œil sur les changements qui s'introduisirent dans la circonscription des provinces, et prendre connaissance des renseignements que nous ont transmis les auteurs anciens sur la géographie de la Gaule devenue romaine.

Nous avons vu dans la première leçon, que César trouva la Gaule partagée entre trois nations principales, les *Belges*, les *Celtes* et les *Aquitains*, et nous avons fait connaître les limites naturelles qui les séparaient les unes des autres (1re. partie du cours, page 20).

Auguste qui donna tous ses soins à organiser un bon gouvernement chez les peuples conquis, forma trois nouvelles provinces de ces trois pays. Mais comme l'Aquitaine comprise entre les Pyrénées et la Garonne n'était pas en proportion avec les deux autres, elle reçut 14 peuples détachés de la Celtique et s'étendit jusqu'à la Loire.

La Celtique perdit encore, vers le Nord, les Sequanais et les Helvétiens qui furent incorporés dans la Belgique, et son nom fut changé en celui de *Lyonnaise*.

Ainsi modifiées par les circonscriptions établies sous Auguste, les provinces de la Gaule étaient :

1°. *La Belgique* qui s'étendait depuis le Rhin jusqu'à la Seine et la Marne ;

2°. *La Lyonnaise* placée entre la Loire et le Rhône, au midi ; l'Océan britannique, la Seine et la Marne au Nord, et qui correspondait en partie à la Celtique ;

3°. *L'Aquitaine* qui s'étendait depuis les Pyrénées jusqu'à la Loire;

4°. Enfin la *Narbonnaise*, ou province proprement dite, qui comprenait les contrées appelées depuis, *Savoie*, *Dauphiné*, *Languedoc*, *Roussillon et Provence*; ce dernier pays tire évidemment son nom de l'ancienne dénomination romaine.

Mais ces quatre grandes provinces furent par la suite subdivisées en beaucoup d'autres; on en comptait 17 sous Honorius, vers la fin du IVme. siècle.

La Belgique formait alors 4 provinces; deux *Belgiques* et deux *Germanies*;

La Lyonnaise était divisée en 1re., 2me., 3me., et 4me.

Le territoire des Sequanais qui avait été attaché à la Belgique par Auguste, était devenu une province séparée.

On distinguait la 1re., la 2me. *Aquitaine* et la *Novempopulanie*.

Enfin l'ancienne province était divisée en 5 parties : la *Viennoise*, les 1re. et 2me. *Narbonnaises*, les *Alpes maritimes* et les *Alpes grecques*.

Les divisions précédentes ont été successivement établies sous différents empereurs.

Les deux Germanies furent, à ce qu'il paraît, séparées de la Belgique très-anciennement et peu de temps après Auguste, sans doute parce que le voisinage des Germains rendait ces contrées plus difficiles à garder : les peuples qui les habitaient étaient d'origine germanique.

Dès l'année 280, la Viennoise formait une province distincte de la Narbonnaise; on rapporte à Dioclétien l'érection de la Sequanaise, de la seconde Lyonnaise, de la seconde Belgique, de la Novempopulanie; et à Constantin celle des Alpes grecques et des Alpes maritimes. En 370 il est fait mention de l'Aquitaine seconde qui n'existait point encore en 362.

Enfin l'on place sous l'Empereur Gratien, (vers 375) la création des 3me. et 4me. Lyonnaises et de la 2me. Narbonnaise.

Je ne m'arrêterai pas à tracer les limites qui furent assignées à chacune des 17 provinces, parce que vous les trouverez sur les cartes anciennes. Je me borne à vous faire observer que la seconde Lyonnaise répondait à peu près à la Normandie, et que la Bretagne, le Maine, la Touraine et l'Anjou, occupent le territoire de la 3me. Lyonnaise.

Vers la fin du 4me. siècle on était dans l'usage de distinguer une partie de la Gaule méridionale sous le nom *des 5 provinces* ou *des 7 provinces*, et de désigner plus particulièrement le reste sous le nom de *Galliæ*, les Gaules. Le plus ancien monument qui atteste cette distinction est une lettre du concile d'Arles tenu en 373, qui est adressée à tous les évêques *des Gaules et des 5 provinces;* plusieurs autres actes confirment cette division. Il s'est élevé parmi les savants quelques doutes sur la question de savoir quelles étaient les cinq provinces qui formaient ainsi un département séparé ; mais Danville, dom Bouquet et autres donnent d'excellentes raisons pour prouver que c'étaient l'Aquitaine, la Novempopulanie, la Narbonnaise, la Viennoise et les Alpes maritimes; la variation qui se trouve dans l'indication du nombre des provinces mentionnées tantôt au nombre de cinq, tantôt au nombre de sept, vient sans doute de ce que la Narbonnaise et l'Aquitaine qui n'ont été divisées que dans la 2$^{me.}$ moitié du IV$^{me.}$ siècle, étaient souvent considérées comme ne formant que deux provinces, au lieu de quatre.

Il serait trop long de vous faire l'énumération des villes de la Gaule, et de vous indiquer l'étendue de leurs territoires, je n'entrerai dans ce détail que pour la province que nous habitons, et les pays voisins jusqu'à la Loire.

Deuxième Lyonnaise. La partie de la Normandie qui est au-delà de la Seine, sur la rive droite de cette rivière, comprenait deux peuples, les *Caletes* et les *Veliocasses* qui appartenaient originairement à la Belgique; on suppose qu'ils furent réunis à la Lyonnaise, dès le temps d'Auguste; ils ont été compris dans cette province par Pline et par Ptolémée.

Juliobona, Lillebonne, était la capitale des *Caletes* dont le territoire, *pagus caletensis*, est aujourd'hui la pays de Caux. *Auga?* ou *Augusta?* autre ville romaine se trouvait à l'extrémité du pays de Caux, à une lieue de la ville d'Eu qui a dû la remplacer (1). *Rotomagus*, Rouen, qui devint métropole de la 2me. Lyonnaise, était la capitale des *Veliocasses;* de son nom on fit dans la suite *Pagus Rotomagensis* ou *Rotomensis*, le *Roumois*.

Sur la rive gauche de la Seine le pays était occupé par les *Eburovices*; leur capitale, *Mediolanum*, était située à deux lieues au Sud de la

---

(1) Voir le mémoire publié par M. Estancelin, sur les ruines romaines trouvées près de la ville d'Eu. (*Mémoires de la société des Antiquaires de Normandie*, tome II, Caen 1825.)

ville actuelle d'Evreux. Plus au Nord et à l'Ouest, les Lexoviens avaient pour chef-lieu *Neomagus* dont les ruines se voient encore au Nord-Ouest de Lisieux. Au midi étaient les *Saii*; leurs établissements principaux devaient se trouver à Exmes *Oximum* (1) et à Séez, aujourd'hui chef-lieu d'un diocèse.

La capitale des *Viducasses*, dont le territoire s'étendait dans les arrondissements de Falaise, de Caen et de Vire, paraît avoir été *Arigenus*; on en retrouve les restes dans le village de Vieux et dans celui de Fierville sur la Guyne, à deux lieues de Caen. **Les Bajocasses** au Nord et au Nord-Ouest des *Viducasses* avaient pour chef-lieu *Augustodurus*, aujourd'hui Bayeux. Trois villes occupaient la presqu'île du Cotentin, c'étaient *Crociatonum* dont M. de Gerville a fixé la position à Saint-Côme-du-Mont, à une lieue de Carentan, sur la rive gauche de la Douve; *Alauna*, capitale des Unelli, dont on voit les ruines à Alaume, à la porte de Valognes, et *Coriallum*, que M. de Gerville a placé dans les mielles de Cherbourg.

Cosedia, Coutances, se trouvait au Sud des villes précédentes.

(1) Je viens de découvrir l'emplacement de la ville romaine d'*Oximum* au midi d'Exmes, dans les communes de Chauffour et de la Briquetière.

Enfin plus au Sud encore et en approchant de la Bretagne, les *Abrincatui* avaient pour capitale Avranches, qui porta d'abord le nom d'*Ingena*.

Troisième Lyonnaise. Au midi du département de l'Orne étaient les *Aulerci Cenomani*, dont la capitale *Suindinum* a donné naissance à la ville actuelle du Mans, et les *Aulerci Diablintes*, dont le chef-lieu *Nœodunum* était situé à deux lieues, à l'Est, de Mayenne, là où se trouve aujourd'hui le village de Jublains. Les Arviens occupaient aussi une partie du département de la Mayenne ; les ruines connues sous le nom de *Cité d'Erve*, sur le bord de la rivière du même nom, entre Sarges et Saint-Pierre, à six lieues environ, au Sud de Jublains, remplacent leur ville principale, *Vagoritum*. Les *Turones*, les *Andegaves* et les *Nannetes*, étaient, comme vous le savez, trois peuples habitant les bords de la Loire, et qui avaient pour capitales *Cæsarodunum* (Tours), *Juliomagus*, (Angers) et *Condivicnum* (Nantes). Dans la presqu'île de la Bretagne se trouvaient les *Redones* et leur ville *Condate*, Rennes ; les *Curiosolites* et les *Osismiens* ; le village de *Corseult*, entre Dinan et Lamballe, renferme des vestiges encore remarquables de la ville des Curiosolites, et l'on croit que *Karhaix*, département du Finistère, occupe le même emplacement que *Vorganium*, capitale des Osismii. Au Sud-Ouest de la presqu'île habitaient les *Corisopiti*, au territoire desquels répond le diocèse de Quimper, et au Sud, les *Venetes*, dont la capitale *Dariorigum*, a dû précéder la ville de Vannes. (1)

Les côtes de la Normandie partageaient avec celles de la Bretagne le nom de *Tractus Armoricanus*, et les îles de Jersey, Guernesey, Aurigny, Ouessant, Sein, Houat et Bell'isle étaient connues sous les noms de *Cæsarea, Sarmia, Ridua, Uxantis, Sena, Siata* et *Vindilis*.

Munis de ces notions préliminaires sur la position des peuples et des principales villes du pays que nous habitons, il nous sera plus facile d'étudier les auteurs anciens qui ont traité de la géographie de la Gaule.

Ces auteurs n'ont point connu tous les lieux

---

(1) Il paraît certain que les Osismii occupaient la partie occidentale de la Bretagne dans toute sa largeur, et que les Corisopiti, dont il est fait mention pour la première fois dans la notice des provinces, n'étaient primitivement qu'une portion des Osismii, qui sera devenue distincte et indépendante par l'établissement d'un évêché à Quimper.—V. **Danville**, Notice de la Gaule.

dont ils ont parlé ; ils ont travaillé d'après des renseignements incomplets, et souvent fautifs, aussi ne donnent-ils que des généralités renfermées dans des espèces de catalogues ; leurs écrits sont cependant très-précieux, il faut tenir compte des difficultés qu'ils ont éprouvées, à une époque où les sciences géographiques étaient encore dans l'enfance.

Strabon, qui vivait sous Auguste, est un des plus agréables à lire ; il entremêle ses descriptions géographiques de détails intéressants sur les productions de la Gaule, sur son commerce et les mœurs de ses habitants. Malheureusement il s'étend moins sur la Gaule septentrionale que sur la Gaule méridionale, qui était mieux connue de son temps ; il donne cependant sur le commerce des habitants de Lisieux et du pays de Caux, des détails très-importants, dont j'ai eu l'honneur de vous entretenir dans la Ire. partie du Cours (voyez page 57).

Ptolémée d'Alexandrie, célèbre mathématicien, géographe et astronome, fleurissait dans la première moitié du deuxième siècle de l'ère chrétienne, sous les Empereurs Trajan, Adrien et Antonin-le-Pieux.

Sa géographie n'est, à proprement parler, qu'un tableau indiquant d'une manière assez vague, la position des différents peuples et de leurs villes capitales. Cet aperçu renferme beaucoup d'erreurs graves comme vous pourrez le reconnaître par le fragment qui concerne le pays situé entre la Seine et la Loire, et que j'ai transcrit sur la planche XIII.ᵐᵉ (voir l'Atlas). Les deux premiers paragraphes de ce fragment donnent un aperçu des côtes comprises entre la Loire et la Seine; ainsi nous y voyons figurer d'abord, à partir de la Loire jusqu'à l'extrémité de la presqu'île de la Bretagne, le port *Brivates*, Brest? (1), puis l'embouchure de l'*Hérus*, aujourd'hui la Vilaine; le port *Vindana*, dont la position est incertaine, mais que Danville croit devoir placer à l'entrée du golfe du Morbihan (2), et le promontoire de *Gobée* qu'on prend généralement pour le cap Mahé.

Au Nord de la presqu'île, à partir du pro-

---

(1) Danville et plusieurs autres savants croient que *Brivates portus* était Brest, en considérant les déplacements plus considérables que Ptolémée fait subir aux lieux et aux peuples dans l'indication qu'il en donne.

(2) M. de La Pylaye, membre de plusieurs sociétés savantes à Fougères, pense que le *Vindana portus* de Ptolémée était Audierne, au S.-O. de la presqu'île de Bretagne.

montoire de Gobée, sont indiqués : le port *Staliocanus*, dont Danville a fixé l'emplacement dans le fond de la rade de Loo-Christ, au Nord du cap Mahé (1), et l'embouchure du *Tetus*, que quelques-uns placent dans la baie du mont Saint-Michel et d'autres plus à l'Ouest. Vient ensuite l'*Arigenus Biducesiorum* (2); cette ville que la plupart des savants placent, je crois avec raison, à Vieux, près de Caen, aurait été, suivant Ptolémée, située près des côtes de la Bretagne, à peu près vers Saint-Malo ou Avranches. C'est probablement ce qui aura déterminé quelques savants à la chercher de ce côté ; Mannert défend aussi, sur ce point, l'exactitude de Ptolémée et ne pense pas qu'*Arigenus* ait été dans la partie de la IIme. Lyonnaise qui correspond au Calvados (3). Nous reviendrons plus tard sur cette question de géographie qui nous intéresse spécialement.

(1) Cet auteur rapporte que la position dans laquelle il place le port Staliocanus s'appelle encore le *Port Sliocan*, et que, d'après D. Lobineau, on y voyait les vestiges d'un port construit en briques et en ciment.

(2) On suit ici la version de Ptolémée, publiée par Dom-Bouquet (*Recueil des historiens de France*, volume 1., *p.* 72.)

Dans d'autres éditions on trouve *Argenii fluvii ostia*. L'édition de la collection des historiens de France diffère sous plusieurs autres rapports de celles qui ont été publiées ailleurs.

(3) Géographie ancienne. 1—72.

Après *Arigenus*, Ptolémée indique *Crociatonum*, l'embouchure de *l'Orne*, *Lisieux* et l'embouchure de la Seine.

L'auteur passe ensuite aux différents peuples dont les territoires sont voisins des côtes précédentes, et les énumère en suivant une marche inverse, c'est-à-dire à partir de la Seine jusqu'à la Loire.

Ainsi, sur les bords de la Seine, il indique les *Caletes* et leur capitale *Juliobona*, les *Lexovii*, les *Unelli* (Unelles), les *Biducesii*, les *Osismii*, qui ont pour capitale *Vorganium*, et qui sont les plus rapprochés du promontoire de Gobée, enfin, après ce promontoire, sur la côte Sud de la Bretagne, les *Venetes*, les *Samnites* qui bordent la Loire, et que l'on regarde comme identiques avec les *Nannettes* ou habitants du pays de Nantes.

Les détails que donne Ptolémée sur des peuples qui occupaient l'intérieur des terres montrent l'incertitude de ce géographe sur leur position et sur la délimitation de leurs territoires (voyez la IIIme partie du tableau, planche XIIIme). Il n'entre pas dans mon plan de discuter les erreurs de Ptolémée, mais bien de vous faire connaître son ouvrage, afin que vous puissiez l'étudier. Pour citer seulement un exemple de ces erreurs, il étend jusques sur le bord de la Seine les *Abrincatui*, (peuples de l'Avranchain) qui étaient séparés de ce fleuve par les *Bajocassini* (habitants du Bessin), les *Lexovii* et les *Aulerces-Éburoviques*; il prolonge le territoire de ces derniers depuis la Seine jusqu'à la Loire, tandis qu'ils étaient bornés au Sud par les *Carnutes*, les *Cénomans* et les *Diablintes*; enfin il repousse les *Rhedones* jusques sur le bord de la Loire, vers Nantes, etc., etc.

Pour nous, le principal mérite de Ptolémée est peut être d'avoir mentionné la ville capitale de chaque peuple; car ces villes ont changé de noms par la suite, et ceux qu'elles portèrent dans le Ier. et le IIme. siècle de l'ère chretienne seraient moins bien connus, si Ptolémée n'avait pris soin de les indiquer.

PLINE vivait sous Vespasien et Titus; ce qu'il dit de la partie de la France qui correspond à la seconde et à la troisième Lyonnaise est compris dans un paragraphe fort court dont voici la traduction.

« Dans la Lyonnaise sont les Lexoviens, les
« Veliocasses les Gallètes, les Veneti, les
« Abrincatui, les Osismii. Là coule le célèbre

« Liger (la Loire); là une péninsule remarqua-
« ble s'avance dans l'Océan depuis les limites
« Osismiennes (1) : on lui donne 625 milles de
« circuit et 125 de largeur. Plus bas sont les
« Nannètes. Dans les terres se trouvent les
« Eduens, les Carnutes, tous deux alliés des
« Romains, les Boii, les Aulerques, tant Ebu-
« roviques que Cenomans; les Meldes, peuple
« libre, les Parisii, les Trecasses, les Andécaves,
« les Viducasses, les Badiocasses, les Unelles,
« les Cariosvélites, les Diablintes, les Rhe-
« dones, les Turônes, etc. (2). »

Comme vous le voyez, l'énumération de Pline, est d'une telle insuffisance que nous y trouvons beaucoup moins de faits que dans les catalogues de Ptolémée.

Pomponius Mela et les autres géographes se bornent à des généralités semblables.

On peut hardiment affirmer que tous les auteurs anciens fournissent moins de renseignements sur la géographie de la Gaule, que la carte de Peutinger et les tableaux ou catalogues connus sous les noms *d'Itinéraire*

---

(1) Pline parle ici de la presqu'île de la Bretagne.
(2) Pline liv. IV, traduction de M. Ajasson de Grandsagne, membre de la société des Antiquaires de Normandie. p. 253.

d'*Antonin*, de *Notice des provinces de la Gaule*, et de *Notice des dignités de l'empire*; ils ont été dressés à une époque où les moyens de communication s'étaient multipliés et où la position des villes était mieux connue. Ces monuments sont donc pour nous d'un grand prix, malgré leurs imperfections; nous allons les étudier avec quelqu'attention.

CHAPITRE. III.

Continuation du sujet. — Notions préliminaires sur les mesures de distance usitées en Gaule sous la domination romaine. — Itinéraire d'Antonin. — Explication de la partie de cette table qui se rapporte à la 2e. et la 3e. Lyonnaise. — Carte de Peutinger. — Son origine probable et son importance.— Examen d'un fragment de cette carte figurant la France occidentale. — Un mot sur la Notice des dignités de l'empire, et sur le parti qu'on en peut tirer pour l'avancement de la géographie ancienne. — Notice des Gaules. — Observations relatives aux noms des villes gallo-romaines.

Pour comprendre l'itinéraire d'Antonin, et la carte de Peutinger, il faut connaître la valeur des deux mesures itinéraires usitées en Gaule sous la domination romaine : le *mille* et la *lieue*.

Le mille se composait de 1,000 pas (*environ 756 toises,*) et la lieue de 1,500 pas (1,134 *toises*). A l'époque ou l'itinéraire a été dressé, la première mesure était usitée dans toute la province romaine, mais on se servait habituellement de la seconde dans les autres contrées de la Gaule. Cette différence dans la manière de compter les distances nous est attestée par Ammien Marcellin qui dit formellement qu'à partir de la Saône, on ne comptait plus par milles, mais par lieues. *Exindè non millenis passibus, sed leucis itinera metiuntur* (1).

La carte de Peutinger, dont nous parlerons tout à l'heure, confirme le témoignage d'Ammien Marcellin; car on y voit, près de Lyon, une note avertissant que, depuis l'extrémité de la Gaule jusqu'à ce point qui touche à la province, les distances indiquées sont des lieues.

Du reste, il faut remarquer *que la lieue Gauloise était désignée tantôt sous le nom de lieue, tantôt sous celui de mille, et que souvent le mot* millia *n'indique point des milles romains, mais des lieues Gauloises, lorsqu'il s'applique à la partie des Gaules où cette mesure était usitée.*

Bornons-nous, pour le moment, à la connaissance de ce fait; plus tard, lorsque je vous parlerai des colonnes milliaires, j'aurai à présenter des considérations qui seraient ici prématurées.

(1) **Ammien Marcellin, liv. XV.**

ITINÉRAIRE D'ANTONIN.

L'itinéraire d'Antonin est divisé en deux parties, l'*itinéraire terrestre* (1) et l'*itinéraire maritime* (2).

L'itinéraire terrestre peut se comparer à un livre de poste; il se compose d'une suite de tableaux indiquant les noms des villes ou des stations par lesquelles on devait passer pour aller de certains points principaux à d'autres points plus ou moins éloignés, dans les différentes provinces de l'empire, et la distance comprise entre chacune de ces localités intermédiaires.

Dans la partie méridionale de l'empire, les routes sont successivement indiquées en allant du couchant vers l'orient, depuis les colonnes d'Hercule jusqu'en Arabie; mais dans la partie septentrionale, on suit une marche inverse; de sorte que les routes de l'Espagne, de la Gaule et de la Bretagne sont indiquées les dernières. (3)

---

(1) ITINERARIUM PROVINCIARUM OMNIUM IMPERII ANTONINI AUGUSTI.

(2) IMPERATORIS ANTONINI AUGUSTI ITINERARIUM MARITIMUM. Ut navigans quæ littora tenens nosse debeat, aut quæ ambire, incipiens à gadibus vel extremâ Africâ, perducet feliciter.

(3) Vetera romanorum itineraria sive Augusti Antonini itinerarium, curante P. Wesseling — un vol. in 4°.

L'itinéraire de mer indique les ports et les lieux maritimes dont la connaissance pouvait être utile au navigateur.

L'itinéraire paraît devoir être rapporté à la 2ᵉ. moitié du IVᵉ. siècle, et ne peut, malgré sa dénomination, convenir à aucun des Antonins; car il y est fait mention de *Constantinopolis*, de *Maximianopolis*, etc, villes qui n'ont reçu les noms sous lesquels elles sont désignées que long-temps après la mort de ces empereurs (1).

Mais si l'itinéraire, tel que nous le possédons, ne date que de la fin du IVᵉ. siècle, il paraît bien certain que long-temps auparavant, et même très-anciennement, on avait dressé de pareilles feuilles de route dont on a fait successivement de nouvelles éditions.

J'ai disposé sur la planche XIV les paragraphes de l'itinéraire qui se rapportent à des routes de la 2ᵐᵉ. et de la 3ᵐᵉ. Lyonnaise, et aux îles voisines de ces deux provinces; je vais

(1) Il y a lieu de croire que la Mésopotamie, cédée aux Perses par Jovien, en 364, après une longue guerre, était perdue quand l'itinéraire a été écrit, car on n'y a fait aucune mention des villes de cette province.

Mannert pense avec beaucoup d'autres savants que l'éditeur de l'itinéraire est Æthicus, qui écrivait dans la 1ʳᵉ. moitié du Vᵉ. siècle, et dont la cosmographie se trouve jointe aux plus anciens manuscrits de l'itinéraire.

essayer de suppléer par quelques détails au laconisme de ce catalogue (1).

N.° 1. Le premier itinéraire indiqué sur le tableau est celui de *Carocotinum à Augustobone*, capitale des Tricasses. Cet itinéraire qui nous indique une route partant de l'embouchure de la Seine, et se dirigeant de l'Ouest à l'Est jusqu'à Troyes, par huit stations, est un des plus intéressants de ceux dont j'ai à vous entretenir. (voyez la pl. XIV, paragraphe 1er.).

Carocotinum, voisin de l'embouchure de la Seine, puisqu'il n'était qu'à 10 lieues gauloises ou 5 lieues actuelles de Lillebonne, a été placé par la plupart des savants dans le voisinage de Harfleur, mais on n'a pas encore de notions précises sur le lieu qu'il occupait.

La position de Lillebonne est bien connue ; à six lieues gauloises, à l'Est de cette ville, était une station nommée *Lotum* qui devait se trouver aux environs de Caudebec, dans le voi-

---

(1) Nous avons suivi l'édition de l'itinéraire donné par Dom Bouquet (*recueil des historiens de France*, 1er. *volume.*, *page* 108), parce que cette collection se trouve dans presque toutes les grandes bibliothèques. L'orthographe des noms de lieu est peut-être plus conforme à celle des manuscrits dans l'édition de Wesseling qui nous parait préférable sous plusieurs rapports.

sinage de l'abbaye de Saint-Wandrille (1), et à 17 lieues de *Lotum*, le lieu nommé *Latomagum* qui était Rouen (2).

Ritumagus indiqué à 9 lieues gauloises au-delà de cette ville, devait être *Radepont ou* quelque localité voisine.

De *Ritumagus* la route est conduite par *Petromantalum* éloigné de 16 lieues, que l'on a souvent cherché à Mantes, mais que MM. l'abbé Belley et Danville placent bien plus probablement près de Magny (Eure); par Paris indiqué à 18 lieues de *Petromantalum* ; par

(1) M. l'abbé Belley rapporte qu'on lit *Lolium* et même *Loium* dans certains manuscrits de l'itinéraire ; il pense que ce *Loium*, qu'on devrait peut-être prononcer *Lojum*, est identique avec un lieu qui a existé aux environs de Fontenelle ou de Saint-Wandrille, et qui était connu au VI⁰ et au VIII⁰ siècle sous le nom de Logium.

Voir le 19⁰ volume des mémoires de l'Académie des inscriptions, page 654.

(2) M. l'abbé Belley a prouvé d'une manière incontestable que le texte de l'itinéraire a été altéré dans les manuscrits, et qu'il faut lire *Rotomagum* au lieu de *Latomagum* et *Ritumagum* au lieu de *Ratomagum* (v. planche XIV). Cette restitution est absolument nécessaire ; car, soit que l'on parte de Lillebonne ou de Paris, les distances marquées par l'itinéraire forcent de placer *Latomagum* à Rouen et *Ratomagum* à l'est de cette ville. D'ailleurs M. l'abbé Belley rapporte que dans le plus ancien manuscrit de l'itinéraire qui soit à la bibliothèque du roi, et qui lui paraît avoir été écrit vers la fin du IX⁰ siècle, on lit *Rutomago* pour *Latomago*. Ce manuscrit fournit donc une preuve de l'altération introduite dans les autres.

Melun, également à 18 lieues de Paris, par Montereau-sur-Yonne, à 12 lieues de Melun, par Sens, à 13 lieues de Montereau, et finalement par Troyes, à 16 lieues de la station précédente (1).

La réunion des distances indiquées d'une ville à l'autre forme 130 lieues, au lieu que le total indiqué par l'itinéraire en tête de la colonne (voyez le point A, paragraphe 1er., pl. XIV) est de 153 lieues ; à ce sujet, je dois vous prévenir que, *dans beaucoup d'autres itinéraires, l'addition ne donne point exactement la somme des distances indiquées de ville à ville.*

N°. 2. L'itinéraire inscrit dans le 2me. paragraphe du tableau, est celui de Rouen à Lutèce par *Mediolanum* et par Dreux. La première station mentionnée à 9 lieues de Rouen, et à 14 de *Mediolanum* est *Uggade*. Danville place cette station au Pont-de-l'Arche ; M. Rever l'indique dans une commune voisine nommée *Les Damps*, où l'on a découvert des médailles et

---

(1) Plusieurs manuscrits de l'itinéraire indiquent un lieu nommé CLANUM, entre Sens et Troyes. La distance d'*Agedincum* à *Clanum* y est évaluée à 17 lieues, et celle de *Clanum* à *Augustobone* à 16 lieues.

quelques constructions antiques (1); M. Le Prévost pense qu'il faut préférer l'opinion de Danville, parce que le passage de la Seine est plus facile au Pont-de-l'Arche, et que des constructions romaines nouvellement découvertes portent à croire que cette ville est située au centre de la station antique.

14 lieues gauloises, ou 7 lieues actuelles, entre Uggade et *Mediolanum*, et 17 lieues de *Mediolanum* à Dreux, indiquées par l'itinéraire, forment à peu près la distance qui sépare ces localités; mais 22 lieues entre Dreux et *Diodurum*, que Danville suppose avoir été à Jouare, près de Pont-Chartrain (Seine-et-Oise), et 15 lieues de cette dernière station à Paris, font 37 lieues gauloises ou 18 1/2 de nos lieues, ce qui excède un peu la distance en ligne directe; on peut donc supposer quelques déviations dans la route.

N°. 3. L'itinéraire de *Cæsaromagus* (Beauvais) à Lutèce, (pl. XIV, n°. 3.) conduit la route par *Petromantalum*, localité dont je viens de parler, et par *Briva Isaræ*, indiqué à 14 lieues de *Petromantalum*, et à 15

---

(1) Notice sur la station romaine Uggade et sur l'antiquité du Pont-de-l'Arche. — *Evreux*, 1825.

de Lutèce. Jusqu'ici Pontoise a toujours été regardé comme le *Briva Isarœ* de l'itinéraire. M. Le Prévost préfère Beaumont-sur-Oise; il se fonde sur ce que dans la route de *Carocotinum* à Troyes par Paris, que nous venons d'examiner, et qui devait passer par Pontoise, il n'est pas question de *Briva Isarœ* (voir sur la pl. XIV l'itinéraire n°. 1). M. Le Prévost remarque encore que, dans cet itinéraire, la distance de *Petromantalum* à Lutèce n'est que de 18 lieues, tandis que, dans l'itinéraire de Beauvais à Paris, le même intervalle est de 27 lieues; il suppose que cette différence provient de ce que, dans le premier itinéraire, la route suit la ligne directe, au lieu que, dans le second, elle est ramenée à Beaumont à partir de *Petromantalum*, pour y retrouver la ligne de communication la plus courte entre Beauvais et Paris. Son opinion est que ce chevauchement d'une direction à l'autre avait pour but d'indiquer deux routes d'une manière expéditive. Quoi qu'il en soit, le chemin tracé par l'itinéraire n'est pas direct, puisqu'il est mené d'abord par *Petromantalum*, pour revenir à Paris, au sud; la route de Lillebonne à Lisieux va nous offrir la même bizarrerie.

N°. 4. L'itinéraire qui se présente ensuite sur le tableau (pl. XIV) est celui de Lillebonne à Dreux par *Breviodurus* (Brionne) *Noviomagus* (Lisieux), et *Condate* (Condé-sur-Iton). Nous trouvons entre Lillebonne et *Breviodurus* 17 lieues (environ 8 1/2 de nos lieues actuelles), distance qui s'accorde avec celle de Lillebonne à Brionne.

Pendant long-temps on avait placé *Breviodurus* à Pont-Audemer ; mais on ne trouvait pas 17 lieues gauloises entre cette ville et Lillebonne, tandis que Brionne, qui offre d'ailleurs avec *Breviodurus* une analogie de nom bien frappante, se trouve à la distance voulue. C'est tout récemment que MM. Viel, A. Le Prévost, et de Gerville, ont rétabli *Breviodurus* dans sa véritable position ; maintenant il doit rester d'autant moins de doutes que Brionne renferme des antiquités romaines.

Ajoutons cependant que MM. E. Gaillard et A. Canel placent *Breviodurus* au Pont-Authou, bourgade située à 5/4 de lieue environ de Brionne, en considérant que les anciennes voies paraissent se diriger plutôt vers cette localité que vers l'autre, et qu'elle renferme aussi des antiquités romaines (1). Malgré cette circonstance

(1) « Nous ferons observer, dit M. Canel, que Brionne est, à

sans doute très-remarquable, nous croyons devoir placer *Breviodurus* à Brionne, et suivre en cela l'opinion de M. Le Prévost.

Nous trouvons ensuite dix-sept lieues gauloises (8 lieues 1/2) indiquées de Brionne à Lisieux, 24 (12 lieues) de Lisieux à Condé, et 10 (5 lieues) entre ce dernier lieu et Dreux; ce qui fait en tout 68 lieues gauloises ou 34 lieues actuelles entre le point de départ et celui d'arrivée.

J'ai déjà dit un mot (p. 35) des déviations que l'on remarque dans la route tracée par l'itinéraire de Lillebonne à Dreux. Cette route eût été bien plus directe par *Mediolanum* et le coude qu'elle

vol d'oiseau, *à plus* de dix-sept lieues gauloises de *Juliobona* (19,233 toises) et *à moins* de 17 lieues de *Noviomagus*. Pont-Autou se trouve *à la même distance* de *Noviomagus* que Brionne; mais il est *à moins* de 17 lieues de *Juliobona*; toujours à vol d'oiseau. En faisant la part des déviations et de l'usage adopté par les Romains de compter comme complètes les lieues commencées, nous trouverons Pont-Autou dans la position voulue : Brionne, au contraire, sera de plus en plus éloigné de *Juliobona*. Il n'y a point, il est vrai, 20 lieues gauloises de Pont-Autou à *Rotomagus*, comme le veut la carte de Peutinger, mais Brionne est dans le même cas. J'ajouterai que Pont-Autou, recevant un plus grand nombre de voies romaines, devait avoir une importance plus marquée. L'analogie, indiquée entre le nom de *Brionne* et celui de *Breviodurum*, n'est peut-être pas d'un grand poids pour la solution de la question. L'établissement antique de Brionne, situé aussi sur le bord de la Risle, pourrait également avoir eu un nom dans lequel serait entré le mot *brive* ou *briva*, qui signifie pont. »

décrit en venant de Brionne à Lisieux, doit vous convaincre de plus en plus que les routes de l'itinéraire d'Antonin ne sont pas toutes tracées dans une direction unique, et que parfois on les a fait devier pour indiquer les distances comprises entre des stations intermédiaires.

Nous devons encore remarquer par rapport à l'itinéraire de Lillebonne à Dreux par Lisieux, que l'énoncé du nombre total des lieues n'est pas d'accord avec le détail des distances marquées de ville à ville; après avoir attentivement mesuré les distances réelles et les avoir comparées avec celles de l'itinéraire, M. Le Prévost est demeuré convaincu que l'énoncé sommaire de la distance totale est correct, que l'erreur se trouve dans le nombre de lieues indiqué de Lisieux à Dreux, et qu'au lieu de 34 lieues, il y en a 44 entre ces deux villes(1).

(1) « Si de la distance totale de Lillebonne à Dreux, dit M. Le
« Prévost, nous retranchons les trente-quatre lieues gauloises de
« Lillebonne à Lisieux par Brionne, il nous restera 44 lieues (49,896
« toises), suivant un calcul, et seulement trente-quatre (38,556
« toises) suivant l'autre. Or, de Lisieux à Dreux, il y a, à vol
« d'oiseau, environ 48,000 toises; et comme, dans le calcul
« des distances, les Romains comptaient comme complètes les
« lieues commencées, et que, malgré la rectitude habituelle de
« leurs alignements, il faut toujours porter quelques centaines

N°. 5. L'itinéraire nous donne aussi la route de Lillebonne à Evreux, sans indiquer de station intermédiaire ; la distance est estimée à 34 lieues gauloises (pl. XIV, paragraphe 5).

Cette route devait passer par *Breviodurus* qui se trouve précisément à moitié chemin, c'est-à-dire à 17 lieues de Lillebonne et de *Mediolanum* (1).

N°. 6. L'itinéraire de Valognes à Rennes (n°. 6, pl. XIV) indique un total de 77 lieues, mais l'addition des nombres écrits entre chacun des points intermédiaires mentionnés donne 108 lieues.

Nous trouvons d'abord entre Valognes et Coutances 20 lieues gauloises ; c'est à peu près la distance qui sépare ces deux villes, et les recherches de M. de Gerville ne laissent plus de doute sur la direction de la voie antique dans cette région du département de la Manche, où

« de toises pour les déviations, il est clair que c'est la somme
« totale des distances qui est juste ici, et que les chiffres de dé-
« tail doivent être modifiés ainsi qu'il suit. D *Lisieux d Condé*
« *29 lieues gauloises ; de Condé à Dreux 14 lieues et quelque*
« *chose.* »

(1) Tout porte à croire que c'est la même qui est marquée sur la table de Peutinger, entre Lillebonne et Dreux par Condé (pl. XV) et dont il va être question plus loin.

elle est encore reconnaissable sur plusieurs points, et connue sous le nom de *chemin Perrey*.

Entre Coutances et Rennes, l'itinéraire marque deux stations, *Fanum Martis* et *Fines*; la première placée à 32 lieues gauloises de Coutances, la seconde à 27 lieues de *Fanum Martis* et à 29 de *Condate*.

Comme il y a de Coutances à Rennes environ 25 lieues à vol d'oiseau (50 lieues gauloises), il est impossible de trouver entre ces deux villes la distance indiquée par l'itinéraire.

Cherchant à m'expliquer cette difficulté, j'ai supposé que le paragraphe de l'itinéraire qui nous occupe pouvait bien se rapporter à deux directions différentes, et indiquer en même temps la route de Valognes à Rennes, *Condate*, et une *route incidente* allant de Coutances au *Fanum Martis* des Curiosolites, Corseult, près de Dinant (voir page 18), de sorte que, si cette hypothèse était fondée, il faudrait, pour trouver la distance réellement indiquée entre Valognes et Rennes, commencer par faire abstraction des 32 lieues indiquées entre *Cosedia* et *Fanum Martis*.

Je dois convenir que cette intercalation d'un itinéraire au milieu d'un autre n'est point démontrée, et que, à vol d'oiseau, il y a au moins 38 lieues gauloises entre Coutances et Corseult ; mais un résultat qui m'a frappé, et qui mérite, je crois, d'être noté, c'est que si l'on fait abstraction des 32 lieues indiquées entre *Cosedia* et *Fanum Martis*, l'énoncé sommaire de la distance totale (77), se trouve à une unité près, d'accord avec l'addition des nombres du détail qui donnent alors 76 au lieu de 108 ; et comme il y a, à vol d'oiseau, environ 36 ou 37 lieues (74 lieues gauloises) entre Valognes et Rennes, la distance réelle serait également à peu près conforme à celle que l'itinéraire indique, si mon hypothèse était fondée (1).

Quoi qu'il en soit, la position de *Fines* est encore fort incertaine ; quelques personnes l'ont placé à Feins, à 6 six lieues au nord de Rennes : je serais porté à le chercher plus au nord comme

---

(1) M. de Gerville, dont les recherches ont déjà beaucoup éclairé la géographie de la partie occidentale de la 2ᵉ. Lyonnaise (département de la Manche), pense que le *Fanum Martis* de l'itinéraire était à St.-Pair au-delà de Granville, où l'on a trouvé des antiquités romaines ; mais comme cette localité n'est point à 32, mais seulement à 12 lieues gauloises de Coutances, M. de Gerville appuie son opinion de différents raisonnements exposés dans une dissertation qui sera prochainement publiée et que l'on pourra consulter avec autant d'intérêt que de profit.

M. l'abbé Belley a placé *Fanum Martis* à St.-James.

l'a fait Danville (1), à peu près à moitié chemin de Coutances à Rennes, et à 29 lieues gauloises de cette dernière ville.

Vous voyez par ce qui précède, Messieurs, que les routes tracées dans l'itinéraire sont en petit nombre comparativement à celles qui devaient exister dans nos contrées; une remarque que vous aurez faite encore, c'est que l'itinéraire n'indique qu'une seule route de la Bretagne (celle de Valognes à Rennes) et aucune des autres parties de la troisième Lyonnaise.

L'itinéraire maritime (pl. XIV, n° 7) ne fait que mentionner les îles qui environnent nos côtes, et que j'ai déjà citées (page 19), sans donner d'indication précise de leur position.

CARTE DE PEUTINGER.

Outre les itinéraires contenant les noms des villes ou des stations avec la distance de l'une à l'autre, tel que celui que nous venons d'examiner, et que l'on appelait itinéraires écrits (*itineraria notata*), il y avait

---

(1) Danville croyait que Huines entre Avranches et Pontorson pouvait représenter cette station.

des itinéraires figurés (*itineraria picta*), espèces de cartes géographiques sur lesquelles on voyait le tracé des routes, le cours des fleuves et la position des villes.

Le seul itinéraire figuré qui soit parvenu jusqu'à nous, est celui que l'on désigne vulgairement sous le nom de *carte de Peutinger*, parce qu'il avait appartenu dans le XVIe. siècle à Conrad Peutinger, noble littérateur d'Augsbourg, le premier savant de l'Allemagne qui se soit occupé de réunir des antiquités. C'est une grande carte ayant 21 pieds de longueur sur un pied de hauteur et offrant l'indication des routes, le contour des côtes maritimes, le cours des fleuves, les lacs, les noms des villes, des provinces, etc.

Cette carte était peinte sur 12 feuilles de parchemin, dont une a été perdue, de sorte que nous n'avons point le Portugal, l'Espagne, ni la partie occidentale de l'Afrique; vers l'est, au contraire, la carte nous montre les parties de l'Asie les plus reculées, qui aient été connues des Romains.

Lorsqu'on examine la carte de Peutinger, on est choqué par le désordre apparent et la confusion qu'elle semble offrir dans toutes ses parties; les pays n'y sont point placés suivant leur position géographique, leurs limites respectives et leur grandeur réelle. On les a rangés arbitrairement les uns à la suite des autres, de l'est à l'ouest, sans avoir égard à leur figure ni à leurs latitudes et longitudes, déterminées par d'autres géographes.

Dans la partie de l'empire qui correspond à la Gaule, tous les fleuves qui coulent du midi au nord sont indiqués comme se dirigeant d'orient en occident. On a suivi la même marche dans la position relative des villes, et celles qui occupent la partie septentrionale se trouvent à l'ouest ou à l'ouest-nord-ouest des villes de la partie méridionale.

Le Rhin, par exemple, dont le cours naturel est du sud au nord dans une grande étendue de pays, est figuré sur la carte comme coulant de l'est à l'ouest, et l'embouchure de ce fleuve, qui se trouve assez loin de celle de la Seine, est marquée tout près d'elle. *Gesoriacum* (Boulogne) est indiqué précisément à l'ouest de *Ratumagus* (Rouen) ; *Coriallum* (Cherbourg), à la même latitude que *Subdinum* (le Mans).

Vous pouvez juger de cette disposition singulière par le fragment que voici, et qui représente la France occidentale (pl. XV) ; vous voyez comment, par suite de ce système, la côte de la presqu'île de Bretagne a été rapprochée de celle de la Saintonge, et le golfe d'Aquitaine, représenté par une espèce de détroit qu'on serait tenté de prendre pour l'embouchure d'une grande rivière.

Ce n'est point par ignorance qu'on a procédé de la sorte, et la longueur exorbitante de la carte, comparée à sa hauteur, prouve bien que cette disposition a été calculée. On ne s'est point proposé de faire une carte géographique correcte; on a voulu seulement représenter les grandes routes de l'empire; aussi la carte ne mentionne-t-elle absolument que les villes placées sur ces routes, et une multitude de cités importantes ont-elles été omises parce qu'elles ne se trouvaient pas dans cette condition, au lieu que des localités de peu d'importance ont été marquées.

Si l'on avait proportionné la hauteur du tableau à sa longueur, il eût été d'une incommodité manifeste, outre qu'il serait resté entre les routes un grand nombre de vides inutiles. L'auteur a donc pensé qu'il fallait se borner à l'espace nécessaire pour figurer les grands chemins, abstraction faite de l'étendue et de la forme des pays qu'ils parcourent; et prenant l'empire dans sa plus grande longueur de l'est à l'ouest, il lui a fait subir du nord au sud cette sorte de compression, d'écrasement, qui rend si singulière à nos yeux la carte de Peutinger.

Pour faire comprendre le système adopté dans la confection de cette carte, Bergier (*Histoire des grands chemins de l'empire romain*) la compare à un arbre dont les branches, au lieu de s'élever perpendiculairement, ont été épanouies, couchées et fixées sur la terre, de manière à ne pouvoir s'étendre qu'en ligne horizontale.

« Supposez, dit-il, qu'il y ait un grand
« arbre qui jette ses branches en rond vers
« toutes les parties du monde également, et
« que quelqu'un divisât ledit arbre par le dia-
« mètre de sa rondeur en deux parties égales,
« par une ligne qui allât du midi au septen-
« trion; puis qu'il vint à plier par force les
« branches méridionales et septentrionales, et
« les détourner partie à l'orient, partie à l'occi-
« dent, par égale portion, il arriverait que les
« extrémités de certaines branches voisines et
« qui se touchaient quasi l'une l'autre dans
« leur situation naturelle, en allant ainsi en
« contraires parties, se trouveraient séparées
« d'un très-grand intervalle, comme au con-

« traire elles viendraient à approcher les ex-
« trémités des branches orientales et occiden-
« tales, desquelles elles étaient auparavant fort
« éloignées.

« Il en est quasi de même des grands chemins
« de l'empire représentés sur la carte de Peutin-
« ger; ils sortent de la ville de Rome comme
« les branches de leur tronc, et se portent en
« rond par toutes les parties de la terre. L'au-
« teur de ladite carte les a pris de là avec les
« rameaux qui en dépendent, chargés de leurs
« villes, cités, gîtes et postes, comme bran-
« ches chargées de leurs feuilles, et a fait pren-
« dre l'adresse vers l'orient ou l'occident à tous
« ceux qui prenaient leur route au midi ou au
« septentrion. Par ce moyen, les resserrant les
« uns près des autres, il n'a pas eu besoin de
« grande largeur en sa carte. Et tout ainsi que
« les feuilles d'une branche ne changent point
« le rang et situation qu'elles avaient entr'elles,
« encore que la branche soit détournée de sa
« posture naturelle en une autre: ainsi le rang
« et l'ordre des villes qui étaient sur un cer-
« tain chemin, n'a point été changé, quoique le
« chemin ait été tourné de l'une des parties du
« monde à l'autre. Il n'y a que cette différence,
« que l'ordre qui tend du midi au septentrion

« en la nature, tend de l'orient à l'occident en
« la figure; le tout sans détriment de la lon-
« gueur des chemins qui est seule considérable
« au sujet de ladite carte (1). »

Pline rapporte (L. III) qu'Agrippa, qui avait établi plusieurs nouvelles routes, fit peindre dans le portique du palais l'image de l'empire romain. Selon toute apparence, ce tableau représentait les fleuves, les mers, les montagnes, les routes, en un mot l'ensemble de l'empire, mais non pas avec sa forme réelle, car si chaque chose eût été à sa place, l'observateur eût eu d'abord devant les yeux les déserts de l'Afrique; l'Italie se serait trouvée à un niveau

(1) Bergier compare aussi la disposition des différentes parties de la carte de Peutinger à celle que prendraient les diverses parties d'un morceau de pâte que l'on allongerait en tirant sur lui de deux côtés.

« Comme il arrive, dit-il, qu'en allongeant une masse de
« pâte, telle partie était près d'une autre, qui par l'action de
« la main s'en retire bien en arrière; telle partie était devant
« qui demeure en arrière, et telle était à droite qui se glisse à
« gauche: il en est arrivé de même aux terres, provinces et
« cités de l'empire. Car en l'allongeant si exorbitamment, et le
« réduisant à quelques routes, il est arrivé que les mers et les
« terres se sont pareillement allongées comme des boyaux, et
« que les provinces se sont mises à l'étroit dans une largeur si
« resserrée, etc. » (*Bergier, hist. des grands chemins de l'empire romain.* Liv. III.)

déjà assez élevé, et les régions septentrionales de l'empire auraient été figurées à une hauteur où les noms de lieu et leurs signes représentatifs eussent été difficiles à distinguer.

Mannert, savant antiquaire allemand, pense que la carte de Peutinger est une édition perfectionnée de celle d'Agrippa, et que telle est la cause première de sa forme comprimée (1).

Quoi qu'il en soit, Messieurs, cette édition, qui a servi de modèle à la copie qui nous reste, ne peut être rapportée au premier ni au deuxième siècle de l'ère chrétienne, car elle offre beaucoup de détails qui ne conviennent ni au temps d'Auguste, ni à celui de plusieurs de ses successeurs.

Selon Scheyb et quelques autres savants, la

(1) Æthicus nous apprend que, sous le consulat de J. César et de M. Antoine, on envoya dans toutes les provinces des agens chargés de s'enquérir des noms de lieu et de noter les distances qui existaient entre chaque localité, afin que l'on pût, au moyen de ces renseignements, former un tableau géographique de tout l'empire.

Ce travail terminé, M. Vespasianus Agrippa apporta toute son attention à remplir les lacunes qui s'y trouvaient encore. Il y ajouta ce qui avait rapport aux routes établies par ses soins dans les Gaules, en Espagne et sur les bords du Danube, et forma de l'ensemble de ces renseignements un itinéraire de toutes les provinces de l'empire; il fit en même temps peindre une carte universelle du monde, dont celle de Peutinger n'est peut-être qu'une copie perfectionnée et réduite.

table de Peutinger serait un monument du IVe siècle; elle aurait été dressée sous le règne de Théodose; c'est de là que lui est venu le nom de *table théodosienne*, sous lequel on l'a souvent désignée.

Mais une autre opinion résulte d'un examen plus attentif de la carte : d'abord, la subdivision de la Gaule, qui fut faite par Constantin ou par son père Constance, n'y est point indiquée; on n'y trouve que l'ancienne division en Gaule Celtique, Belgique et Aquitanique.

En second lieu, les Francs sont placés sur la rive droite du Rhin, et les Bataves paraissent paisibles possesseurs de leur territoire, tandis qu'il est certain que sous le règne de Constance-Chlore, l'île des Bataves fut occupée par les Francs que l'on appela Saliens, par les Chamaves, les Frisons, etc., et que les Francs occupaient une partie de la Belgique, non sans être inquiétés par les armes romaines, mais sans être repoussés au-delà du Rhin.

Enfin, on ne trouve sur la carte aucune ville qui annonce l'époque de Constantin ni même celle de ses prédécesseurs. L'itinéraire fait mention de la ville de *Diocletianopolis* en Macédoine, qui s'appelait Edesse avant le règne de

Dioclétien; la table, au contraire, désigne cette ville sous le nom d'Edesse; elle ne fait aucune mention de la province que, suivant Aurélius Victor, Galère forma aux dépens de la haute et de la basse Pannonie, et qu'il nomma *Valérie*, en l'honneur de son épouse. La table ne peut être non plus rapportée au temps d'Aurélien, parce qu'on y voit figurer Palmyre florissante, avec des routes qui y conduisent en passant à travers le désert, tandis que cette ville a été détruite par cet empereur et ne s'est jamais relevée de ses ruines. Enfin, dans la Trace, vers Constantinople, la carte indique *Porsuli* (écrit *Porsulis*), qui devint *Maximinianopolis* sous Maximin.

Mannert établit par des raisonnements basés sur l'examen de la carte, qu'elle doit remonter au temps d'Alexandre Sévère (vers l'an 230), et qu'elle ne peut guère être rapportée à une époque plus ancienne ni plus récente.

Mais si la carte de Peutinger est un monument du IIIe. siècle, il est évident que le seul exemplaire qui soit parvenu jusqu'à nous est une copie écrite à une époque bien postérieure. La forme des lettres annonce le XIIIe. siècle, et l'on ne peut douter que le copiste ne fût un chrétien du moyen âge, quand on considère certaines interpolations faites dans quelques parties de la carte. Ainsi, dans les déserts de l'Arabie, voisins de l'Egypte, on voit l'inscription suivante : *Désert où les fils d'Israël ont erré pendant quarante ans sous la conduite de Moïse.* Près d'une montagne figurée dans la même région, on lit : *Ici ils reçurent la loi sur le mont Syna.*

Mannert attribue la copie qui nous est parvenue à l'auteur anonyme des annales de Colmar. Il se fonde d'abord sur ce que le chroniqueur, parlant de lui-même, s'exprime ainsi : *L'an 1265, j'ai peint une carte du monde sur douze morceaux de parchemin.*

Comme la copie qui nous est restée a été écrite dans le XIIIe. siècle, et qu'elle se compose de 11 morceaux, mais qu'il est évident que la partie occidentale était sur une 12e. feuille qui s'est perdue, il faut convenir que ces deux circonstances favorisent singulièrement l'opinion de Mannert. Il remarque aussi que le copiste a donné à la forêt des Vosges et à la forêt *Marcienne* (1) une étendue beaucoup trop considérable ; qu'il a représenté ces deux forêts par des arbres de différentes es-

---

(1) Cette forêt, dont parle Ammien Marcellin (liv. XX, § 8), est aujourd'hui la forêt noire sur la rive droite du Rhin.

pèces couverts de feuilles, *et que ce sont les seules qui soient figurées sur toute la carte*, d'où il conclut que cette représentation est une addition du copiste, et qu'il devait habiter un pays peu éloigné de ces deux forêts.

Au reste, si, comme nous venons de le voir, l'écrivain du XIIIe. siècle s'est permis quelques additions, elles ont été excessivement rares, et il a dû partout ailleurs copier servilement son modèle. Nous devons dire toutefois que cette transcription n'est point correcte; nous voyons, par exemple, la Loire (Liger), désignée sous le nom de *Riger*, la Batavie écrite *Patavia* (V. pl. XV), et je pourrais citer une grande quantité d'autres fautes d'orthographe de ce genre.

Avant d'écrire les noms de lieu, on a fait le tracé des routes en indiquant, par un point d'arrêt, l'emplacement de chacun; puis en se hâtant de faire les écritures, on a non seulement défiguré des noms et altéré les chiffres des distances, mais encore omis d'inscrire quelques villes dont la place est restée vide sur plusieurs parties de la carte. Toutes ces fautes proviennent, sans doute, de la précipitation avec laquelle le copiste a travaillé; mais peut-être aussi de l'état de détérioration dans lequel la cartemodèle devait se trouver au XIIIe siècle, après mille ans d'existence.

La première révélation que l'on ait eue de la carte est venue de Trithémius, littérateur distingué, qui écrivait en 1507 à l'un de ses amis qu'*un tableau des terres et des mers était à vendre à Worms, mais qu'il ne pouvait se résoudre à en donner quarante florins qu'on en demandait.* La carte fut achetée par Conrad Celtes, autre savant, qui la légua en mourant à Conrad Peutinger, chez lequel il avait demeuré pendant plusieurs années.

Peutinger, juste appréciateur du trésor qui lui était confié, se proposa d'en faire jouir le monde savant, au moyen de la gravure sur cuivre, et il obtint à cet effet un privilège en 1511; mais il fut si peu satisfait des premières épreuves, qu'il renonça à son projet de publication.

40 années après la mort de Peutinger, arrivée en 1547, Marc Velser retrouva dans sa bibliothèque quelques fragments de la carte, et les mit au jour avec un commentaire. Plus heureux dans une nouvelle recherche, il retrouva enfin l'original que l'on croyait perdu. Il en fit faire une copie sur une échelle réduite de plus

de moitié, qu'il s'empressa d'adresser au fameux Ortelius. Ce savant géographe, alors malade, la remit à Morétus, célèbre imprimeur, son ami, et ce fut par ses soins qu'elle parut enfin en 1598 (1).

L'original, resté dans la bibliothèque de Peutinger, fut vendu, en 1714, à un libraire, par Ignace Peutinger, doyen de l'église d'Elwang. Revendue, en 1720, au prince Eugène pour la somme de 100 ducats, elle fut déposée, après sa mort, dans la bibliothèque impériale de Vienne, où elle se trouve encore aujourd'hui.

C'est d'après ce monument authentique que Scheyb publia de nouveau, en 1753, la carte de Peutinger. Il apporta le plus grand soin à l'exécution de cette iconographie, et reproduisit le modèle avec une scrupuleuse exactitude.

Cependant, le débit de cet ouvrage n'ayant pas été considérable, on n'en tira qu'un petit nombre d'exemplaires, et les planches furent bientôt oubliées. Elles furent même adjugées, dans une vente, à une personne qui se proposait de les fondre pour en convertir le cuivre

---

(1) Cette carte qui fait partie de plusieurs atlas a en outre été reproduite dans le Ptolémée de Borcius, dans les œuvres de Velser, dans l'*Orbis delineatio* de Horn, dans l'histoire des grands chemins de l'empire romain par Bergier, etc.

à son usage, lorsque l'académie de Munich s'empressa de les racheter, fit faire un nouveau tirage, et chargea l'un de ses membres les plus recommandables, le savant Mannert, de la rédaction du commentaire. Cette notice, composée de 44 pages in-folio, fut réunie aux segments de la table, et forme avec eux un volume qui a paru à Leipsick en 1824 (1). C'est dans ce livre qu'il faut étudier la carte de Peutinger et que j'ai pris le fragment que je viens de vous présenter (pl. XV) (2).

Les localités ordinaires sont simplement indiquées par un point d'arrêt dans les lignes formant le tracé des routes; les villes capitales sont

---

(1) TABULA ITINERARIA PEUTINGERIANA, PRIMUM ÆRI INCISA ET EDITA A FRANC. CHRISTOPH. DE SCHEYB MDCCLIII. DENUO CUM CODICE VINDOBONI COLLATA, EMENDATA ET NOVA CONRADI MANNERTI INTRODUCTIONE INSTRUCTA, STUDIO ET OPERA ACADEMIÆ LITTERARUM REGIÆ MONACENSIS. LIPSIÆ 1824.

(2) Le fragment présenté pl. XV ayant été exactement calqué sur la carte de Scheyb, il est bon de faire observer que, pour indiquer les diverses couleurs de la carte originale, cet auteur s'est servi du système employé dans la représentation des signes héraldiques.

Ainsi, la mer et les fleuves ont été ombrés avec des hachures inclinées de gauche à droite pour indiquer la couleur verte;

Les murs des édifices sont parsemés de points exprimant la couleur jaune;

Les toits couverts de lignes droites et parallèles sont rouges dans l'original;

Les routes et les lettres majuscules sont de la même couleur pour la plupart distinguées par deux tours (1) ; les villes d'un ordre plus élevé par un plus grand nombre de tours réunies au moyen d'un mur.

Quelle que soit l'importance des lieux, s'ils possèdent des eaux chaudes ou froides renommées par leurs qualités curatives, ils sont figurés par une cour carrée entourée de maisons, et représentant un établissement de bains. Les prétoires ou tribunaux supérieurs, sont souvent indiqués de la même manière.

La position des villes est assez exacte par rapport au cours des fleuves limitrophes de l'empire ; ainsi, on ne remarque pas sur la rive droite du Rhin les villes qui se trouvent sur la rive gauche.

Mais il n'en est pas de même pour les fleuves de l'intérieur. La carte les conduit dans des lieux fort éloignés de ceux où ils passent réellement ; ainsi le Mans et Angers sont placés sur la rive gauche de la Loire (pl. XV), *Mediolanum Aulercorum* (Evreux) sur la rive droite de la Seine, *Luliobona* sur la rive gauche, etc.

La Loire est en outre prise pour la Seine ; car on la fait passer par Paris, et la Seine pa-

---

Le reste de la carte est noir dans l'original comme dans la copie.

(1) Je dis *pour la plupart*, car il y en a quelques-unes, telle que la ville de Tours, qui ne sont point désignées de cette manière.

raît représenter la Somme dans une partie notable de son cours.

Dans la région occidentale de l'empire, la table indique seulement les barbares les plus rapprochés des frontières, tels que les Chamaves, les Francs, etc. (pl. XV), avec lesquels les Romains étaient souvent en hostilité. Elle ne mentionne point ceux qui habitaient des contrées plus éloignées.

L'étude de la carte de Peutinger peut donner lieu à une multitude d'observations importantes. Pour m'attacher à la région qui nous intéresse spécialement, je vais examiner avec vous les routes comprises entre Boulogne-sur-Mer et les rives de la Loire.

Route de Boulogne à Chartres et à Paris. Nous voyons au-dessous du fleuve Batave, écrit sur la carte *flumen Patabus*, une route partant de *Gesoriacum*, Boulogne-sur-Mer, port très-important sous la domination romaine, et par lequel on communiquait le plus souvent avec la Grande-Bretagne. Cette route se divise en trois embranchements, dont le plus méridional tend vers *Luliobona*, en passant par *Gravinum* (1).

(1) Depuis Boulogne jusqu'à *Etrée-Cauchie*, près de Créci en

Gravinum est indiqué à 10 lieues gauloises de Lillebonne, à la même distance que *Carocotinum* de l'itinéraire (voir la page 31 et la pl. XIV, n° 1), ce qui a fait supposer à quelques géographes que la même station avait été mentionnée sous deux noms différents ; mais si, comme on le croit généralement, *Carocotinum* était près de Harfleur, il ne pouvait se trouver sur la route de Boulogne, et conséquemment son identité avec *Gravinum* ne saurait être admise (2).

Un X est marqué sur la carte entre Boulogne et *Gravinum* ; il est évident qu'il y aurait erreur, si ce chiffre était destiné à exprimer la distance de *Gesoriacum* à *Gravinum*, puisque Boulogne est à plus de 50 lieues gauloises de Lillebonne, et l'on peut supposer que les dix lieues indiquées s'appliquent à une localité intermédiaire dont le nom a été oublié.

Ponthieu, cette route était la même que la voie ou chaussée d'Amiens. D'*Etrée-Cauchie* elle conduisait au passage de la Somme à Abbeville, et passait à la ville d'Eu. Entre ces deux localités le nom de l'ancienne chaussée subsiste encore à *Saint-Morc-la-Cauchie*. De la ville d'Eu on la trouve jusqu'auprès de Dieppe, puis à Grainville, et de Grainville jusqu'à Lillebonne. (*Voir le dix-neuvième volume de l'académie des Inscriptions et Belles lettres.*)

(2) Lillebonne était au point d'intersection des voies de *Carocotinum* à Augustobone et de *Bononia* à *Breviodurum*.

Cette partie de la carte présente d'ailleurs des fautes bien plus graves, car on y voit les *Csismii* inscrits au nord de Boulogne et les Venetes sur la rive droite de la Seine.

A 18 lieues de Lillebonne, la route arrive à *Breviodurus*, où elle se partage en deux embranchements, l'un allant à Paris par *Ratumagus*, Rouen; *Ritumagus*, Radepont, et *Petrumviaco*, probablement identique avec le *Petromantalum* de l'itinéraire (voir la page 32); l'autre se dirigeant vers *Autricum*, Chartres, par *Mediolanum Aulercorum*, Evreux, Condé-sur-Iton et Dreux.

Route de Valognes à Tours. Nous trouvons ensuite une autre voie partant de la mer et se dirigeant d'*Alauna*, Valognes, à *Subdinum*, le Mans, et *Cæsarodunum*, Tours. Cette voie est d'autant plus importante pour nous qu'elle traverse les départements du Calvados et de l'Orne, et que l'itinéraire ne donne point de renseignements sur les villes qui se succédaient dans cette direction.

La carte indique 7 lieues de Valognes à *Crociatonum* (Saint-Côme-du-Mont), 21 lieues de cette dernière ville à *Augustodurus*, 24 d'*Augustodurus* à *Arægenus*; puis *Nudionnum* et *Subdinum*, sans indication de distance.

M. de Gerville estime à 4 lieues la distance comprise entre les limites d'*Alauna* et de *Crociatonum*, ce qui n'excède que d'une demi-lieue l'indication de la carte.

Les 21 lieues marquées entre *Crociatonum* et *Augustodurus* nous donnent les 10 ou 11 lieues qui existent entre Saint-Côme et Bayeux; mais il n'y a pas 24 lieues gauloises ou 12 lieues actuelles entre Bayeux et *Arægenus*, Vieux. Les chiffres sont inscrits sur la table de manière que l'un des X est séparé des autres chiffres par la trace de la route(X'XIII), et l'on peut supposer que ce trait partageant le nombre, a fait répéter mal à propos une dixaine, puisque la distance réelle ne demande que 14 lieues gauloises au plus (voyez la pl. XV).

Entre *Arægenus* et *Nudionnum*, que l'on regarde comme Jublains, et entre *Nudionnum* et *Subdinum* il n'y a pas de distance indiquée; vous remarquerez entre *Arægenus* et *Nudionnum*, un point d'arrêt qui montre que le copiste a oublié d'écrire un nom de lieu.

Entre *Subdinum* et *Cæsarodunum* la carte indique un *Fines* que Danville reporte à tort sur la route de *Subdinum* à *Autricum* (Char-(tres (1), et qui se trouvait à 16 lieues gau-

---

(1) **Notice de la Gaule**, page 309. Cette erreur vient peut-être

loises de *Subdinum*. M. Cauvin du Mans, antiquaire distingué, place ce *Fines* à Vaas, sur la frontière du Maine (2) ; la carte n'indique point la distance comprise entre *Fines* et *Cæsarodunum*.

Route de Cherbourg à Rennes. Comme je l'ai dit précédemment, *Coriallum* était situé près de Cherbourg, il est marqué à 28 lieues gauloises de *Cosedia*, Coutances. Cette dernière ville est figurée comme capitale, et de plus avec un rempart, crénelé comme on en voit à *Samarobriva*, Amiens, et à plusieurs autres cités (V. pl. XV).

Entre Coutances et Rennes se trouve *Lege-*

---

de ce' que Danville avait sous les yeux une copie fautive de la carte de Peutinger. Celle qui se trouve dans la collection de D. Bouquet, (1er. volume) est inexacte dans le tracé de la route du Mans à *Autricum*, et le nom de cette dernière ville n'est point écrit près du signe qui la représente ; on a également oublié d'indiquer la distance qui la sépare de *Suindinum*, et qui est de 50 lieues gauloises sur la carte de Scheyb.(V.la pl.XV).

(2) D'après les renseignements de M. Cauvin, des restes de la voie romaine de *Subdinum* à *Cæsarodunum* ont été observés sur les territoires de St.-Mars-d'Ousillé, Mayet, Verneil, Vaas, Chenu, etc. (Sarthe) et de Brèche, Indre-et-Loire ; le chemin d'Ecommoy à Vaas conserve le nom de *chemin des Romains.*

La route de *Subdinum* à *Autricum* parcourt de l'ouest à l'est le territoire du Luart, de Bouer et de Lavaré ; elle porte le nom de *chemin de César*, et est pavée avec du laitier de fer, dans plusieurs de ses parties.

dia. M. l'abbé Belley, dans un savant mémoire qui fait partie du 41ᵉ. volume de l'Académie des inscriptions, regarde cette ville comme identique avec l'*Ingena* de Ptolémée (voyez le tableau pl. XIII) et ne doute pas qu'il ne s'agisse d'Avranches. Effectivement, la table indique 19 lieues entre *Legedia* et Coutances, et comme la distance entre ces deux villes est de 21,000 toises, la distance de l'itinéraire ne surpasse que de 500 toises la distance réelle, différence peu considérable qui peut d'ailleurs provenir de l'inégalité du terrain et des sinuosités de la route. Cette conformité entre la distance itinéraire et la distance réelle est donc une preuve manifeste que *Legedia* est Avranches, et réciproquement que *Cosedia* occupait l'emplacement de Coutances. A partir de *Legedia*, la route décrit un demi-cercle qui semblerait indiquer une déviation (voyez la pl. XV). Rennes est placé à 48 lieues gauloises de *Legedia* ; la distance réelle est également, en ligne directe, de 24 à 25 lieues.

Route de Reginea à Tours. Une autre voie, partant des bords de la mer, passe par *Reginea, Fanum Martis, Condate, Sipia, Combaristum, Juliomagum, Robrica*, et arrive à Tours, *Cæsarodunum.*

Reginea paraît avoir existé là où se trouve Er-quy, petit port entre St.-Brieux et St.-Malo (1); *Fanum Martis* était probablement Corseult, capitale des Curiosolites. On ne peut conserver aucun doute sur la position de *Condate*, Rennes. D'après Danville *Sipia*, devait être placé à l'endroit appelé Vi-Sèche (Ille-et-Villaine), et *Combaristum* à Combrée (2), entre Segré et Pouancé, (Maine-et-Loire).

Dans ses recherches historiques sur l'Anjou, M. Bodin, correspondant de l'Institut, a placé *Robrica* à Orval, sur la rive gauche de la Loire; il me paraît impossible d'admettre que cette station, indiquée sur la route d'Angers à Tours, pût se trouver ailleurs que dans le voisinage de Beaufort ou de Longué, sur la rive droite de la Loire, où les vestiges de l'ancienne voie romaine ont été reconnus par M. Bodin lui-même (3). Telle est d'ailleurs l'opinion de M. le

---

(1) Voyez Danville, notice de la Gaule. M. de Lapylaie, de Fougères, m'annonce qu'il vient de trouver a Erquy beaucoup de tuiles romaines, ce qui confirme l'opinion de Danville.

(2) D'autres ont cherché *Combaristum* au Lion d'Angers; mais cette ville n'est qu'à quatre lieues d'Angers, et la table marque seize lieues gauloises ou huit lieues actuelles entre ces deux villes.

(3) Cette voie romaine se dirigeait d'Angers par Beaufort, Vivy (*via vetus*), Allonnes, Bourgueil, Restigné, St.-Patrice, Langeais, (qui est *l'Alinguaviensis vicus* de Grégoire de Tours), St.-Mars-la-Pile, Luynes et St.- Cyr.

Elle ne se montre à la surface du sol que dans un petit

baron de Walcknaer, membre de l'Institut, dont l'autorité doit être pour nous d'un grand poids; il pense que la station *Robrica* se trouvait au midi de Beaufort, vers le lieu nommé le *Pont de la Tronne* (1).

Route de Brest à Poitiers. Plus au sud, une autre route, qui part encore du bord de la mer, de *Gesocribate*, Brest, se dirige vers *Limonum*, Poitiers, en passant successivement par *Vorgium* (Carhaix), écrit *Vorganium* dans Ptolémée; *Sulim*, que l'on place au pont de Soule sur le Blavet, près du confluent de cette rivière avec celle de Suel (Morbihan); *Dartoritum*, dans lequel il est facile de reconnaître *Dariorigum*, capitale des Venètes; *Duretie*, aujourd'hui Rieu, sur la Vilaine; *Portusnamnetum*, Nantes, écrit par corruption *Portunamnetu*; et *Segora*, station placée au point de jonction de la route de Nantes

---

nombre de localités; ailleurs elle est couverte de terre et de sable, déposés par les inondations successives de la Loire et de l'Othion et il faut creuser à vingt, trente ou quarante centimètres pour la trouver. Dans les marais et dans les prairies, on peut suivre sa trace en été, en remarquant que l'herbe mûrit plutôt qu'ailleurs sur la ligne qu'elle parcourt.

(V. Recherches historiques sur l'Anjou par M. Bodin, tom. 1er.)
(1) Mémoires de l'Institut Royal de France (Académie des inscriptions et belles-lettres), tom. 6 page 373 et suiv.

à Poitiers avec une autre route venant d'Angers.

Je serais porté à croire que *Segora* occupait l'emplacement de la ville de Doué. Il est vrai que la distance d'Angers à Doué est de 17 lieues gauloises, au lieu de 18 indiquées sur la carte(1), et celle de Doué à Poitiers de 36 au lieu de 33; mais cette différence entre l'indication de la carte et la distance réelle n'est pas très-considérable, et Doué, qui renferme d'ailleurs des antiquités romaines, est placé sur le bord d'une voie antique allant de Poitiers à Angers (2).

Je ne pousserai pas plus loin l'examen de la partie de la table qui correspond à la France occidentale; mais pour mieux graver dans votre mémoire ce que je viens de dire sur la

---

(1) Je suppose que le nombre XVIII écrit au-dessus du nom *Segora* dans la carte de Peutinger s'applique à la distance comprise entre *Juliomagus* et *Segora* qui se trouve placé à l'embranchement de deux routes (voir la planche XV), et dans cette hypothèse la distance de Nantes à *Segora* n'aurait point été marquée.

Si l'on admet au contraire que les 18 lieues gauloises doivent être rapportées à l'intervalle compris entre Nantes et *Segora*, il est évident que le nombre est infiniment trop faible et ne peut indiquer la distance qui sépare ces deux localités l'une de l'autre, puisqu'elles sont éloignées de plus de 40 lieues gauloises.

(2) M. Bodin place *Segora* à Montreuil-Bellay qui se trouve à peu près à 33 lieues gauloises de Poitiers, et à 20 au moins d'Angers; j'ignore si l'on y a trouvé des vestiges de constructions romaines.

position des localités quelle mentionne dans la deuxième et dans la troisième Lyonnaise, je vais le reproduire sous forme de tableau, et transformer en quelque sorte en itinéraire écrit cette partie de l'itinéraire figuré.

Route de Boulogne à Chartres par Lillebonne et Dreux.

★ L'astérique distingue les localités qui n'appartenaient point à la deuxième ni à la troisième Lyonnaises.

Lieux indiqués par la carte.	Localités correspondantes.	Nomb. de lieues gauloises comprises d'une localité à l'autre.
GESOGIACO★........ quod nunc Bononia.	BOULOGNE-SUR-MER..	
GRAVINUM........	GRAINVILLE?....... (Seine-Inférieure).	X.
LULIOBONA........	LILLEBONNE.... (Seine-Inférieure).	X.
BREVODURO........	BRIONNE..... (Eure.)	XVIII.
MEDIOLANO-AUTERCORUM (1).....	EVREUX......	sans indication de distance.
CONDATE.........	CONDÉ...... (Eure).	XII.
DUROCASSIO★.......	DREUX......	X.
AUTRICUM★........	CHARTRES.....	XIII.

(1) Les villes indiquées par deux tours sur la carte de Peutinger ont été écrites en majuscules.

Embranchement de Brionne à Petrumviacum.

Lieux indiqués sur la carte.	Localités correspondantes.	Nomb. de lieues gauloises comprises d'une localité à l'autre.
BREVIODURO	BRIONNE	
RATUMAGUS	ROUEN	XX.
RITUMAGUS	RADEPONT (Seine-Inférieure.)	VIII.
PETRUMVIACO	Lieu près Magny... (Eure.)	XII.

Nota. Cette route conduit ensuite à Augustobone (Troyes) en passant par Paris.

Route de Valognes au Mans et à Tours.

ALAUNA	VALOGNES	
CRONCIACONNUM	SAINT-CÔME près Carentan.	VII.
AUGUSTODURO	BAYEUX	XXI.
ARAEGENUE	VIEUX (Calvados).	XXIII.
NUDIONNUM	JUBLAINS (Mayenne)	sans indication de distance.
SUBDINNUM	LE MANS	Idem.
FINES	WAAS	XVI.
CASARODUNO	TOURS	

Nota. Cette route se prolonge jusqu'à *Avaricum* (Bourges) en passant par *Tassiaca* (Thésée) et par *Gabris* Gièvres (Loir-et-Cher).

Route de Cherbourg à Rennes.

Lieux indiqués sur la carte.	Localités correspondantes.	Nomb. de lieues gauloises comprises d'une localité à l'autre.
Coriallo.	Cherbourg.	
Cosedia.	Coutances.	XXVIIII.
Legedia.	Avranches.	XIX.
Condate.	Rennes.	XLVIIII.

Route de Reginea à Tours par Angers.

Reginea.	Erquy. (Côtes du Nord.)	
Fanomartis.	Corseult. (Côtes du Nord.)	XIIII.
Condate	Rennes.	XXV.
Sipia.	Visseiche. (Ille-et-Vilaine.)	XVI.
Combaristum.	Combrée ? (Maine-et-Loire.)	XVI.
Juliomago	Angers.	XVI.
Robrica.	Lieu près Beaufort. (Maine-et-Loire.)	XVII.
Casaroduno.	Tours.	XXVIIII.

Nota. Le prolongement de cette route se dirige vers *Genabum* (Orléans) indiqué à 51 lieues gauloises de Tours.

Route de Brest à Poitiers.

Lieux indiqués sur la carte.	Localités correspondantes.	Nomb. de lieues gauloises comprises d'une localité à l'autre.
Gesocribate.........	Brest......	
Vorgium...........	Carhaix..... (Finistère.)	XLV.
Sulim............	Pont de Soule, près de Baud (Morbihan)	XXIIII.
Dartoritum........	Vannes.....	XX.
Duretie...........	Rieux...... (Morbihan.)	XX.
Portunamnetu......	Nantes......	XXIX.
Segora*...........	Doué?...... (Maine-et-Loire.)	
Lemuno*..........	Poitiers.....	XXXIII.

Comme vous le voyez, Messieurs, la carte de Peutinger mentionne 32 villes ou stations dans les 2e. et 3e. Lyonnaises, au lieu que l'itinéraire n'en cite que 17.

Celui-ci, pourtant, indique des localités qui ne se trouvent point sur la carte (1), et l'on

---

(1) La carte de Peutinger ne fait aucune mention de Lisieux, le *Noviomagus* de l'itinéraire.

Comme ce dernier ne date que de la fin du IVe. siècle, on y trouve quelques routes qui n'existaient point encore au moment où la carte a été faite.

ne doit point le dédaigner ; l'itinéraire et la carte sont également précieux.

Souvent la détermination d'un point de géographie ancienne, fort difficile avec le secours isolé de la carte ou de l'itinéraire, devient toute simple par le rapprochement de ces deux ouvrages.

Il faut donc souvent les comparer l'un à l'autre, mais quand ils ne s'accordent pas sur l'orthographe des noms ou sur les distances, je crois qu'en général il vaut mieux s'en rapporter à la carte.

En effet, les itinéraires figurés n'ont jamais été répandus comme les itinéraires écrits, ils servaient surtout aux empereurs, et aux généraux auxquels les princes les confiaient en entier ou par parties (1) ; ils ont dû conséquem-

---

(1) Végèce, dans son traité de l'art militaire, recommande aux généraux de se munir de tous les renseignements nécessaires sur les routes, les montagnes, les fleuves, etc., des contrées où ils font la guerre. Il ajoute qu'ils ne doivent pas se contenter de renseignements écrits, mais se procurer encore *l'image* des contrées qu'ils ont à parcourir.

« Dux belli itineraria omnium regionum, in quibus bellum
« geritur, plenissimè debet habere descripta, ità ut locorum
« intervalla non solùm passuum numero, sed etiàm viarum qua-
« litate perdiscat, compendia, diverticula, montes, flumina,
« ad fidem descripta consideret ; usque eò ut solertiores duces
« non tantùm annotata, sed etiàm picta habuisse firmentur,
« ut non solùm consilio mentis, verùm aspectu oculorum viam
« profecturis eligerent. »

(*Veget. de re militari.*)

ment être transcrits moins souvent et subir moins d'altérations que les itinéraires écrits, dont les copies ont été extrêmement nombreuses.

Pour vous faciliter la comparaison de l'itinéraire et de la table, j'ai reporté sur une carte ordinaire les routes et les villes dont ils font mention avec les distances qu'ils indiquent, dans les 2e. et 3e. Lyonnaises, en prenant soin de différencier ce qui appartient à l'itinéraire écrit de ce qui appartient à l'itinéraire figuré (v. la pl. XVI); ce tableau ne peut manquer de vous être utile et vous offrira, je crois, quelqu'intérêt.

Une remarque que je n'ai point encore eu l'occasion de présenter, et qui vous frappera dans l'examen que vous ferez de la table et de l'itinéraire, c'est que la terminaison *durus* ou *durum,* employée dans les noms des anciennes villes, comme dans *Breviodurus*, indique ordinairement le passage d'une rivière, tandis que *dunum* annonce une position élevée. *Condate* (Condé) désigne un emplacement dans l'angle formé par l'union de deux rivières.

Enfin les noms de César et d'Auguste ont été donnés par reconnaissance et plus souvent par flatterie à une foule de villes gauloises qui changèrent leur ancienne dénomination celtique après la conquête de César et sous Auguste. Ainsi, Lillebonne, dont on ignore le nom primitif, est devenue *Juliobona*. Le chef-lieu des Turons s'est transformé en *Cæsarodunum*; celui des Andegaves en *Juliomagus*; celui des Bajocasses en *Augustodurus*, etc.

NOTICE DES DIGNITÉS DE L'EMPIRE.

Je ne dirai qu'un mot de la notice des dignités de l'empire ; c'est une sorte d'almanach impérial qui nous indique quelles étaient les hautes fonctions de l'état, tant dans l'ordre civil que dans l'ordre militaire, quelle était la résidence des fonctionnaires, quelles étaient leurs attributions, etc. On y voit l'énumération des corps de troupes qui tenaient garnison en Gaule, des fabriques impériales, des arsenaux, des hôtels de monnaie, etc., etc. ; les lumières que l'on peut tirer de la notice sont immenses pour fixer les idées sur la nature du gouvernement romain, ses forces, ses ressorts, etc.

Dès le temps d'Auguste on avait dressé un état des revenus publics, des forces de l'empire en soldats nationaux et en auxiliaires, en flottes, etc., etc.; mais à mesure que les provinces furent subdivisées, il fallut transcrire cette statistique sur de nouveaux registres et renouveler plusieurs fois cette transcription après les changements qui survinrent dans l'administration civile et dans l'organisation des troupes.

Ce fut sous les règnes de Dioclétien et de Constantin que la cour et le gouvernement central des empereurs romains reçurent l'organisation définitive dont la *Notice de l'empire* nous a conservé l'image (1).

La notice, telle qu'elle nous est parvenue, est postérieure à la division de l'empire romain en empire d'Orient et en empire d'Occident, et doit avoir été rédigée sous le règne d'Honorius, qui commença en 395 et finit en 425. M. E. Gaillard a prouvé, dans un savant mémoire encore inédit, que dès l'année 407, les circonscriptions indiquées par la notice n'existaient plus (2); il faut donc lui attribuer une

---

(1) Cours d'histoire moderne professé, en 1829, par M. Guizot, t. III, p. 213.

(2) Dissertation sur la notice des dignités de l'empire romain adressée à M. de Caumont à l'occasion de la leçon qu'il a faite à son cours, en 1830, sur ce monument écrit; par M. E. Gaillard, membre de la société des Antiquaires de Normandie.

M. de Caumont avait fait sur la notice une leçon fort étendue dont on n'a reproduit ici que quelques passages fort abrégés.

date antérieure à cette année, et rejeter l'opinion de ceux qui ne rapportent ce monument qu'au temps de Valentinien III, successeur immédiat d'Honorius.

Parmi les documents précieux que nous fournit la notice, nous voyons que les principaux fonctionnaires de la Gaule étaient suivant l'ordre de leurs dignités :

Le préfet du prétoire, dont la juridiction s'étendait sur l'Espagne et la Bretagne.

Le maître de la cavalerie.

Le vicaire des 17 provinces.

Un comte militaire dont la résidence était à *Argentouaria* (Colmar).

Cinq généraux qui commandaient
    La Sequanaise,
    Le rivage armoricain et nervien,
    La Belgique seconde,
    La première Germanie,
    Et le pays de Mayence.

Six préfets consulaires répartis dans
    La Viennoise,
    La première Lyonnaise,
    La première Germanie,

La deuxième Germanie,
La première Belgique,
La deuxième Belgique.

Onze présidents pour
Les Alpes maritimes,
Les Alpes grecques,
La Sequanaise,
La première Aquitaine,
La deuxième Aquitaine,
La Novempopulanie,
La première Narbonnaise,
La deuxième Narbonnaise,
La deuxième Lyonnaise,
La troisième Lyonnaise,
La quatrième Lyonnaise ou Senonienne.

La notice nous apprend qu'il y avait huit fabriques d'armes, à Strasbourg, Mâcon, Autun, Soissons, Reims, Trèves et Amiens (1);

(1) On faisait à Strasbourg *des armes de toute espèce*, à Mâcon *des flèches*, à Autun *des cuirasses*, à Soissons *des boucliers, des balistes et des clibanares* (espèces de cuirasses); à Trèves, *des boucliers et des balistes*, à Reims *des épées*, à Amiens *des boucliers*. Voici le texte de la notice:

ARGENTORATENSIS ARMORUM OMNIUM
MATISCONENSIS SAGITTARIA
AUGUSTODUNENSIS LORICARIA
SUESSIONENSIS, SCUTARIA, BALISTARIA ET CLIBANARIA
REMENSIS SPATARIA

Quatre préposés du trésor ou receveurs généraux, dont l'un avait pour ressort toute la Gaule lyonnaise, tandis que les autres résidaient à Arles, Nismes, Trèves;

Que trois procureurs surveillaient trois fabriques de monnaie, établies à Lyon, à Trèves et à Arles;

Que six grands magasins, à Lyon, Arles, Reims, Trèves, Metz et Tournai, étaient administrés par six procureurs, *procuratores Gyneciorum.*

La notice indique aussi *la résidence des commandants des cohortes échelonnées le long des côtes, et sur les frontières, pour la défense des provinces*, et nous fournit ainsi quelques données sur la géographie ancienne de nos contrées. C'est à ce titre seul que je dois vous en parler en ce moment.

Le général, auquel était confiée la garde du rivage nervien et du rivage armoricain, avait

<small>
TRIBERORUM SCUTARIA
TRIBERORUM BALISTARIA
AMBIANENSIS SPATARIA ET SCUTARIA.

Trèves avait deux fabriques d'armes. Cette ville considérable où résidait le préfet du prétoire, possédait un très-grand nombre d'établissements, ainsi que Lyon et Arles qui étaient à cette époque des villes du premier ordre.
</small>

sous ses ordres dix commandants avec leurs cohortes, distribués de la manière suivante:

TRIBUNUS COHORTIS PRIMÆ NOVÆ ARMORICÆ *Grannona* **IN LITTORE SAXONNICO.**	GRAY, embouchure de la Seule, Calvados, ou dans les environs ?
PRÆFECTUS MILITUM CARRONENSIUM, *Blabia*.	Port à l'embouchure du Blavet.
PRÆFECTUS MAURORUM VENETORUM, *Venetis*.	VANNES.
PRÆFECTUS MILITUM MAURORUM OSISMIACORUM, *Osismiis*.	CARHAIX ou OXISMURE, près de Lesneven, Finistère.
PRÆFECTUS MILITUM SUPERVENTORUM, *Mannatias*.	NANTES.
PRÆFECTUS MILITUM MARTENSIUM, *Aleto*.	SAINT-MALO.
PRÆFECTUS MILITUM PRIMÆ FLAVIÆ, *Constantia*.	COUTANCES.
PRÆFECTUS MILITUM URSARIENSIUM, *Rothomago*.	ROUEN.

PRÆFECTUS MILITUM DALMATARUM, *Abrincatis*.	AVRANCHES.
PRÆFECTUS MILITUM GRANNONENSIUM, *Grannono*.	Localité incertaine.

Ce paragraphe de la notice nous signale dix localités toutes renfermées dans la 2e. et la 3e. Lyonnaise. Quatre d'entre elles (Vannes, Coutances, Rouen et Avranches) sont parfaitement connues; les six autres, *Grannona*, *Blabia*, *Osismiis*, *Mannatias*, *Aletum* et *Grannonum* peuvent donner lieu à quelque incertitude.

Grannona devait se trouver sur nos côtes, *in littore saxonico*, et je serais tenté de le placer vers l'embouchure de la Seule, à peu de distance de laquelle il existe un camp fort connu dans le pays, que Cassini indique sur le n° 94 de sa carte (1), et plus loin des construc-

---

(1) Voir ma statistique monumentale du Calvados.—Le camp dont je parle, situé à 1,800 toises au sud du village de Bernières, pouvait contenir une cohorte ; différentes rues cavées conduisaient au camp fixe ou sédentaire. On les appelle encore *rues romaines*. Ces espèces de tranchées étaient probablement faites pour couvrir et cacher la communication du camp avec les villages voisins.

Caylus, qui a publié un plan du camp de Bernières, recon-

tions romaines qui pourraient avoir fait partie d'un château ou de quelque corps avancé.

Il existe d'ailleurs sur la rive gauche de la Seule une commune de *Gray*, dont le territoire s'étendait autrefois sur la rive droite (1), et embrassait peut-être en partie celui de Courseule et de Bernières, et Banville, commune limitrophe de Gray, renferme d'anciens retranchements (2).

Selon toute apparence, *Blabia* était située à l'embouchure de la rivière de Blavet, sur la côte de Bretagne.

Osismiis est regardé par Danville et la plupart des géographes, comme la capitale des Osismiens, que nous avons placée à Carhaix; *Oxismure*, près de Lesneven, où les antiquaires bretons placent une ville romaine,

---

naît que cette place était située très-avantageusement pour la défense de la côte. D'un côté, elle est couverte par un terrain qui s'élève insensiblement du côté de la campagne ; au lieu que le terrain qui regarde la mer s'abaisse peu à peu jusqu'au rivage, et laisse découvrir toute la côte comprise de la Seule à l'embouchure de l'Orne et une grande partie du rivage situé au-delà de cette rivière jusqu'à Dives. Dans le lointain on aperçoit même la côte du Hâvre et les falaises de Henneque ville.

(1) Renseignement communiqué par M. Ed. Lambert, membre de la société des antiquaires de Normandie.

(2) J'ai remarqué à Banville, sur la rive gauche de la Seule,

était cependant plus près de la côte, et sous ce rapport plus convenable à la résidence du commandant d'une cohorte littorale (1).

On croit que *Mannatias* est la ville de Nantes;
Et il ne peut s'élever de doutes sur la position d'*Aletum*, l'ancien Saint-Malo (2).

Il n'en est pas de même quant à la position de *Grannonum*. M. de Gerville suppose que cette place était à Portbail (3), d'autres l'ont cherchée

---

deux retranchements qui servaient à défendre, du côté des terres, un cap dont le plateau paraît avoir servi à un campement (*voir ma statistique monumentale du Calvados*), et l'on a trouvé un grand nombre de tombeaux anciens sur différents points de la commune.

(1) M. du Marhallo, membre de la société Linnéenne de Normandie à Quimper, m'annonce qu'une voie romaine conduisait de Carhaix à Oxismure :

« Le point central des voies romaines dans le Finistère, dit-il,
« semble avoir été à Carhaix. De cette ville partaient cinq
« routes différentes : la première se dirigeait au sud-ouest, vers
« la pointe du Raz ; la seconde conduisait à Lesneven, *ou plu-*
« *tôt à Oxismure, ville romaine du voisinage*; la troisième à
« Morlaix, puis à Lanion, où les antiquaires placent Lexubie;
« une quatrième menait à Brest, et la cinquième à Rennes.
« Tous les restes de chemins romains que l'on rencontre dans
« le département peuvent se rapporter à l'une de ces cinq di-
« rections. »

(2) M. de Lapylaie place à Saint-Servan l'ancien Saint-Malo, *Aletum*.

(3) Voir le Ve. volume des mémoires de la société des antiquaires de Normandie (p. 27).

aux environs de Granville; si cette dernière opinion devait être admise, ce serait sans doute près de Saint-Pair, où l'on a trouvé un camp et des antiquités romaines, qu'il conviendrait de fixer *Grannonum*.

Il est fort remarquable, Messieurs, que ce paragraphe ne mentionne aucune garnison sur le rivage nervien ni sur les côtes de la Haute-Normandie (1), et cette particularité pourrait donner lieu à diverses conjectures que je ne dois point vous présenter ici.

Un autre paragraphe de la notice nous apprend que trois cohortes tenaient garnison dans la deuxième Lyonnaise et dans la troisième, et que leurs commandants résidaient, l'un alternativement à Bayeux et à Coutances (2);

---

(1) Peut-être *Grannona*, que nous avons placé près de la Seule, pourrait-il être cherché du côté de la Seine où les Romains devaient avoir disposé des forces, et où ils ont dû posséder une flotte; mais en admettant que cette recherche fût couronnée de succès, les côtes comprises entre la Seine et la Somme auraient encore été dépourvues de troupes, si l'on s'en tenait au texte de la notice.

(2) Nous avons déjà vu le préfet d'une cohorte à Coutances, mais cette cohorte était destinée à garder les côtes et n'avait probablement qu'un dépôt dans la ville.

le second au Mans, et le troisième à Rennes ; ce paragraphe est ainsi conçu :

PRÆFECTUS LÆTORUM BATAVORUM ET GENTILIUM SUEVORUM *Bajocas* et *Constantiæ* LUGDUNENSIS SECUNDÆ.	BAYEUX et COUTANCES.
PRÆFECTUS LÆTORUM GENTILIUM SUEVORUM *Cenomannos* LUGDUNENSIS TERTIÆ.	LE MANS.
PRÆFECTUS LÆTORUM FRANCORUM *Redonas* LUGDUNENSIS TERTIÆ.	RENNES.

Les dénominations des cohortes que j'ai citées prouvent bien, ce que nous savions déjà, que les troupes littorales étaient composées de barbares à l'époque où la notice a été rédigée. J'aurai occasion de revenir sur ce sujet dans le court aperçu, que je compte vous présenter bientôt, de l'organisation des troupes romaines ; c'est à regret que je borne l'examen de la notice aux passages qui peuvent intéresser la géographie des 2e. et 3e. Lyonnaises (1).

(1) On peut étudier la notice des dignités de l'empire dans

NOTICE DES GAULES.

La notice des provinces et des villes de la Gaule paraît avoir été faite sous le règne d'Honorius, lorsque le pape Zozime gouvernait l'église romaine. Elle nous apprend quelles étaient alors, dans chaque province, la métropole et les villes capitales. Plusieurs cités avaient été ruinées par les barbares, et des circonstances diverses avaient sans doute favorisé l'accroissement de quelques villes, qui étaient devenues des capitales préférablement à d'autres. La notice est donc un monument précieux, propre à éclairer la géographie de la Gaule au Ve. siècle ; nous allons en extraire ce qui a rapport à la 2e. Lyonnaise et à la 3e.

l'ouvrage intitulé : NOTICIA UTRAQUE DIGNITATUM, CUM ORIENTIS, TUM OCCIDENTIS, ULTRA ARCADII HONORIIQUE TEMPORA, ET IN EUM GNIDI PANCIROLI COMMENTARIUM ; un vol. in-folio ; dans Schœll, histoire de la littérature romaine, t. III, p. 345 ; dans le cours d'histoire moderne professé, en 1829, par M. Guizot, troisième volume.

L'abbé Dubos (histoire critique de la monarchie française), Mézerai (histoire de France), Gibbon (histoire de la décadence de l'empire romain) et plusieurs autres historiens se sont occupés aussi de la notice des dignités de l'empire et peuvent être consultés avec fruit.

PROVINCIA LUGDUNENSIS SECUNDA. N°. VII.

METROPOLIS. *Civitas Rotomagensium* (Rouen).
Civitas Bajocassium . (Bayeux).
Civitas Abrincatum . (Avranches).
Civitas Ebroicorum . (Evreux).
Civitas Sagiorum . . (Séez).
Civitas Lexoviorum . (Lisieux).
Civitas Constantia . (Coutances).

PROVINCIA LUGDUNENSIS TERTIA. N°. IX.

METROPOLIS. *Civitas Turonorum* . . (Tours).
Civitas Cenomannorum (Le Mans).
Civitas Redonum . . (Rennes).
Civitas Andicavorum . (Angers).
Civitas Namnetum . . (Nantes).
Civitas Coriosopitum . (Quimper).
Civitas Venetum . . . (Vannes).
Civitas Ossismorum . . (Carhaix ?)
Civitas Diablintum . . (Jublains).

Les métropoles de chaque province sont devenues des archevêchés, et les villes capitales ont formé des évêchés suffragants. C'est ainsi que la hiérarchie ecclésiastique s'est greffée sur celle de l'administration romaine (1); il est à remarquer que le rang des évêchés entr'eux était encore, au XVIIIe. siècle, celui qu'on voit dans la notice des Gaules.

Les villes mentionnées par cette notice dans les deuxième et troisième Lyonnaises, le sont également dans les fragments de l'itinéraire ou de la carte de Peutinger que nous avons examinés, à l'exception de la ville de Séez, *civitas Sagiorum*, et de celle de Quimper, *civitas Coriosoqitum*. Il y a lieu de supposer que ces deux villes prirent dans le IVe. siècle une importance qu'elles n'avaient point eue dans les trois siècles précédents.

Vous avez pu remarquer que, dans la notice des provinces de la Gaule et dans celle des dignités de l'empire, les villes sont désignées

(1) Comme les circonscriptions religieuses ont été calquées sur celles qui existaient à l'époque de l'introduction du christianisme, on peut tirer un grand parti de cette circonstance pour retrouver les limites des différents peuples ; malheureusement un même diocèse comprend quelquefois plusieurs peuples réunis. Pour citer un exemple pris dans le Calvados : le territoire des Viducasses s'est partagé entre les diocèses de Séez, de Lisieux et de Bayeux, ce qui rend fort obscures sur plusieurs points les frontières des Viducasses, des Lexoviens et des Bajocasses. Les évêques ont fait aussi parfois des échanges qui ont modifié les limites primitives des diocèses.

par les noms des peuples dont elles étaient capitales ; ce changement de nom fut général vers la fin du IVe. siècle dans la Gaule Celtique (1). *Augustodurus* devint alors la cité des Bajocasses, *civitas Bajocassium*, puis *Bajocæ*, Bayeux ; *Lutetia*, capitale des Parisii prit le nom de Paris ; *Limonum*, métropole des Pictaves, celui de Poitiers ; *Cæsaromagus*, chef-lieu des Bellovaques, celui de Beauvais ; *Cæsarodunum*, capitale des Turons, devint Tours ; *Juliomagus* des Andegaves, Angers ; *Dariorigum* des Venètes, Vannes ; *Ingena* des Abrincatues, Avranches ; *Condate*

---

(1) Le même changement n'eut point lieu dans la Gaule narbonnaise. Voici comment l'abbé Belley explique cette différence. (*Mém. de l'acad. des Inscrip.*, t. *XX*.) :

« Les peuples de la Gaule narbonnaise, conquis les premiers, furent dépouillés de leurs villes et perdirent leur ancienne forme de gouvernement. »

« Au contraire, les peuples de la Gaule celtique, traités plus doucement par leurs vainqueurs, conservèrent leurs villes, leurs terres et l'autorité de leurs sénats. Ces assemblées se composaient, comme l'on sait, des notables de chaque cité ou pays et les noms des peuples qu'elles gouvernaient furent par la suite appropriés aux villes même où elles tenaient leurs réunions ; la même chose ne pouvait avoir lieu dans la Gaule narbonnaise. »

On pourrait, je crois, donner plusieurs autres raisons du changement qui s'opéra dans les noms des villes de la Gaule celtique, au IVe. siècle.

des Redones, Rennes; *Nudionnum* des Diablintes, Jublains, etc., etc.

Quelques villes, cependant, conservèrent le nom qu'elles avaient porté auparavant; de ce nombre est la ville de Rouen, capitale des Véliocasses et des Calètes, qui a continué de s'appeler *Rotomagus*.

Plusieurs monuments prouvent que dès la première moitié du IIIe. siècle on désignait quelquefois les villes sous le nom des peuples dont elles étaient capitales.

La ville de Vieux est appelée *civitas Vilucassium* dans l'inscription du marbre de Thorigny qui est de l'an 238; le rhéteur Eumène, parlant dans un panégyrique adressé à Constance Chlore du rétablissement de la ville d'Autun, qui avait été ruinée pendant les guerres civiles, la nomme *civitas Eduorum*.

Toutefois, l'usage de désigner les villes par leur nom ancien subsista long-temps encore; nous avons vu qu'elles sont presque toutes indiquées de cette manière dans l'itinéraire d'Antonin; la nouvelle nomenclature ne fut généralement adoptée que vers la fin du IVe. siècle (1).

(1) Alors cet usage fut consacré dans des actes émanés de l'autorité souveraine; on lit dans quelques édits de l'empereur Valentinien Ier.: *Datum Treveris* (à Trèves), *datum Parisis* (a Paris), *datum Remis* (à Reims) cod. Theod., L. IV—XII—V—VII.

Dans l'aperçu bien rapide et bien incomplet que je viens de vous présenter, Messieurs, j'ai cherché à vous faire comprendre combien de lumières on peut tirer de la comparaison de l'itinéraire, de la table et des deux notices. Qu'il me soit permis de vous annoncer, en terminant, la prochaine publication d'un ouvrage capital sur les itinéraires, par M. le marquis de Fortia d'Urban (1), M. le colonel La Pie, M. le baron de Walkenaer, M. Hâse, M. Guérard et M. Dureau de La Malle. Ce beau travail, dont la supériorité est garantie par des noms si justement célèbres et si respectables, est attendu avec impatience du monde savant; il éclairera d'un nouveau jour la géographie ancienne de la France.

(1) M. le marquis de Fortia, dont la générosité égale le savoir, s'est chargé des frais de publication.

CHAPITRE IV.

Voies romaines.

Importance et multiplicité des voies établies en Gaule sous la domination romaine.—Système d'après lequel elles ont été établies.—Exemples tirés de quelques voies observées dans la France occidentale.— Les chemins étaient divisés au moyen de colonnes régulièrement espacées.— Forme des bornes itinéraires et style des inscriptions qui les couvrent.—Description de plusieurs monuments pyramidaux placés sur le bord des voies antiques.—Aperçu géographique sur quelques-unes des routes gallo-romaines qui parcouraient la Normandie occidentale.

Les monuments les plus remarquables de l'économie politique des Romains sont peut-être les voies au moyen desquelles ils avaient établi des communications entre toutes les parties de leur vaste empire. Les vestiges de ces routes sont encore reconnaissables dans toute la France. Elles ont déjà fourni des documents précieux pour l'archéologie et la géographie ancienne ; elles en fourniront de nouveaux lorsqu'elles auront été examinées partout avec soin et qu'on les aura parcourues pour ainsi dire *pas à pas,* comme on l'a fait en Angleterre et dans quelques-uns de nos départements.

Les villes et les stations romaines étaient toutes accessibles au moyen de routes solides ou de chaussées. C'est donc principalement dans les intervalles qui séparent ces établissements les uns des autres, qu'il faut chercher les traces des voies romaines. Elles suivaient ordinairement des lignes droites, excepté lorsque des obstacles naturels, tels que des montagnes, des ravins profonds, des marais, etc., s'oppoaient à cette direction ; elles se prolongeaient, autant que possible, sur les plateaux afin d'éviter les terrains marécageux.

Outre les routes principales qui étaient les plus directes, et qui communiquaient d'une ville à une autre, il y avait des routes vicinales, *viæ vicinales,* qui accédaient aux villages et qui établissaient des communications entre les bourgades et les villes. Elles n'étaient pas alignées comme les premières, ni faites avec le même soin.

Dans les routes les plus soignées, la première couche, ou la plus profonde se composait de pierres plus ou moins grandes, posées sur le plat, quelquefois cimentées avec du mortier, mais le plus souvent rangées simplement les unes sur les autres ; c'était le *stratumen*.

Le second lit, nommé *ruderatio*, était formé de pierres concassées, d'une dimension bien moins considérable que les précédentes.

La troisième couche, *nucleus*, se composait de chaux remplie de tuileaux pulvérisés ou de sable mélangé avec de la terre glaise.

Des pierres cubiques ou polygonales irrégulières, rangées comme dans le pavé de nos villes, des cailloux non taillés, étroitement tassés les uns sur les autres, ou simplement un lit de gros sable, *glarea*, formaient la quatrième et dernière couche, appelée *summa crusta* (1).

Tel est l'ordre prescrit par Vitruve pour les aires en général, et celui qu'on trouve dans quelques routes romaines, mais bien souvent on n'y rencontre que deux ou trois couches au lieu de quatre. Ainsi la *rudération* se trouve immédiatement à la surface, reposant sur le *stratumen* ; ou bien le *stratumen* manque, la

---

(1) Cette dernière méthode était la plus ordinaire, excepté dans les vallées, et dans certains passages qui ont été pavés en pierre de taille, avec une magnificence vraiment remarquable ; on a généralement employé le gravier et les petits cailloux.

rudération repose immédiatement sur le sol naturel et est recouverte par une assise de pierres tenant la place de la *summa crusta*.

La nature des terrains que parcourent les routes a nécessairement influé sur le mode que l'on a suivi dans leur confection, car on a dû prendre moins de précautions dans les lieux où le sol était solide, que dans ceux où il offrait peu de consistance.

En général, on a mis en œuvre les matériaux qui se trouvaient sur les lieux ou à peu de distance, et l'on n'en a fait venir de plus loin que lorsque ces matériaux étaient de mauvaise qualité.

Dans le Calvados, les routes antiques les mieux conservées (arrondissements de Caen et de Falaise), m'ont offert une couche plus ou moins épaisse de pierres calcaires concassées et battues ensemble, reposant immédiatement sur le sol naturel, ou sur des pierres d'un volume plus considérable formant le *stratumen*. J'ai trouvé, seulement dans quelques places, cet encaissement recouvert d'un lit de pierres cubiques, irrégulières, formant la *summa crusta*.

Le silex qui abonde dans la Haute-Normandie et dans les arrondissements de Mortagne, de Lisieux et de Pont-l'Évêque, a été presque constamment employé au pavage des voies romaines de ces contrées, d'après les observations de MM. Vaugeois, A. Le Prévost, Galeron, E. Gaillard et les miennes.

A Planches et dans beaucoup de localités du département de l'Orne et du département de la Sarthe, où l'on s'est occupé fort anciennement de la fabrication du fer, les routes antiques ont été chargées avec le laitier provenant des forges à bras (1).

La couche de laitier qui forme une des voies antiques que j'ai observées à Planches n'a pas moins de 3 pieds d'épaisseur et repose tantôt sur une couche de silex, tantôt sur le sol naturel. D'après M. Vaugeois, la chaussée antique de Mézières, près de Tourouvre, se compose de quatre couches alternatives de silex et de laitier (2).

Caylus a décrit une voie fort remarquable

---

(1) Ces scories, produit de la méthode imparfaite employée par les anciens pour fondre le minerai, se rencontrent en énorme quantité dans un grand nombre de communes du département de l'Orne ; elles sont fort pesantes et contiennent encore beaucoup de fer.

(2) M. Vaugeois a reconnu d'abord au fond de l'encaissement une couche de trois ou quatre rangs de gros silex qui forment encore actuellement une épaisseur de près d'un pied ; 2°, sur

qui conduisait de Chartres à Orléans, et dont l'itinéraire et la carte de Peutinger ne font point mention; elle était établie sur un rang de gros cailloux bruts posés à plat, et retenue par une bordure de pierres de même espèce posées sur le champ. Un mélange de petites pierres et de terre blanche formait la seconde couche, épaisse d'environ 2 pieds; la troisième et dernière couche était composée d'un caillou fort dur qui devait avoir été apporté de deux ou trois lieues (1). Cette route avait 15 ou 20 pieds de largeur.

Les chaussées antiques observées dans l'Orléanais par M. Vergnaud-Romagnésy sont pavées solidement et bordées de grosses pierres larges de deux pieds, qui encadrent l'encaissement de chaque côté (2).

---

ces silex une couche de scories de quelques pouces d'épaisseur; 3°. une nouvelle assise d'un rang de gros silex; 4°. sur le tout, une autre couche de scories, ayant, au milieu de la route, deux pieds et demi à trois pieds d'épaisseur, et diminuant sur les côtés. (*V.* le mémoire de M. *Vaugeois* sur *quelques voies romaines de l'arrondissement de Mortagne*, dans le cinquième vol. de la société des Antiquaires de Normandie.

(1) Trois colonnes itinéraires existaient encore au XVIIIe. siècle le long du chemin dont nous parlons.

(2) Ces bordures (*margines*) que l'on a trouvées dans quelques autres voies antiques servaient à contenir la chaussée.

En Anjou, certaines parties de routes romaines offraient pour pavé des dalles de grès, dont quelques-unes avaient jusqu'à six pieds de longueur; mais elles se composaient le plus ordinairement de deux couches de cailloutis reposant immédiatement sur le sol et séparées par un lit de terre glaise (1).

D'après les observations de M. le baron Chaudruc de Crazannes, la variété que les Romains ont mise, suivant les lieux, dans l'emploi des matériaux, semble quelquefois provenir plutôt du caprice que de la nécessité ; ainsi à une lieue de Saintes, dans la direction de cette ville vers Cognac, la voie de *Mediolanum Santonum* (Saintes) à *Vesunna* (Périgueux), indiquée à la fois par l'itinéraire d'Antonin et la carte de Peutinger, est construite dans l'espace d'un quart de lieue en gros blocs de terre cuite ayant la couleur et la consistance de la brique, tandis qu'aucune des autres voies qui partaient de Saintes n'étaient construites de cette manière, et que la pierre est commune dans les environs (2).

(1) Recherches sur Saumur et le Haut-Aujou par M. Bodin, t. 1er.

(2) Seconde lettre adressée à M. de Caumont sur quelques procédés employés dans les constructions antiques de Saintes par M. le baron de Crazannes. *Cette lettre paraîtra dans le second volume de la Revue Normande.*

Dans beaucoup d'endroits, les voies antiques ont été élevées au-dessus du sol, et un agger a servi de base au pavé de la chaussée. Ces *chemins haussés* conservent encore leur niveau élevé dans des espaces fort étendus et sont faciles à reconnaître. Il y en a dans beaucoup de départements et notamment à peu de distance de la ville de Caen, comme nous le verrons tout à l'heure. Bergier dit que de son temps il existait dans l'ancienne Gaule-Belgique, aux environs de Reims, des *chemins haussés* qui parcouraient sans interruption des espaces fort étendus, et qui s'élevaient dans quelques parties jusqu'à 10 et 20 pieds au-dessus des plaines environnantes; ces chemins existent encore en partie aujourd'hui.

Quelquefois aussi nos voies antiques sont creusées comme le lit d'une rivière. Cette excavation peut dans beaucoup d'endroits être le résultat d'un usage prolongé; mais dans d'autres elle a évidemment été pratiquée pour adoucir des pentes trop rapides; car j'ai souvent observé cette particularité sur le bord des vallées.

La largeur ordinaire des voies romaines était de 15 à 20 pieds. Les bords des parties exhaussées ne se sont pas soutenus partout; il s'est fait des éboulements, de sorte qu'elles ne présentent plus assez de largeur pour qu'un charriot puisse y passer, et que dans beaucoup d'endroits les chemins haussés ressemblent plutôt à une masse de fossé qu'à une voie. Ces rétrécissements viennent sans doute de la détérioration que le temps a fait subir aux matériaux ; mais il faut aussi les attribuer, au moins en partie, aux empiétements des riverains (1).

Les routes romaines traversaient les rivières au moyen de ponts et de gués pavés. Dans un très-grand nombre de localités on a trouvé les fondations de ces ponts ou ces routes pavées, sous l'eau, précisément en face des anciennes voies.

Colonnes itinéraires. Les chemins romains étaient divisés au moyen de bornes régulièrement espacées, qui portaient des inscriptions indiquant le nombre de lieues ou de milles compris entre la ville voisine et le lieu où elles étaient posées (2).

Les villes capitales servaient de point cen-

(1) On a enlevé, pour les employer à divers usages, les grosses pierres nommées *lisières* (margines), qui garnissaient les bords de beaucoup de voies romaines : ce qui a singulièrement hâté leur détérioration.

(2) On plaçait aussi sur les routes, à de petites distances les unes des autres des pierres, qui servaient aux piétons pour se reposer et aux cavaliers pour monter à cheval.

tral pour compter les distances dans l'étendue de leur territoire ; ainsi on comptait à partir de Bayeux (ab Augustoduro), dans le *pagus bajocassinus*, dont cette ville était le chef-lieu; de Soissons, *ab Augustâ Suessionum*, dans le Soissonnais, etc., etc.

Les bornes milliaires avaient ordinairement 5 à 6 pieds de hauteur. Elles étaient cylindriques (Pl. XVII, fig. 1.), quelquefois carrées; on les appelait milliaires, *milliaria*, ou simplement *lapides*, les pierres. De là les expressions si fréquentes chez les auteurs, *ad primum , secundum, tertium lapidem*, ou seulement *ad primum, secundum, tertium,* etc., sous-entendu *lapidem* ou *milliarium*.

L'usage des colonnes milliaires remonte à l'an 183 avant l'ère chrétienne. Il fut consacré par une loi que proposa C. S. Gracchus, et dans la suite il s'étendit de l'Italie aux provinces de l'empire.

Les inscriptions placées sur les colonnes furent d'abord fort courtes, indiquant seulement le nombre de milles compris d'un lieu à un autre. Auguste fit graver le premier ses noms et qualités sur les colonnes élevées par ses ordres, et ses successeurs suivirent son exemple; mais depuis les Antonins surtout, on accumula dans les inscriptions un plus grand nombre de titres qu'on ne l'avait fait auparavant.

Pour connaître la forme et le style des inscriptions des colonnes milliaires, il vous suffira de jeter un coup-d'œil sur celles que j'ai réunies planche XVIII.

Le n°. 1ᵉʳ. vous offre l'inscription d'une colonne trouvée, en 1804, à Frénouville, sur la route de Lisieux à Vieux, et que l'on a déposée dans le parc du château de cette commune ; elle peut être traduite ainsi :

« *A l'empereur Nerva Trajan, fils du divin*
« *Nerva, Cæsar Auguste, Germanique, grand*
« *pontife, revêtu de la puissance tribunitienne,*
« *père de la patrie, consul pour la seconde*
« *fois.* »

De Noviomagus ? XXV mille pas (1).

En 1819, on a trouvé au Manoir, près de Bayeux, une autre colonne milliaire dont l'inscription m'a été obligeamment communiquée par M. Lambert. Cette inscription indique que la colonne avait été élevée sous le règne de *Claude, fils de Drusus, Auguste, grand pon-*

---

(1) Peut-être l'N que l'on voit dans l'inscription (pl. XVIII, N°3) exprime-t-elle simplement le mot *numerus* ; alors il faudrait traduire ainsi : *nombre de mille pas 25.*

tife, revêtu pour la cinquième fois de la puissance tribunitienne, père de la patrie, consul pour la troisième fois, désigné pour un 4ᵉ. consulat. Elle marque V mille pas à partir de la ville voisine qui était Bayeux.

Bergier donne l'inscription d'une colonne trouvée à Billom, département du Puy-de-Dôme, qui est conçue dans les mêmes termes que celle du Manoir, et qui avait été élevée la même année. (Voyez la pl. XVIII, n°. 2.) L'inscription de cette colonne est complète et peut servir à restituer celle du Manoir. (V. pl. XVIII, n°. 1.)

Il est évident que sur les colonnes de Frénouville et du Manoir le mot *millia* indique des milles romains et non des lieues gauloises. En effet, la colonne trouvée au Manoir marque V mille pas à partir de Bayeux, ce qui donnerait deux lieues 1/2 s'il s'agissait de lieues gauloises de 1,500 pas, tandis qu'il n'y a que 7/4 de lieue au plus de Bayeux au Manoir. Cinq milles romains, au contraire, donnent exactement cette distance, puisqu'ils peuvent être évalués à 1 lieue 2/3.

Le même raisonnement peut s'appliquer à la colonne milliaire découverte à Frénouville. Elle indique XXV mille pas à partir de Lisieux

Or, ce nombre, s'il s'agissait de lieues gauloises, donnerait 12 1/2 de nos lieues actuelles, c'est-à-dire 4 lieues de trop, puisque Frénouville n'est éloigné de Lisieux que de 8 lieues ; tandis que 25 milles romains, dont trois font une de nos lieues, donnent effectivement 8 lieues 1/3. Indication qui excède peu la distance réelle.

Plusieurs autres colonnes milliaires, dont les inscriptions ont été publiées tout récemment par M. Fréd Pluquet (1), furent découvertes dans les fondations du château de Bayeux lorsqu'on en fit la démolition, de 1796 à 1803 (2). Vous voyez sur la planche XVIII deux de ces

---

(1) Essais historiques sur la ville de Bayeux, pages 27 et suivantes. Un volume in-8°. Caen, 1829.

(2) Après la démolition du vieux château de Bayeux et lors de l'enlèvement des blocs de pierre qui formaient les premières assises de maçonnerie, on trouva un grand nombre de débris qui annonçaient que ces pierres provenaient en majeure partie de la destruction d'anciens monuments. Parmi ces débris de corniches, d'entablements, de fûts, de chapiteaux et de bases de colonnes on rencontra 10 ou 12 fragments de pierres milliaires qui avaient été équarries pour servir à leur nouvelle destination. Au moins huit de ces morceaux portaient des inscriptions dont 3 étaient relatives à Septime Sévère, qui mourut le 4 février 211 et 5 à Maximin Ier. qui fut assassiné le 26 janvier 237. (*Voir le mémoire de M. Lambert sur les colonnes itinéraires trouvées à Bayeux, présenté à la société des Antiquaires de Normandie en 1826*).

inscriptions, mieux conservées que les autres. Elles attestent que les colonnes qui les portaient avaient été érigées sous Septime Sévère, l'an 207 de J.-C., et que l'une avait été placée à 4 lieues, et l'autre à 6 lieues d'*Augustodurus*. On peut traduire de la manière suivante la plus complète de ces inscriptions (V. le n°. 4, pl. XVIII), en laissant de côté les parties détériorées:

Sous les empereurs César Septime Sévère, Pie, Pertinax, Heureux, Auguste, père de la patrie, grand pontife, vainqueur des Parthes, des Arabes et des Adiabènes, empereur pour la douzième fois et Marc-Aurèle-Antonin, Auguste.. . . . .
. . . .
D'Augustodurus, IV lieues.

Cette inscription a beaucoup de rapport avec celles de deux colonnes trouvées dans le siècle dernier aux environs de Soissons (1), et qui avaient été aussi érigées sous le règne de Septime Sévère; je les ai transcrites sur la pl. XVIII. Vous y voyez que l'une de ces colonnes (n°. 6), et probablement le chemin sur

---

(1) Mémoires de l'Académie Royale des inscriptions et belles-lettres, tome XIV.

lequel on l'avait posée, avaient été rétablis *par les soins de L. P. Posthume, lieutenant, propréteur des Augustes.*

On sait, en effet, que les fonctionnaires nommés *commissaires* des grands chemins, *curatores viarum*, employaient les deniers publics aux réparations des routes ; et c'est pourquoi, dit Bergier, « Lorsqu'ils faisaient graver
« des inscriptions sur les colonnes itinéraires,
« ils dédiaient l'œuvre entier aux empereurs
« durant le règne desquels ils y faisaient tra-
« vailler. »

Dans le petit nombre d'inscriptions que je viens de vous présenter, vous avez pu observer que quatre colonnes érigées dans le IIIe. siècle portent l'indication des distances en lieues gauloises, au lieu que les deux colonnes de Frénouville et du Manoir, érigées dans le premier siècle, marquent les distances en milles romains. Ce fait, bien remarquable, m'avait frappé depuis quelque temps, et j'étais disposé à en conclure qu'avant d'adopter les lieues gauloises pour la Gaule Celtique, les Romains y avaient introduit leur système de mesures itinéraires, lorsqu'en comparant un certain nombre d'inscriptions de colonnes itinéraires trouvées jusqu'ici dans la Gaule Celtique et sur les frontières de l'Allemagne, j'ai reconnu que toutes celles qui ont été érigées antérieurement au IIIe. siècle portent l'indication des distances en milles, et que celles qui sont d'une date plus récente, à partir de Septime Sévère, marquent au contraire des lieues gauloises, *leugæ*.

Ainsi, nous pouvons admettre que, sauf quelques exceptions, peut-être, le mille romain fut admis dans toute la Gaule durant le Ier. et le IIe. siècle de l'ère chrétienne, et que ce ne fut qu'au commencement du IIIe. que prévalut la lieue gauloise (1).

Le tableau suivant montre d'abord quelques colonnes du Ier. et du IIe. siècle, trouvées dans des localités fort éloignées les unes des autres, sur lesquelles les distances sont évaluées en milles, en second lieu des colonnes sur lesquelles les distances sont marquées en lieues. Quoiqu'il ne comprenne qu'une petite partie des colonnes itinéraires découvertes en France, je le crois propre à donner quelque force à mon opinion.

(1) Peut-être les Romains, après avoir tenté d'établir dans la Gaule Celtique leur système de mesures itinéraires, éprouvèrent-ils de grandes difficultés qui les forcèrent à y renoncer et à fléchir devant la force de l'habitude ; et qu'alors ils auront adopté la lieue gauloise.

Colonnes sur lesquelles les distances sont comptées en milles.

Empereurs sous lesquels les colonnes ont été élevées.		Indication des distances sur les colonnes.
Claude	1°. A Saguenay en Bourgogne, sur le chemin de Langres à Lyon.	AND MP XXII Andematuno millia passuum XXII
	2°. A Billom en Auvergne, sur le chemin de Clermont à Lyon.	AVG MP XXI Augustonemetum
	3°. Au Manoir, route de Bayeux à la Délivrande.	P V Ab Augustoduro millia passuum V.
Trajan.	4°. En Franche-Comté, dans les ruines de Mandeure, *Epamanduadurum*.	MP XXXXIIX
	5°. A Frénouville (Calvados), à peu de distance de Lisieux.	N MP XXV Neomago ?
	6°. A Baden en Suisse.	MP LXXV
	7°. A Pérignat en Auvergne, sur le chemin de Clermont à Lyon.	

D'ANTIQUITÉS MONUMENTALES. 107

Empereurs sous lesquels les colonnes ont été élevées.		Indication des distances sur les colonnes.
Adrien.	8°. A St.-Pierre-de-Cenon, dép. de la Vienne.	LIM IX FIN II Limonio m p. IX Finibus m p II
	9°. A Chauvigny, dép. de la Vienne.	FIN XI Finibus m p XI
	10°. A Autreroches, sur le chemin d'Iverdun à Genève.	AVENTICVM MP XXXI

Colonnes sur lesquelles les distances sont marquées en lieues.

Septime Sévère.	1°. A 1/2 lieue de la ville de Soissons.	AVG SVESS LEVG VII Ab Augustâ Suessionum leugæ VII
	2°. A Vic-sur-Aine, à 3 lieues 1/2 de Soissons.	AB AVG SVES LEVG VII
	3°. A Bayeux, dans les fondements de l'ancien château, 5 colonnes, dont 2 indiquent des distances.	AVGVSTODVR L IIII Augustoduro leugæ
		AVGDVR L VI Augustoduro
Héliog.	4°. A Steinbach, à 2 lieues de Baden.	AB AQ LEVGAE IIII Ab aquis

Empereurs sous lesquels les colonnes ont été élevées.		Indication des distances sur les colonnes.
Alex. Sév.	5°. Même localité, provenant d'une route différente.	AB AQ L IIII
Maximin.	6°. Près de Feurs (Loire). 4 colonnes. première.	F SEG L I Foro Segusianorum leug I
	deuxième.	L II
	troisième.	A F SEG L III à foro Segusianorum
	quatrième.	F CC LIBERA L IIII Foro Cecusianorum?
Victoria.	7°. A St.-Méloir-des-Bois, près St.-Malo.	LEVG (nombre effacé)
Tetricus.	8°. Fragment de colonne déposé à Rouen, que l'on croit être provenu de Bayeux.	AVG L I Augustoduro? Leuga I

Tantôt les noms de l'empereur sont au nominatif avec le mot *fecit* sous-entendu, comme dans les deux premières inscriptions que j'ai l'honneur de vous soumettre pl. XVIII ; tantôt ils sont au datif, suivant la formule dédicatoire souvent usitée, comme dans la troisième ; ou enfin à l'ablatif, comme dans la sixième, avec un mot sous-entendu, *regnante* ou *regnantibus*, *imperante*, *imperantibus*, etc. (1).

Beaucoup d'inscriptions citées par Bergier se terminent par le mot *restituit* et montrent ainsi que les colonnes ont été placées à l'occasion des réparations qui ont été faites sur des routes qui existaient depuis un temps plus ou moins long.

Sur une colonne milliaire découverte à Saint-

(1) Sur quelques colonnes les empereurs sont qualifiés de *Domini* et de *Nobilissimi*, comme dans l'inscription suivante trouvée dans le Poitou et citée par Siauvé : DD. NN. (dominibus nostris) FLAVIO VALERIO CONSTANTIO MAXIMO NOBILISSIMO, etc. ; et dans cette autre qui fut transportée à Rouen, après avoir été, comme on le croit, découverte à Bayeux, C. PESVVIO TETRICO NOBILISSIMO CAESARI, etc.

Il paraît qu'Aurélien est le premier que l'on ait qualifié du titre de *Dominus* ; sous les règnes de Dioclétien et de ses collègues la formule *Dominus noster*, en parlant de l'empereur, fut généralement admise dans les lois et dans les monuments publics.

On ne trouve guère le titre de *nobilissimus* sur les monuments des princes antérieurs à Maximin ou à Geta (1re. moitié du IIIe. siècle).

Pierre-de-Cenon, près de Poitiers, on trouve d'un côté l'indication du nombre de milles compris entre cette ville (*Limonum*), et le lieu où la colonne avait été placée ; et de l'autre la distance comprise entre ce même lieu et un établissement nommé *Fines*, vers lequel tendait la route. J'ai reproduit sur la planche XVIII l'inscription de cette colonne (1).

Les colonnes itinéraires, comme tous les monuments qui portent des inscriptions, sont importantes pour l'histoire et pour l'avancement de la géographie ancienne. Celles qui ont été découvertes dans nos contrées n'ont pas été inutiles sous ce rapport. L'ancien nom de Bayeux était encore incertain avant que l'on eût trouvé

(1) On a trouvé à Chauvigny, département de la Vienne, une autre colonne qui indique les distances à partir de FINES, bourgade sans doute bien inférieure à Limonum, capitale des Pictavi dans le territoire de laquelle elle était placée.

Si cette inscription que je n'ai point vue était complète et qu'elle n'eut point porté l'indication de deux localités, elle pourrait être invoquée pour prouver que les établissements qui ont servi de centre pour compter les distances sur les colonnes, n'ont pas toujours été des capitales ou des villes importantes; mais que de simples stations, lorsqu'elles étaient convenablement espacées, ont servi de point de départ : on sait que l'itinéraire et la table indiquent toujours le nombre de milles ou de lieues comprises entre une station et une autre station et non pas seulement entre deux villes capitales.

dans les fondations du château les colonnes que j'ai mentionnées, et qui portent AUGUSTODUR. L. VI. AVGDVR. L. IIII.

Quelques géographes, parmi lesquels il faut citer le judicieux Danville, avaient cherché *Augustodurus* sur le bord de la Vire, malgré la difficulté qu'ils trouvaient à faire accorder cette opinion avec les données fournies par la carte de Peutinger (1). M. Lambert, éclairé par les inscriptions que j'ai citées, reconnut le premier qu'*Augustodurus* ne devait point être cherché ailleurs qu'à Bayeux (2). Le savant et

---

(1) Danville a placé *Aregenus* à Bayeux et *Augustodurus* auprès du Vay. En lisant dans sa notice les articles *Alauna*, *Crociatonum*, *Cosedia*, etc., on voit combien cet auteur a été embarrassé, et comment, faute d'avoir placé *Augustodurus* à Bayeux, il a été conduit à repousser Crociatonum jusqu'à Valognes et à chercher *Alauna* aux Moutiers-d'Alonne.

(2) « Il demeure constant par le rapport sur les travaux de la « société des Antiquaires de Normandie, du 22 Avril 1825 au « 22 mai 1826, qui se trouve en tête du 3e. vol. pag. L, que « j'avais présenté à la compagnie un travail sur les colonnes mil- « liaires du département du Calvados.

« Ce travail, dont l'impression a été ajournée sur ma demande, « avait pour but principal de faire connaître la direction des « anciennes voies romaines reconnues à cette époque, la position « de quelques stations militaires et surtout de déterminer le « véritable emplacement du lieu appelé *Augustodurus*, que je

respectable M. l'abbé De La Rue professa la même opinion en 1823, au cours d'histoire de la faculté de lettres de Caen, après avoir examiné les inscriptions qui lui avaient été communiquées par feu M. Bisson. Enfin, quelques années après, M. de Gerville se livrant à des recherches approfondies sur les anciennes villes de la Normandie occidentale, apporta un grand nombre de nouvelles preuves à l'appui de cette opinion qui est à présent généralement admise.

Quelques colonnes, telles que celles du Manoir et de Frénouville (Calvados), ont été trouvées renversées dans le lieu qu'elles avaient oc-

« fixais à Bayeux, sur l'autorité de monuments irrécusables
« trouvés dans cette ville ou dans son territoire, savoir :
   « 1°. Deux colonnes itinéraires de Septime Sévère trouvées à
« Bayeux, portant, à la dernière ligne, le mot AVGDVR avec l'in-
« dication L.IIII et L.VI ;
   « 2°. Une autre colonne, de Tetricus, trouvée au commen-
« cement du XVII°. siècle, dans le Bessin, conservée pendant
« longues années dans la maison de M. Bigot, à Rouen, et
« portant pour terminaison ; AVG. L.I ;
   « 3°. Une colonne milliaire, découverte en 1819, dans la
« commune du Manoir, indiquant une distance de cinq milles
« pas à partir d'une station qui ne peut être autre que Bayeux ;
   « 4°. Enfin les circonstances du martyre de St.-Flocel, qui
« eut lieu dans les Gaules, dans une ville nommée *Augusto-*
« *durum*, située près de l'Océan. »
                          (*Note de M. Ed.LAMBERT.*)

cupé; mais la plupart ont été transportées et ensevelies loin des places où elles étaient plantées dans l'origine. Ainsi, nous avons vu que les fondations du château de Bayeux en renfermaient deux qui avaient été placées à 4 et à 6 lieues de cette ville. Plusieurs colonnes du Poitou ont été très-anciennement creusées et transformées en cercueils (1).

Il me reste à vous soumettre deux questions que je me suis souvent faites :

Les colonnes étaient-elles sur toutes les routes placées de lieue en lieue ; n'ont-elles point été quelquefois plus éloignées ?

N'ont-elles point, dans quelques localités, été remplacées par des bornes en pierre brute ?

Sans avoir de faits à présenter pour la solution de ces questions, je pencherais à adopter l'affirmative. Il est probable, en effet, que,

---

(1) Voyez les recherches sur l'ancien Poitou et sa capitale, par M. Dufour;—les recherches sur le Poitou, par M. Siauve ; — le 1er. vol. de la Revue Normande, pag. 267, etc.

sur les routes d'une importance secondaire, on ne se sera pas toujours astreint à placer des bornes de lieue en lieue, surtout si la pierre était rare dans le pays, et que dans les localités où les matériaux se taillent difficilement, on se sera contenté de planter des pierres brutes, sans faire venir de loin des bornes cylindriques propres à recevoir des inscriptions.

Pyramides. Les voies romaines n'étaient pas seulement garnies de colonnes itinéraires, on trouvait encore sur leurs bords des tours pleines, quelquefois rondes et plus souvent carrées. MM. de Crazannes et Du Mège ont signalé l'existence de semblables tours le long de plusieurs voies du midi, et il en existe encore sur quelques autres routes romaines de la France.

Plusieurs de ces pyramides ont été regardées comme des tombeaux, mais la plupart paraissent avoir été élevées pour l'ornement des chemins, où peut-être elles étaient consacrées à Mercure, dieu protecteur des routes, des arts et du commerce. Quelquefois on pratiquait dans ces obélisques une niche destinée à recevoir la statue du dieu, comme on le voit dans des monuments semblables du pays des *Convenæ* (le Comminges), décrits par M. Du Mège (1).

Ces monuments, que l'on plaçait de préférence dans les carrefours et près des embranchements de routes, servaient aussi quelquefois à marquer les confins ou *fines* de territoires. D'après les observations de M. de Crazannes, la pyramide indiquant le *fines* des Nitiobriges subsiste encore dans une tour pleine, de forme ronde parementée en petites pierres cubiques, que l'on remarque avant d'arriver à Aiguillon, à droite de la grande route actuelle, et à la jonction de la voie d'*Aginum* (Agen), *à Burdigala* (Bordeaux), avec une autre voie romaine allant de Sos à Eysses, l'*Excisum* de l'itinéraire d'Antonin (2).

Les proportions des pyramides itinéraires étaient différentes et plus ou moins grandes,

(1) De nos jours on trouve souvent dans les carrefours des pans de murs avec une niche au centre de laquelle on a placé l'image de la Ste.-Vierge; ce qui rappelle l'usage existant sous la domination romaine.

(2) M. de Crazannes a découvert tout près de cette tour une longue dalle de marbre portant une inscription commémorative d'un vœu fait par les jeunes gens ou la jeunesse de la voie julienne (IVVENTVS VIAE IVLIANAE) pour la conservation des jours de l'empereur Julien; ainsi, la route sur laquelle était placée l'inscription s'appelait *la voie Julienne*, soit que Julien l'eût fait construire ou seulement réparer.

selon les lieux. Parmi les monuments de ce genre les plus importants, on peut citer les pyramides de Pirelonge et d'Ebuon, en Saintonge, et celle de Saint-Mars, en Touraine.

La tour de Pirlonge, située à 3 lieues au sud-ouest de Saintes, est massive ; construite en moellon, et haute de 74 pieds ; sa base, carrée, a 18 pieds sur chaque face et son couronnement offre la forme d'un cône. Il est composé de sept assises de grosses pierres de taille dont la surface est couverte de rainures figurant des compartiments symétriques (1).

La tour d'Ebuon est à 4 lieues au sud-est de Saintes, sur l'ancien chemin de cette ville à Poitiers, auprès d'une commune dont elle a pris le nom. Elle offre beaucoup de rapports avec la précédente, mais son élévation est moins grande ; c'est une masse bâtie en moellon, ayant à peu près 50 pieds d'élévation, de forme carrée, et dont la largeur sur chaque face est de 18 pieds ; elle est terminée par une toiture conique également construite en moellon.

(1) Voyez l'ouvrage de M. de Crazannes, sur la Saintonge ;—La Sauvagère, recueil d'antiquités ;—Bourignon, Antiquités de Saintes.

Les pierres de taille qui formaient la cape ou le toit de cette tour, étaient liées l'une à l'autre par un tenon et une mortaise.

L'opinion vulgaire fait de la tour d'Ebuon, de celle de Pirelonge et de quelques autres des espèces de phares ou de fanaux. Mais elle ne saurait être admise, puisque la plupart de ces constructions sont massives et ne présentent point d'escalier qui conduise à leur sommet.

La pile Saint-Mars, décrite par La Sauvagère, et par plusieurs autres savants, a été de nouveau observée par M. de La Saussaye, de Blois ; voici la description qu'il en donne dans un mémoire inédit fort intéressant qu'il a bien voulu me communiquer.

« La pile Saint-Mars, située à quatre lieues de Tours, le long du côteau qui borde la rive droite de la Loire, est un pilier quadrangulaire de 29 mètres environ de hauteur, y compris la cape pyramidale qui le termine (ou 89 pieds), et de 4 mètres de largeur (près de 12 pieds 4 pouces) sur chaque face, à partir du socle, qui va en s'élargissant jusqu'à sa base, où il y a 5 mètres 16 cent. (15 pieds 10 pouces 1/2 environ). La pile était surmontée par 5 piliers également carrés, de trois mètres 25 cent. de hauteur (10 pieds), quatre desquels situés aux quatre angles subsistent encore. Le cinquième, placé sur le sommet de la cape, a été renversé par un ouragan, en 1751.

« Cet édifice est presqu'entièrement construit en larges briques de la plus belle fabrication. Les chapiteaux des petits piliers sont en pierres de tufeau, ainsi que les consoles qui soutiennent l'entablement, distribuées par 8 sur chaque face, celles des angles comptant pour les deux côtés. La Sauvagère, qui avait vu 4 consoles presque entières, nous apprend qu'on y reconnaissait des têtes sculptées. Maintenant, à l'exception de celles qui se trouvent aux deux angles de la face méridionale, et qui font encore saillie, toutes sont cassées au niveau du pied droit de la pile. On avait cru long-temps que cet édifice était entièrement composé de briques; mais à l'aide d'une excavation pratiquée anciennement un peu au-dessus du socle, du côté du nord, on peut s'assurer que l'épaisseur du massif de briques n'est que de 1 mètre 16 cent. (près de 3 pieds 7 pouces), et que le noyau de la pile, ayant 1 mètre 68 cent. (un peu plus de 5 pieds 2 pouces) carrés, est formé par des morceaux de tufeau noyés dans le mortier. La longueur des briques est de 34 centimètres (1 pied 7 lignes environ); la largeur, de 23 cent. 1/2 (8 pouces 8 lignes), et l'épaisseur, de 4 centimètres (presque 1 pouce 1/2). Elles sont posées par assises avec une régularité et un aplomb admirables, tant sur les parements que sur les arrêtes des encoignures. Elles s'entrelacent les unes aux autres de manière que les milieux se rencontrent sur des joints montants, et les intervalles des encoignures sont remplis par des briques posées alternativement en boutisse et en liaison. Les joints ont à peu près 3 centimètres 1/2 d'épaisseur, et sont faits d'un excellent mortier mêlé de brique pilée, qui a acquis la dureté de la pierre (1). »

Il ne reste plus, à ma connaissance, en Normandie, aucuns débris des pyramides qui sans doute existaient le long de quelques routes, sous la domination romaine, mais de nouvelles recherches ne seront peut-être pas infructueuses (2). Le nom d'une des stations mentionnées par la table de Peutinger dans la Haute-Normandie, *Petrumviaco*, paraîtrait avoir tiré son origine de la présence d'un monument semblable, consacré à Mercure; on sait en effet que *viacus* était un des surnoms de ce dieu des routes (3).

(1) M. de la Saussaye, dont nous venons de citer la description, regarde la Pile-St.-Mars, comme un monument élevé au Dieu de la guerre, en mémoire de quelque bataille importante.

(2) Peut-être faudra-t-il surtout observer certaines localités qui se nomment aujourd'hui *la Pile*.

(3) Les passants ou les voyageurs déposaient des pierres au

Les *tumulus* élevés sous la domination romaine (1) le long des routes, surtout près des carrefours, peuvent, dans beaucoup d'endroits, avoir été ainsi placés à cause de la vénération que l'on avait pour le dieu des chemins, et quelques-uns ont sans doute tenu la place des monuments pyramidaux que nous venons d'examiner.

On trouvait sur les routes des mansions où l'on entretenait des chevaux pour le service ordinaire des courriers et pour ceux qui voyageaient avec une autorisation spéciale de l'empereur (2). Les mansions étaient administrées par des *mancipes* que l'on pourrait comparer à nos maîtres de postes (3). Les simples relais,

pied des termes ou des pyramides consacrées à Mercure, et c'est de là que lui vient le nom de *Viacus*, qui lui est donné dans cette inscription : DEO. MER. VIACO. M. ATTILIVS etc. *Surrita comment. in itinerarium Antonini.*

(1) J'ai dit ailleurs qu'un grand nombre de tumulus ne sont point antérieurs au Ier. et au IIe. siècle de l'ère chrétienne ; on vient de m'annoncer que plusieurs tumulus dans lesquels on a récemment trouvé des médailles doivent avoir été élevés sous les Antonins, et que d'autres paraissent du IIIe. et du IVe. siècle.

(2) Ce fut Auguste qui établit en Gaule ces espèces de postes : il était défendu aux simples particuliers de s'en servir. Ceux qui avaient la permission de voyager de la sorte devaient être munis de passeports que l'on appela d'abord *diplomata*, et qui prirent le nom d'*evectiones* sous Constantin.

(5) Vegetius, de re militari, lib. III, cap. 8 et 9. —Cod. Theod.

placés à des intervalles plus rapprochés que les mansions, s'appelaient des *mutations*, *mutationes*.

Enfin, l'on appelait *diversoria* les maisons situées le long des routes, soit qu'elles appartinssent à des propriétaires qui y donnaient l'hospitalité à leurs amis, soit qu'elles fussent comme nos hôtelleries, destinées à recevoir les voyageurs (1).

Les principales routes romaines étaient nommées *publiques* ou *militaires*, *consulaires* ou *prétoriennes*, et les chemins moins fréquentés se distinguaient en *privés*, *agraires* ou *vicinaux* (2).

Les voies de premier ordre se faisaient aux dépens de l'état; les frais se prenaient sur le trésor public ou sur les libéralités de quelques citoyens riches et zélés: les habitants des provinces, quelquefois les soldats légionnaires,

---

Lib. XII. De cursu publico. — Mabillon, De re diplomaticâ, lib. I, cap. II—Bergier, Histoire des grands chemins de l'empire romain.

(1) V. Antiquités romaines par Alexandre Adam, recteur du grand collége d'Edimbourg. Les hôtelleries étaient appelées *Cauponœ*, Horat. ep. 1—11—12, ou *tabernœ diversoriœ*, Plaut. truc. III—2—29 ; celui qui les occupait *caupo*; ceux qui s'y rendaient *diversores*.

(2) Viæ privatæ, agrariæ, vel vicinales, quæ ad agros et vicos ducunt(*Ulpian*).

les esclaves, etc., travaillaient à la confection des chemins.

La charge de grand-voyer ou d'inspecteur des routes n'était confiée qu'à des hommes de mérite qui avaient fait preuve de talent dans d'autres magistratures. Auguste se chargea lui-même de l'administration des routes publiques voisines de Rome ; on voit par diverses inscriptions que les principales routes étaient confiées à des commissaires particuliers ; mais certains commissaires avaient plusieurs voies à administrer en même temps.

Les anciennes voies qui existent dans l'ouest de la France sont aujourd'hui dans un tel état de dégradation, qu'elles ne peuvent le plus souvent être reconnues que par des yeux exercés ; dans beaucoup d'endroits elles sont presque totalement effacées, et la charrue en a fait disparaître les traces dans des espaces considérables ; quelquefois aussi la chaussée se trouve recouverte et cachée par la terre végétale (1).

Dans quelques contrées, cependant, les voies antiques forment encore des lignes prolongées

---

(1) Sur plusieurs chaussées ainsi abandonnées et recouvertes de terre on peut voir encore les ornières creusées par les roues des charriots antiques.

fort remarquables, et leur belle conservation est un juste sujet d'étonnement.

La solidité avec laquelle le *stratumen* et la *rudération* ont été établis, a dû, sans doute, contribuer beaucoup à cette conservation; il faut aussi remarquer que le niveau, souvent élevé des chaussées, leur forme bombée et leur largeur moins considérable que celle de nos routes actuelles, donnaient un écoulement rapide et facile aux eaux; celles-ci ne pouvaient non plus s'infiltrer que difficilement dans le pavé, et si elles parvenaient à traverser la première couche, la *summa crusta*, le *nucleus*, souvent composé de glaise mêlée avec de la chaux et bien battue, formait un lit imperméable qui garantissait les couches inférieures.

Il faut encore tenir compte de la différence des temps; il est certain que les transports étaient moins fréquents sous la domination romaine qu'ils ne le sont aujourd'hui; le commerce avait moins d'activité, chaque cité formait un centre, et l'on ne voyait pas comme chez nous cette circulation continuelle, cette espèce de courant qui marche perpétuellement des provinces au centre du royaume, et des extrémités du royaume au centre. En réunissant toutes ces causes, nous pourrons nous expliquer la conservation de ces voies romaines, dont quelques-unes ont dix-huit siècles d'existence.

Afin que vous puissiez mieux vous rendre compte de l'état et des caractères actuels des voies romaines, je vais décrire quelques-unes de celles qui traversaient le département du Calvados ; j'en ai fait le tracé sur la petite carte que voici (pl. XIX), pour que vous puissiez suivre plus facilement les développements que je vais avoir l'honneur de vous présenter.

Chemin Haussé. La voie romaine la plus intéressante et la mieux conservée de nos environs est celle que l'on y connaît sous le nom de *chemin Haussé* ; elle traverse le département du Calvados en se dirigeant du N. N.-O. au S. S. E. et correspond à des routes antiques qui se prolongent jusques sur les bords de la Loire.

Ce chemin, reconnu depuis long-temps dans plusieurs communes (1), n'avait point encore été complètement exploré, c'est pourquoi je

---

(1) MM. Petite et Outier, chanoines, ont indiqué, sur leurs cartes du diocèse de Bayeux, quelques parties seulement du chemin Haussé ; ce sont celles qui offrent encore de nos jours le plus d'intérêt par leur conservation.

l'ai parcouru dans toute sa longueur, depuis Bretteville, entre Caen et Bayeux, jusqu'à Exmes, département de l'Orne, afin de pouvoir vous offrir des détails précis sur l'état actuel de cette voie romaine et vous indiquer exactement sa direction.

Vers le nord, le *chemin Haussé* mettait la ville de Vieux en communication avec Bayeux et avec les bords de la mer (Voir pl. XIX); je vais seulement le décrire à partir de Bretteville-l'Orgueilleuse, où il se présente avec des caractères d'ancienneté non équivoques.

En sortant de ce bourg pour venir à Caen, on remarque le *chemin Haussé* du côté droit de la grande route; il traverse la campagne, passant à l'est de l'église de Norrey et se dirige vers Saint-Manvieux; il sert ensuite de limite entre les communes de Verson et de Mouen et arrive sur le bord de l'Odon au lieu dit le *Pont-Jalon*, près de la ferme nommée *La Plauderie*.

Dans cet intervalle (de Bretteville à la vallée de l'Odon), qui est d'environ 1 lieue 3/4, l'ancienne chaussée est presque totalement détruite sur un grand nombre de points; mais sur d'autres, comme entre Mouen et Verson, on trouve des restes fort intéressants d'un *agger* formé de pierres calcaires concassées et battues les unes sur les autres (1).

Les arbres plantés de place en place le long de la voie ont surtout contribué à conserver ce qui en reste (v. la coupe N°. 2, pl. XVII), en le soutenant par leurs racines ; et surtout en le défendant contre les empiétements des propriétaires riverains (2).

Il est notoire qu'un pont existait sur l'Odon, pour le passage de la route, au lieu qui se nomme aujourd'hui le *Pont-Jalon.*

M. Mancel, propriétaire d'une maison voisine, m'a assuré que des pierres d'une grande dimension indiquent encore au fond de la rivière la place des fondations du pont. Tout près de là, sur la rive gauche de l'Odon, M. Mancel a découvert dans le champ qui touche à son jardin, des tuiles romaines et une grande quantité de laitier de fer qui peut-être avait fait partie de l'encaissement de la route (3).

(1) Ces pierres sont de même nature que celle des campagnes environnantes. En face du village de Norrey la route est élevee de 2 à 3 pieds ; elle y paraît en grande partie formée de terre.

(2) Comme il ne reste plus d'arbres que d'un côté de la route sur la plupart des lieux où l'on remarque des restes de l'ancienne chaussée, entre Mouen et Verson, ces restes n'existent guère que du côté où se trouvent les arbres et ils offrent souvent l'aspect d'une masse de fossé. (Voir la coupe, planche XVII, N° 2)

(3) M. Mancel a découvert aussi à quelques pas de sa maison et

Enfin, un peu plus loin, en remontant l'Odon, on a trouvé, à 18 pouces de profondeur, un vase en terre grise renfermant des médailles et quelques objets en bronze (1).

Sur le côteau qui borde la rive droite de l'Odon, la voie romaine est creuse et resserrée entre deux murs naturels de grès schisteux (2); mais arrivée sur le plateau qu'occupe en partie la bruyère de Baron, elle s'élève de 2 à 3 pieds au-dessus du niveau du sol environnant, et quoique rognée dans beaucoup d'endroits, elle y offre un véritable intérêt pour l'observateur. (Voir la pl. XVII, n°. 3).

sur le bord d'un petit ruisseau qui se jette dans l'Odon, des fosses carrées maçonnées, ayant à peu près 4 pieds sur tous sens qu'il regarde comme ayant servi anciennement au tannage des cuirs. Il croit que c'est de là qu'est venu le nom de *La Plauderie* que porte son habitation (*V. ma statistique monumentale du Calvados.*) N'ayant point vu ces constructions, je ne puis émettre aucune opinion sur leur origine, mais je crois devoir rapporter le fait qui m'a été attesté par M. Mancel, attendu que l'on a trouvé tout récemment à Giberville près Caen des cuves semblables, incontestablement *de construction romaine*, que nous avons visitées M. d'Anisy, M. Gervais et moi, et qui seront décrites dans le VIe volume des Antiquaires de Normandie. Il est à remarquer que ces constructions, placées tout près d'un ruisseau comme celles du *Pont Jalon*, ont aussi été prises par les habitans de Giberville pour des réservoirs destinés à la préparation des cuirs.

(1) *Voir ma statistique monumentale du Calvados.*
(2) Je suppose qu'on a coupé la roche pour adoucir la pente un peu rapide du côteau.

Le *stratumen* ou partie inférieure de l'agger est composé de morceaux de grès applatis, rangés les uns sur les autres et de blocs calcaires de différentes dimensions (1). Il atteint dans quelques places jusqu'à 2 pieds d'épaisseur (pl. XVII, fig. 4.)

On trouve ensuite une couche d'un pied d'épaisseur, formée de petits morceaux de calcaire et de grès de la grosseur d'un œuf au plus, et incrustés dans une argile mêlée de sable calcaire.

La partie supérieure de la chaussée se composait de cailloux plus étroitement serrés les uns contre les autres et dont on ne retrouve que quelques traces.

La largeur de la voie romaine paraît avoir été de 15 pieds dans la bruyère de Baron; entre cette bruyère et la route départementale de Caen à Evrecy, elle est un peu plus large et bien conservée.

Le *chemin Haussé* traverse la route que je viens de citer près du calvaire nommé Croix-des-Filandriers, suit la hauteur de Notre-Dame

(1) Il m'a paru que ces morceaux de grès et de pierre calcaire avaient été dans quelques endroits mastiqués avec de la terre glaise ; les blocs les plus considérables ont été disposés sur les bords de l'*agger*.

d'Esquay (1) et se dirige sur Vieux à peu près en ligne droite (2). De Vieux, la route antique se rend à l'église de Bully où elle traversait l'Orne sur un pont détruit depuis long-temps, dont on retrouve encore quelques restes au

(1) Après la bataille du Val-des-Dunes, en 1047, les seigneurs normands, battus par l'armée du Duc Guillaume et forcés de regagner précipitamment le Bessin, suivirent le *chemin haussé* après avoir passé l'Orne entre Fontenay et Allemagne.

(*Voir Robert-Wace, roman de Rou, vers 9287 et suivants, édition de M. Pluquet*).

Hamon aux dents, seigneur de Creully, de Maisy et de Thorigny, qui avait été tué dans la bataille, fut rapporté par les siens jusqu'à Esquay et enterré en face de l'église.

<blockquote>
A Esquais fu d'ileuc, porté
E devant l'iglise enterré
(*Roman de Rou, vers 9200 et 9201.*)
</blockquote>

Ainsi, dans le XIme siècle, le chemin haussé devait être très-fréquenté et servir, comme dans les siècles précédents pour la communication du Bessin avec Vieux et les contrées situées au delà de la rivière d'Orne.

(2) Le chemin haussé entre à Vieux en laissant l'église à gauche; il formait une des principales rues de la ville de Vieux et passe encore au milieu des terres les plus fertiles en antiquités romaines. *Le champ des Crêtes*, où il existe des constructions considérables se trouve tout près et sur la droite du chemin. On croit que le marbre de Thorigny fut trouvé au XVIme siècle dans un autre champ également du côté droit de la route. Un peu plus loin vers le sud-est, et sur la gauche du chemin haussé on a découvert des fûts de colonnes, un pavé de mosaïque et un grand nombre de tuiles et de poteries romaines (*Voir ma statistique monumentale du Calvados*).

fond de la rivière (1) ; puis elle passait la Laise près de son confluent avec l'Orne et gagnait le plateau qui domine la rive droite de cette petite rivière. Sur ce plateau, qui dépend de la commune de May, la chaussée antique est plus élevée que les terres environnantes et formée de petits morceaux de marbre et de grès, roches qui abondent dans le voisinage.

Au-delà de la route de Caen à Condé, la voie romaine passe sur le territoire de Fontenay-le-Marmion (2); parvenue en face du village de Fresnay-le-Puceux, elle se présente dans un état de conservation extrêmement remarquable, s'élevant dans quelques places jusqu'à deux et trois pieds au-dessus du sol et conservant encore une largeur de 15 à 20 pieds (3).

---

(1) Un maréchal qui habite près du bac de Bully, au hameau de Percouville, sur la commune de Clinchamps, m'a déclaré que feu son père et lui avaient travaillé à détruire les bases du pont qui existent encore en partie sous l'eau, afin de prendre les matériaux qui en provenaient.

(2) Il a existé le long de la voie romaine, sur le territoire de Fontenay-le-Marmion, une chapelle de *St. Germain*, qui est maintenant détruite et près de laquelle on a trouvé un grand nombre de tombeaux. A peu de distance de cette chapelle était un chemin fort ancien conduisant à Laize et de là à Clinchamps. (*Voir ma statistique monumentale du Calvados*).

(3) Cette largeur est même de 24 pieds sur un des points où j'ai mesuré la voie.

Là, comme dans les localités que je viens de signaler à votre attention, la chaussée est formée d'un assemblage de petits morceaux de pierre calcaire reposant dans quelques places sur un *stratumen* formé de pierres de même nature, plus volumineuses.

Poursuivant sa marche vers le S. S. E., la chaussée antique passe tout près et à gauche du village de Callouet, en face duquel elle est traversée par la route de Caen à Bretteville-sur-Laise, puis elle arrive à Quilly, dont les carrières ont été exploitées dès le temps de la domination romaine (1).

A partir de Quilly, la route offre peu de caractères; elle incline légèrement à gauche, et va traverser le village de Cintheaux, dont elle longe l'église et le cimetière. (V. la carte, pl. XIX.) Au-delà de la grande route de Caen

---

(1) Les pierres de taille employées dans les constructions romaines de Vieux et de quelques localités voisines ont été apportées de Quilly; il parait même qu'on y sculptait des statues, car on découvrit dans les fondations du chœur de l'église, lorsqu'on le reconstruisit, au XVIIIme. siècle, des statues mutilées représentant des dieux du paganisme et qui ne pouvaient avoir été apportées de bien loin, puisqu'elles étaient en pierre de la nature de celle qui est exploitée aujourd'hui dans la commune. Ce fait intéressant est consigné dans le grand ouvrage manuscrit de Don le Noir que possède M. l'abbé De La Rue.

à Falaise, on la retrouve exhaussée de place en place et bien alignée, mais en grande partie détruite ; il en reste assez, cependant, pour qu'on puisse reconnaître que l'*agger* était formé d'un cailloutis calcaire qui reposait immédiatement sur le sol, sans qu'il y eût de *stratumen* interposé. (Voir la coupe n°. 5, pl. XVII.)

La voie passe le long du cimetière de Cauvicourt et se prolonge à peu près en ligne droite vers les ponts de Jort, laissant à droite la commune de Bretteville-Rabet et celle d'*Estrées*-la-Campagne (*Strata*), dont le nom est significatif ; traversant la cour de la grande ferme de Rouvres, près de laquelle on a trouvé des médailles romaines, et parcourant le territoire de Sassy.

Jort était un point important où venaient aboutir d'autres voies antiques, et où l'on a trouvé beaucoup d'antiquités ; la bourgade gallo-romaine était, comme celle qui lui a succédé, placée sur la rive droite de la Dive, et le pont, au moyen duquel on franchissait cette rivière, devait se trouver à peu près dans le même lieu que le pont moderne.

De Jort le chemin Haussé se dirige vers l'établissement romain qui a précédé la ville d'Exmes en passant par Viques (*Vicus*), Morteaux, Les Moutiers, Fontaine-les-Bassets, Trun, Saint-Lambert, Chamboy, Barges et Champeaubert. Cette route, encore très-fréquentée, est la même que l'on trouve indiquée entre Jort et Exmes, sur le n°. 62 de la carte de Cassini. Elle est conduite dans presque toute sa longueur sur un sol calcaire qui forme dans beaucoup d'endroits un pavé naturel. On ne distingue plus l'ancien encaissement, mais on l'a retrouvé par hasard sur quelques points, notamment au hameau du *Perrey*, commune de Fontaine-les-Bassets (1). Des tombeaux antiques ont été exhumés le long de la voie, principalement entre Jort et Chamboy, et l'on a découvert des médailles dans presque toutes les communes voisines (2).

(1) On y a trouvé dernièrement les restes d'un *stratumen* formé de grandes pierres posées sur le plat. La commune de Fontaine-les-Bassets offre encore, à peu de distance et à l'ouest de la voie que je décris, un dolmen placé sur le bord d'une route qui vient se réunir au *chemin Haussé*, près du hameau du *Perrey*, et qui se dirige vers le Nord-Ouest, après avoir traversé la Dive (V. la pl. XIX).

(2) On a trouvé des médailles à Morteaux, Courcy, les Moutiers-en-Auge, Trun, Chamboy. (Voir la statistique de l'arrondissement de Falaise par M. Galeron.)

Une ville romaine a précédé le bourg d'Exmes, elle était située près de la route, allant de ce bourg au Meslerault ; et elle s'étendait sur les communes de Chauffour et de la Briquetière, où j'ai constaté la présence d'un assez grand nombre de fondations d'édifices et de tous les objets qui annoncent habituellement, comme vous le verrez dans une de nos prochaines conférences, l'emplacement d'une bourgade gallo-romaine (1).

Je n'ai point encore reconnu moi-même le *chemin Haussé* au-delà de l'établissement romain que je viens d'indiquer ; mais un observateur habile, M. Vaugeois, annonce qu'il

---

(1) Près de l'ancien cimetière de la Briquetière les vestiges de construction sont en si grand nombre qu'on ne peut guère effleurer la terre sans trouver des briques et des poteries. Peut-être pourrait-on regarder ce point comme le centre de l'ancienne ville, en considérant les extrémités Nord et Sud de l'espace dans lequel les débris ont été trouvés.

On y a constaté l'existence de plusieurs puits bouchés.

Beaucoup de débris se trouvent aussi d'une part dans le lieu appelé *les chapelles* et de l'autre part dans le *champ des merveilles*. Aux chapelles on a remarqué, m'a-t-on dit, des murs considérables et des tuyaux de terre cuite. Dans le champ des mervilles situé vers l'extrémité Sud de la ville et où, suivant la tradition, une grande bataille aurait été livrée, on a trouvé une grande quantité de poteries, des armes, des médailles etc. J'y ai ramassé moi-même plusieurs morceaux de poterie rouge, et j'ai reconnu que la route voisine avait été pavée en partie avec du laitier.

passait à Planches-sur-Rille (1), où l'on découvre chaque jour des médailles et des constructions romaines (2), et qu'ensuite il allait se joindre à une voie antique venant d'Orléans, dont il a suivi la direction par Moulins-la-Marche, Saint-Aquilin, Soligny, Bubertré, Mézières, village dépendant de Tourouvre et fondé sur des ruines romaines (3), Marchain-

(1) V. Le mémoire de M. Vaugeois *sur les voies romaines de l'arrondissement de Mortagne*, dans le Ve. volume de la société des Antiquaires de Normandie, p. 97. M. Vaugeois ne dit pas si la voie se dirigeait par les Authieux, Champ-Haut et Mesnils-Froger, ou si elle passait par St.-Germain de Clairfeuille et le Meslerault ; les renseignements que j'ai reçus me font pencher à adopter cette dernière opinion.

(2) On ne peut trop féliciter M. Galeron d'avoir formé le projet d'explorer l'intéressante localité de Planches ; il paraît que les vestiges de constructions sont nombreux et s'étendent fort loin, et les anciennes rues de la ville pavées en laitier de fer sont encore visibles sur plusieurs points. M. Galeron pourra donc lever un plan sur lequel tous ces vestiges seront indiqués, et reconnaître la direction de deux voies qui paraissent antiques, et dont une se dirigeait par Echauffour, St.-Evroult et la Ferté-Fresnel, et l'autre par N. D. Daspres, pour aller ensuite vers Condé-sur-Iton. Je suppose qu'une voie partant du vieil Exmes se dirigeait vers Séez, en passant dans les environs du haras du Pin, mais j'ai besoin de renseignements plus précis que ceux que je possède pour savoir si ma présomption est fondée.

Plusieurs autres routes présumées antiques venaient se joindre à la voie qui mettait notre pays en communication avec l'Orléanais ; l'une d'elles, qui allait de Condé-sur-Iton à St^e.-Céronne, et peut-être plus loin vers le S. O., passait par Tourouvre (V. la pl. XVI).

(3) D'après les observations de M. Vaugeois, on trouve à

villa, Neuilly (Orne), Manou, Balthomer, Le Favril, Chuines, Bailleau-le-Pin, Le Gault, Villars, etc., etc. (Eure-et-Loir.)

Je crains, Messieurs, de vous fatiguer par ces détails purement topographiques, et pourtant la détermination des voies romaines me paraît si importante que je ne puis résister au désir de vous en indiquer quelques autres, dont les traces, encore visibles, seront peut-être entièrement perdues dans quelques années.

Route partant de Vieux et se dirigeant vers Jublains. L'une des voies les plus intéressantes et les plus rapprochées de la ville de Caen que je puisse signaler après le chemin Haussé, est une route qui de Vieux paraît se diriger vers Jublains ; elle n'a encore été décrite par personne, et les renseignements que je vais vous transmettre sont le résultat d'une excursion toute récente, qui m'a procuré la découverte de quelques faits nouveaux.

Mézières une grande quantité de tuiles à rebords, des débris de poterie, de grands pavés de terre cuite, des fragments d'urnes et d'amphores, etc., etc., des médailles et des amas considérables de laitier de fer. Partout où l'on fouille, dans l'espace renfermé entre la butte de Belle-Garde, le hameau des *Croix-chemins* et la rive gauche du ruisseau, on trouve des murs et des constructions de toute espèce.

Cette route passait l'Orne au lieu dit *le Coudray*, sur un pont de pierre auquel on accédait, du côté du midi, par une chaussée maçonnée et dont les piles existent encore en partie au fond de la rivière, tout près et au-dessus du Bac (1). La voie traversait ensuite le village de Clinchamps, où l'on a trouvé, à diverses époques, des constructions romaines assez étendues, puis elle se dirigeait vers Boulon, à travers la campagne; elle y est encore connue sous le nom de *Chasse ès Périers* (2). Après avoir traversé la grande route de Caen à Condé, près du lieu où se trouvait la chapelle du *Malpas* (3), elle passait au carrefour de la *Guerre* et continuait de se diriger vers le sud, en laissant à gauche l'église et le village de Boulon. Dans toute cette contrée, à partir de la grande route jusqu'à la forêt de Cinglais, l'antique voie est

(1) Plusieurs habitans de Clinchamps ont vu détruire cette chaussée qui était de la plus grande solidité et se trouvait dans une prairie appartenant à Mme. la Comtesse de Chazot.

(2) Entre Clinchamps et la route de Caen à Condé, (voir la pl. XIX), le chemin fréquenté est conduit parallèlement et à quelques pieds de la chaussée romaine qui est recouverte de terre, mais que l'on retrouve chaque année en labourant et dont l'existence est parfaitement constatée par les propriétaires riverains. (*Voir ma statistique monumentale du Calvados.*)

(3) Voir le n°. 94 de la carte de Cassini.

souvent recouverte de terre et interrompue par des fossés de clôture, mais sa direction est bien connue des habitants; dans les pâturages et dans les champs labourés, l'herbe et le blé prennent de bonne heure une teinte jaune sur la ligne que parcourt la chaussée. Les caractères de cette route sont d'ailleurs tels qu'il ne peut demeurer aucun doute sur son origine. Elle est formée de petits morceaux de marbre, de pierre calcaire plus tendre, et de grès, tassés les uns sur les autres, qui forment un massif d'une grande dureté. On peut voir cette chaussée dans un chemin d'exploitation qu'elle traverse au lieu appelé *La Londe* sur Boulon, non loin de la propriété de M. Bacot, membre du conseil municipal de Caen; elle y forme une sorte de protubérance ou de barrage résultant de la solidité qu'elle oppose à l'action des roues des charrettes.

Dans des champs défrichés depuis peu d'années et précédemment plantés en bois, qui appartiennent aussi, je crois, à M. Bacot, l'antique chaussée existe encore intacte, suivant le témoignage de M. Bellenger, desservant de Boulon, et celui de plusieurs habitants de la commune; on y a trouvé des vestiges de constructions, des tuiles romaines, plusieurs meules et une tête de femme de grandeur naturelle et d'un assez bon travail, en calcaire de Caen (1).

La voie romaine entrait dans la forêt de Cinglais par la coupe de *La Souillarde*, où elle offre des restes bien caractérisés. A partir de ce point, je ne l'ai point reconnue moi-même, mais d'après les renseignements que M. l'abbé Bellenger a bien voulu prendre et ceux qui m'ont été communiqués par M. de Renemesnils, de Boulon, elle tendait vers le Pont-d'Ouilly en passant par Saint-Clair, le Château-Ganne à La Pommeraye, et par la butte de Brizieux-Jaunier.

Cette direction est conforme à celle que l'on devrait suivre pour aller en droite ligne de Vieux à Jublains, et comme on m'annonce qu'il existe un ancien chemin partant de cette ville pour se rendre vers le bourg de Lassay, au nord par conséquent dans la direction de Vieux (2), j'ai pensé que la route, que j'ai reconnue depuis cette dernière commune jus-

(1) Je possède cet intéressant morceau, et mon projet est d'en publier un dessin dans les mémoires de la société des Antiquaires.

(2) A son point de départ de Jublains, ce chemin formait une des rues de la ville; il passait devant un édifice fort remarquable pavé en mosaïques dont je parlerai plus tard, et se dirigeait ensuite vers Grazay et Macillé, communes dans lesquelles on a trouvé des médailles romaines.

qu'à la forêt de Cinglais, pourrait être celle que la carte de Peutinger indique entre *Arægenus* et *Nudionnum*. (V. la pl. XVI.)

Du reste, cette présomption a besoin d'être confirmée par l'observation, et je me propose d'explorer, dans son entier, la ligne comprise entre Vieux et Jublains, afin de reconnaître dans toute son étendue le prolongement de la route, s'il existe à partir de la forêt de Cinglais, comme il y a lieu de le supposer (1).

Voie de Jort à Percy et à Mézidon. Une chaussée antique, dont l'étendue est peu considérable aujourd'hui, mais qui mérite d'être signalée, est celle qui a été reconnue par M. Le Grand entre Jort et la campagne de Percy (pl. XIX); elle passait la Dive à Vendeuvre (2) et se dirigeait vers Mézidon au N. N.-E., laissant à droite l'église de Grizy et à gauche le village

(1) On croit que la route romaine indiquée sur la carte de Peutinger, entre Jublains et le Mans et qui peut être considérée comme le prolongement de celle de Vieux à Jublains, (V. les pl. XV et XVI) passait par Bais, Izé, St.-Pair-la-Cour, Sillé-le-Guillaume, Conlie, Lavardin et Millesse; dans ces deux dernières communes, on a trouvé l'encaissement de la chaussée antique, d'après les obligeantes communications de M. Cauvin et de M. Pesche.

(2) Tout porte à croire qu'il y avait un pont à Vendeuvre pour le passage de la voie.

d'Escures, dans lequel M. Galeron a trouvé des médailles romaines et les vestiges d'une enceinte retranchée (1). C'est depuis Grisy jusqu'au-delà d'Escures que cette chaussée m'a présenté le plus d'intérêt, elle conserve presque constamment, dans cet espace, un niveau plus élevé que le sol environnant (2), et se compose de fragments de pierres calcaires d'une petite dimension comme le chemin Haussé de Vieux à Exmes, dont elle n'est d'ailleurs qu'un embranchement (V. la pl. XIX).

Les routes romaines du Calvados, dont il me reste à vous entretenir, n'offrent pas de caractères aussi marqués que les précédentes; elles ont été complètement altérées dans la plus grande partie de leur cours par des élargissemens et des réparations successives. Quelques-unes sont masquées presqu'entièrement par de grandes routes qui les ont remplacées et qui ont suivi presque partout le même alignement.

Toutefois, on peut encore, en examinant at-

(1) V. la statistique de l'arrondissement de Falaise, 3e. volume.
(2) Cette élévation est généralement de 1 p. 1/2 à deux pieds; elle est de trois pieds sur les hauteurs de Grisy: on trouvera, dans ma statistique monumentale du Calvados, une description détaillée de cette voie romaine.

tentivement les localités, déterminer la direction que suivaient ces routes, qui ont dû être très-fréquentées et d'une grande importance durant l'ère gallo-romaine.

Route de Crociatonum à Bayeux. La voie qui mettait le pays des Unelles en communication avec celui des Bajocasses, et qui est marquée sur la carte de Peutinger (pl. XV et XVI), entrait dans le Calvados à Saint-Clément, après avoir passé la Vire près de son embouchure, au lieu nommé le *Grand-Vey* (1). Elle se prolongeait à peu près directement à l'est, laissant Cardonville sur la gauche, arrivait à

(1) Cette route a continué d'être fréquentée durant le moyen âge et même jusqu'à nos jours. Ce n'est guère que depuis quinze à vingt ans qu'on a complètement cessé de suivre le chemin du grand Vey.

Le duc Guillaume parti en toute hâte de Valognes, après la révolte des barons normands, passa le Vey et arriva devant l'église de Saint-Clément, où il fit une prière, ce qui prouve bien que telle était la direction de la chaussée antique; car, au XIe. siècle, il n'y avait guère de chemins que ceux qui avaient été établis sous l'administration romaine. Voici le passage dans lequel Robert Wace raconte le fait.

> Passa de nuit li guez de Vire
> A grant poor et à grant ire
> Al mostier clina saint Clement
> Et préia Dex escordement.

(*Roman de Rou*, édition de M. Pluquet, second volume.)

Saint-Germain-du-Pert (*Le Perré*), et suivait à partir de ce point la grande route d'Isigny à Bayeux, passant par La Cambe, où l'on a trouvé sur le bord même de la route des tuiles romaines et des médailles (1). A Formigny, l'ancienne direction de la route nous est attestée par la chapelle construite en mémoire de la bataille remportée sur les Anglais le 13 avril 1450; de là à Bayeux la chaussée passait par Vieux-Pont, près Surain, Moles, Tours et Vaucelles (V. la pl. XIX).

Il ne peut rester aucun doute sur la direction que je viens d'indiquer. Des vestiges de constructions antiques ont été trouvés de place en place dans les terres riveraines, et l'on découvrit à Vaucelles, lorsqu'on fit la grande route, en 1758, un vase d'albâtre rempli de médailles et une figurine, dont Caylus a donné la description (2).

---

(1) A peu de distance de la route se trouve le *moulin Ferrand*, dont le nom semblerait indiquer le passage de la chaussée ferrée.

(2) « La forme du vase trouvé à Vaucelles près Bayeux, « (dit Caylus) est agréable, ses anses placées avec goût cons- « tatent son antiquité. Le pied sur lequel il était porté ne sub- « siste plus, ce qui n'est pas étonnant, puisqu'il n'était pas tourné « dans le même morceau. Il m'a été impossible d'avoir aucun « détail sur les médailles dont on m'a mandé que ce vase était « rempli, lorsqu'on en a fait la découverte. . . . .
« Le vase renfermait en outre une petite figure également

Plusieurs routes vicinales mettaient sans doute les campagnes voisines de la voie que je viens de tracer en communication avec *Augustodurus*. Je suppose que l'une de ces routes parcourait les plateaux situés près de la mer et qu'elle venait rejoindre la voie principale entre Tours et Vaucelles après avoir passé par *Etrehan* (V. la pl. XIX). M. Lambert pense, de son côté, qu'un autre embranchement parcourant les communes situées au sud de la rivière d'Aure (Monfréville, Vouilly, Colombières), où l'on a trouvé des médailles et quelques autres objets antiques, se réunissait près de Moles, à la route de *Crociatonum* à Bayeux, après avoir passé par Trévières.

Route de Bayeux au Bac-du-Port. La route que nous regardons comme le prolongement de celle de *Crociatonum* à Bayeux passe par le

« d'albâtre qui n'était entière que jusqu'à la ceinture. Le travail
« en est mauvais et le goût petit : elle a cependant tout le carac-
« tère de l'antiquité. . . . . . Cette jeune divinité me paraît
« représenter Flore. La plante fleurie qu'elle tient à la main,
« les fleurs dont elle est coiffée avec assez de profusion, la
« corbeille qu'elle soutient de l'autre main et qui se trouve égale-
« ment remplie de fleurs, ne présentent l'idée d'aucune autre
« divinité. Elle pouvait être tutélaire d'un jardin particulier ;
« le pays où ce petit monument a été trouvé autorise tout ce
« que peuvent inspirer l'abondance et la fertilité. »

hameau de Caugy, traverse la terre du *Mesnil*, où l'on a trouvé, à deux places différentes, des médailles, des poteries et des tuiles romaines, et se prolonge en ligne droite jusqu'au pont de Reviers, en présentant sur plusieurs points des caractères d'ancienneté non équivoques. En effet, des médailles et un encaissement de chaussée ont été découverts à peu de distance de la croix de Vienne (1); les restes d'un *agger* se voient encore le long du village du Manoir, tout près de l'endroit où l'on exhuma, en 1819, la colonne milliaire que j'ai citée, et qui avait été érigée sous l'empire de Claude (2). J'ai aussi remarqué à Colombiers-sur-Seule des traces de la voie romaine; le *stratumen* se composait, dans cette localité, de morceaux assez volumineux de pierre calcaire recouverts de galets roulés; au-delà du village de Colombiers et tout près du calvaire, la route était

---

(1) Au XIIe. siècle, cette voie romaine portait à Vienne le nom de chemin chaussé, *via calciata*. On trouve dans le cartulaire de l'abbaye d'Aulnay qu'un champ situé à Vienne, sur le bord de la *route chaussée*, fut donné à cette abbaye du temps de l'archidiacre Jourdain qui devint ensuite évêque de Lisieux (première moitié du XIIe. siècle). « Sylvester de Siccâ Villâ dat abbaciæ « alnotensi unum campum cujus caput tangit viam calciatam « apud Vianam. »

(2) Cette partie de la route, sur le bord de laquelle avait été trouvée la colonne milliaire, vient d'être défigurée par l'élargissement qu'elle a reçu.

bordée par des tombeaux dans lesquels on a trouvé des agraffes antiques ; une pierre-levée qui peut-être tenait la place d'une colonne itinéraire, existe encore à dix pas de ces tombeaux (V. pl. XIX). La route, avant de traverser la Seulle, recevait un chemin vicinal venant de Banville (1) ; au-delà du village de Reviers elle conduisait au camp dont j'ai parlé en cherchant à déterminer la position de *Grannona*. De là, elle se dirigeait vers Benouville, où elle passait l'Orne à peu de distance d'un autre camp situé sur le bord de cette rivière. Les renseignements que j'ai recueillis laissent encore quelqu'incertitude sur la direction de la route, à partir de la rivière d'Orne ; il y a lieu de croire cependant qu'elle traversait la Dive à Varaville (2), et qu'ensuite elle se dirigeait vers l'Est.

Je sais déjà qu'il existe sur plusieurs points,

(1) Je suppose que ce chemin est fort ancien, attendu que l'on a trouvé beaucoup de tombeaux des deux côtés, et que l'on découvre quelquefois, dans les champs de Banville, des vestiges de constructions romaines. (*Voir ma statistique monumentale du Calvados.*)

(2) Il existait très anciennement un passage à Varaville. En 1060, le Roi de France, qui avait traversé les comtés d'Exmes et de Bayeux, vint à Varaville où il passa la Dive avec une partie de son armée. Le reste des troupes ayant été arrêté par le flux de la mer qui avait grossi la rivière, fut taillé en pièces

entre la Dive et la Toucque, des constructions romaines que je me propose d'explorer et qui fourniront, j'espère, quelques indices pour retrouver l'ancienne chaussée ; sans doute elle se prolongeait sur le territoire des Calètes et des Véliocasses.

Route de Vieux à Lisieux. Il y avait entre Vieux et Lisieux une route qui n'a été mentionnée ni par l'itinéraire ni par la carte de Peutinger. Cette voie, dont il reste à peine quelques vestiges, passait un peu à droite de la route actuelle, entre Granteville et Cagny. A Frénouville, elle était à 300 pas de cette route, du même côté, ainsi que l'a prouvé la découverte d'une colonne milliaire, qui fut faite, en 1804, dans cette commune (1).

A Vimont et à Moult, on peut reconnaître

par les Normands sur la chaussée de Varaville. Robert Wace donne sur cette bataille des détails fort curieux. Il dit que le Roi de France était monté sur la butte de Basbourg, d'où il observait avec douleur la déroute de son arrière-garde sans pouvoir la secourir. (*Roman de Rou*, t. II, p. 89 et suiv.)

(1) M. Moisant lût à l'Académie de Caen une notice sur cette découverte qui se trouve consignée dans l'annuaire du Calvados, pour 1805, 1806 (p. 114 et 115), par M. Hébert, secrétaire de l'Académie.

J'ai lieu de croire que cette colonne milliaire était placée à l'embranchement d'une route vicinale allant au Sud. (*Voir ma statistique monumentale du Calvados.*)

aussi l'ancien chemin, toujours au Sud de la grande route (1); on le distingue au-delà de ce dernier village, sur la pente de l'éminence couronnée par une enceinte retranchée, nommée *la Hoguette*; il passait à gauche de ces retranchements, puis se dirigeait vers Croissanville, de Croissanville à Estrées (*Strata*), et d'Estrées au vieux Lisieux, en s'écartant peu de la route royale, avec laquelle il doit se confondre sur plusieurs points.

Route de Lisieux à Brionne. La voie qui allait de Lisieux à Brionne forme en quelque sorte le prolongement de celle que je viens d'indiquer. Elle passait la Toucque à Saint-Désir, traversait le terrain occupé aujourd'hui par la ville de Lisieux (2), gravissait le côteau de Saint-Ursin et se dirigeait parallèlement à la grande route de Paris vers Duranville (3).

(1) On a trouvé à Moult dans *la cavée* ou l'ancien chemin, des instruments en bronze et des médailles. (*V. ma statistique monumentale.*)

(2) D'après les observations de M. de Formeville, des constructions romaines avaient été élevées dans l'enceinte actuelle de la ville de Lisieux, et formaient pour ainsi dire un faubourg de *Noviomagus*.

(3) La trace de cet ancien chemin est indiquée au Nord de la grande route par quelques-uns des buissons et des arbres qui le bordaient.

D'après les observations de M. Le Prévost, elle passe par Berthouville, à une demi-lieue environ d'un champ où l'on vient de trouver des vases d'argent d'un travail admirable, et par Hecmanville, Franqueville et Bois-David ; elle est connue, dans toute cette partie du département de l'Eure, sous le nom de *chemin Ferré* et l'on ne peut douter qu'elle ne soit la route indiquée par l'itinéraire de Lillebonne à Lisieux (pl. XIV, n°. 5).

Chemin Perrey de Lisieux à Condé-sur-Iton. Le chemin de Lisieux à Condé-sur-Iton, indiqué dans l'itinéraire d'Antonin, comme le précédent, passait probablement la Toucque sur le même pont que celui de Brionne (v. la pl. XIX). Il suivait la direction de la route actuelle d'Orbec jusqu'au-delà de la chapelle de Mailloc, où il monte sur le plateau. Il court parallèlement à la vallée de l'Orbec, laissant à gauche le village de Besneré et à droite celui des *Petits-Périers,* puis il passe par Saint-Germain-la-Campagne, Chambrais, La Barre, arrive à Condé-sur-Iton, d'où il se prolonge jusqu'à Dreux, ainsi que nous l'avons vu déjà en étudiant l'itinéraire d'Antonin (v. la page 37).

Dans la portion de cette voie qui parcourt

l'arrondissement de Lisieux et que j'ai spécialement examinée, j'ai remarqué un pavage en silex qui diffère peu de celui des routes ordinaires, et je n'ai point vu d'alignement (1). Cette dernière observation s'accorde avec quelques autres qui me portent à croire qu'en général, dans les pays couverts ou de bocage, comme celui que l'on trouve entre Lisieux et Saint-Germain-la-Campagne, les voies romaines ne sont pas aussi droites que dans les plaines où aucun obstacle ne s'opposait à leur alignement (2).

Quoi qu'il en soit, le chemin que je viens d'indiquer entre la Chapelle-Mailloc et Broglie est évidemment celui que l'itinéraire mentionne; il est connu dans les environs sous le nom de *chemin Perrey* et la tradition rapporte qu'il a plus de 100 lieues de longueur. C'est à tort que le chemin de Lisieux à Chambray par

---

(1) La route est directe, mais elle décrit des courbes et n'est point alignée; à partir des confins du département de l'Eure, le pays est moins couvert et la route plus droite.

(2) En faisant abstraction de l'influence que les circonstances naturelles ont dû exercer, les routes ont pu, dans certaines localités, être plus ou moins droites, plus ou moins soignées, suivant l'époque à laquelle on les a établies, soit en raison du nombre des habitations existantes que l'on a voulu ménager, soit à cause de la négligence que l'on apporta dans les travaux de tout genre, durant le dernier siècle de l'ère gallo-romaine.

Courtonne-la-Ville, qui est parallèle au précédent, a été regardé par quelques personnes comme étant la voie romaine de Lisieux à Dreux.

A mesure que nous aborderons une nouvelle espèce de monuments, je ferai en sorte, Messieurs, de vous indiquer des exemples pris dans le pays, afin que vous puissiez soumettre à vos propres investigations les résultats que j'essaierai de vous présenter ; mais il me faudra toujours, comme vous le pensez bien, restreindre ces indications à un petit nombre.

C'est ainsi que je me vois forcé dans ce moment de passer sous silence une grande quantité de voies romaines intéressantes de la Haute-Normandie, du Poitou, de l'Anjou, de la Touraine et plusieurs anciennes routes du Calvados, dont quelques-unes tracées, pl. XIX, se trouvent décrites dans ma statistique monumentale de ce département.

Quoi qu'il en soit, Messieurs, l'aperçu que je viens de vous présenter suffira pour vous initier à l'étude des routes gallo-romaines, l'une des plus intéressantes et des plus utiles que vous puissiez embrasser.

Nous possédons, en effet, beaucoup de renseignements partiels sur les antiques chaussées qui sillonnaient la Gaule, mais il y a loin de là à une détermination satisfaisante de leur nombre et de leur direction; et cependant le temps presse : aujourd'hui que tout s'efface avec tant de rapidité, les vestiges qui nous restent encore auront bientôt complètement disparu.

La détérioration des routes romaines en rend la recherche si difficile dans un grand nombre de contrées, qu'il ne faut pas négliger les secours que peuvent fournir les noms de lieu et certaines étymologies. Ainsi, les voies sont quelquefois bordées de villages qui portent des noms significatifs tirés de leur position, comme *Estrée*, *l'Estrée*, *l'Estrac*, dérivés de *Strata*.

Elles sont elles-mêmes désignées par d'anciens noms, qui peuvent guider dans la reconnaissance qu'on veut en faire, comme *chemin Perré*, *Perrières*, *chemin Chaussé* (1), *chemin Ferré*, *Ferrières*, *chemin Haussé*, *chemin*

---

(1) Le chemin haussé de Vieux à Exmes se trouve indiqué plusieurs fois sous le nom de *via calciata* dans les cartulaires de Barbery, de Gouffern et sous le nom de *chemin chaussé* dans un grand nombre d'actes passés au XV°. siècle devant les tabellions de Caen. (*Note communiquée par M. l'abbé De La Rue.*)

des Romains, chemin de Cæsar, etc., etc. Quoique ces dénominations aient été parfois appliquées à des routes du moyen âge, elles annoncent presque toujours des chaussées antiques.

Quelques voies romaines portent aussi des noms qui sembleraient indiquer une autre origine; dans le nord de la France, par exemple, elles sont presque toutes appelées *chaussées de la reine Brunehaut*. Cette tradition, qui attribue à la femme de Sigebert la création des anciennes routes de la Gaule-Belgique, vient peut-être de ce que cette princesse illustre les a fait réparer à la fin du VIe. siècle (1).

C'est peut-être par une raison semblable que plusieurs voies de la Bretagne sont appelées

---

(1) Avec un caractère cruel, la reine Brunehaut était la princesse la plus accomplie de son siècle, au témoignage des historiens ; elle s'occupa de la restauration des arts, surtout de l'architecture.

Il paraît, d'après un passage de la chronique de l'abbaye de St.-Bertin, écrite dans le XIe. siècle, que cette reine ne se borna pas à réparer les anciennes voies, mais qu'elle en fit faire une nouvelle allant de Cambray à Arras et de là jusqu'à la mer. Ce même passage parle avec beaucoup d'éloges de plusieurs édifices qu'elle avait fondés. *Ecclesiam sancti Vincentii laudunensis fundavit: multa etiam opera miranda construxit; inter quæ stratam publicam de Cameraco ad Atrebatum, hinc ad Morinum* (Térouenne) *usque ad mare fecit, quæ calceia Brunechildis nominatur usque in hodiernum diem*, etc.

chemins de la duchesse Anne, et que celle de Vieux à Exmes, que j'ai décrite tout à l'heure, se nomme dans quelques communes le *chemin Haussé du duc Guillaume* (1).

(1) En admettant cette supposition il sera toujours très-difficile et-peut être même impossible de distinguer les parties réparées au moyen âge, de celles qui appartiennent à l'époque gallo-romaine.

CHAPITRE V.

Objet du chapitre.—Du peu de vestiges apparents que présentent aujourd'hui les établissements gallo-romains. — Observations à ce sujet. — Examen des différents genres d'appareils usités dans les constructions romaines.— Mosaïques et pavés des édifices.— Description des poêles ou hypocaustes.— Placages et ornements des murs.— Tuiles des toits, etc., etc.—Objets répandus le plus abondamment dans les lieux habités sous la domination romaine.— Poteries.— Poteries rouges ornées de bas-reliefs.—Détails sur les procédés suivis pour la fabrication des vases de cette espèce.— Poteries noires.—Poteries grises et rougeâtres plus ou moins soignées.—Figurines en terre cuite.— Petites meules et autres ustensiles.

Après avoir parlé des voies romaines et de la position des villes mentionnées dans les itinéraires, il convient de vous enseigner les moyens de reconnaître l'emplacement de ces villes et de tous les établissements de quelqu'importance qui ont existé en Gaule sous la domination romaine.

D'abord, Messieurs, si l'on excepte certains monuments qui par leur masse et leur solidité ont résisté mieux que les autres à la destruction, tels que les murs militaires, les amphithéâtres, les aqueducs et quelques autres édifices que je me propose de décrire plus tard, les constructions qui nous restent de l'époque romaine, ne consistent ordinairement que dans des débris de murailles enfoncés sous terre; bien souvent les villes ont laissé si peu de traces que la charrue se promène librement, et qu'à peine quelques pans de maçonnerie se montrent à la surface du sol, là où elles ont existé.

Cet état de choses a paru difficile à expliquer, et pendant long-temps des hommes recommandables par leur savoir et leur critique ont méconnu l'emplacement des anciennes villes, indiqué cependant par des ruines bien reconnaissables. Mais aujourd'hui que les observations se sont répétées, que des fouilles ont été entreprises sur un grand nombre de points, que partout on a pu constater les mêmes faits, il n'y a plus moyen de douter. Il est d'ailleurs facile de comprendre, avec un peu de réflexion, comment la destruction des établissements gallo-romains est aussi avancée, et d'apprécier la puissance des causes qui ont agi depuis quatorze siècles.

En effet, Messieurs, les constructions romaines ruinées par les barbares au quatrième et au cinquième siècle, n'ont cessé d'être exploitées depuis cette époque et de fournir des matériaux pour d'autres constructions. La chronique de Fontenelle (Saint-Wandrille), nous apprend que l'église de ce couvent fut bâtie dans le VIIIe. siècle aux dépens des monuments de Lillebonne, (1) et l'on se figure à peine quelle prodigieuse quantité de monuments antiques ont été détruits dans les siècles suivants, surtout dans les XIIe., XIIIe. et XIVe. siècles, où l'on bâtit tant d'églises; et plus tard, au XVIe. et au XVIIe. siècles, que les villes sacrifièrent leurs monuments les plus précieux pour se procurer des places plus vastes et des rues plus larges.

Sans nous reporter à des temps éloignés, de nombreux témoignages nous attestent que, dans le siècle dernier, les ruines romaines ont fourni une énorme quantité de pierres pour l'encaissement des grandes routes. D'après le témoignage de l'ingénieur Hubert, plus de

---

(1) Erinbardus ædificavit basilicam beatissimi Michaelis archangeli, licet modico, pulcherrimo tamen ædificio allatis videlicet petris DE JULIOBONA castro quondam nobilissimo ac firmisimo.— Chron. Fontan. Apud Acher.

500 charretées de matériaux furent extraites de l'ancien Lisieux pour la route de cette ville à Caen. M. Rever rapporte que vers le même temps trois ou quatre cents mètres cubes de briques et de décombres avaient été pris au vieil Evreux pour un usage semblable; et de nos jours, seulement depuis 20 années, combien n'avons-nous pas vu détruire de murs antiques! Lorsqu'on réfléchit à toutes ces destructions, on doit être étonné qu'il existe encore en France tant de débris de constructions romaines.

Quoi qu'il en soit, pour rechercher les places qu'ont occupées des établissements dont il reste le plus souvent si peu de traces apparentes, il est essentiel de bien connaître, non seulement les caractères qui distinguent les constructions romaines, mais encore tous les objets du même temps qui peuvent indiquer *l'ancienne habitation* des lieux où ils se rencontrent. C'est pourquoi je vais présenter quelques notions sur les murailles romaines; sur certains accessoires des édifices, tels que les hypocaustes, les pavés, les mosaïques, les placages d'ornement, les tuiles des toîts, etc., etc; enfin sur les poteries et sur quelques autres objets qui ont été d'un usage journalier durant l'ère gallo-romaine.

CARACTÈRES DES CONSTRUCTIONS ROMAINES.

Murs de grand appareil. Les murs de grand appareil sont construits en belles pierres de taille, ayant deux à trois et quelquefois quatre à cinq pieds de largeur sur un, deux ou trois pieds d'épaisseur, posées par assises égales et liées les unes aux autres par des coins de bois de chêne à double queue d'aronde (pl. XVII, fig 6), ou par des crampons en fer.

Ces pierres juxta-posées sans ciment, sont encore ajustées avec tant de précision dans quelques édifices, qu'à peine on distingue les points où les blocs se réunissent. Il paraît que pour arriver à cette précision dans l'assemblage, les pierres que l'on plaçait sur les assises déjà établies étaient promenées avec un léger frottement sur le lit inférieur, de manière à broyer et user toutes les petites aspérités que la taille la plus soignée pouvait avoir laissées; lorsque l'architecte sentait que toutes ces aspérités avaient disparu et que les pierres glissaient librement l'une sur l'autre, il faisait cesser le frottement. Les petites particules enlevées à la pierre, délayées avec l'eau que l'on avait soin de verser pour faciliter l'opération, formaient un léger ciment qui garnissait les vides qui pouvaient encore exister (1).

Les murs de grand appareil se rencontrent dans les édifices les plus soignés, tels que les temples, les arcs de triomphe; il en reste très-peu dans nos contrées.

Petit appareil. Les murs de petit appareil ordinaire ont leurs parements formés de pierres symétriques à peu près carrées, dont chaque face n'a le plus souvent que 3 à 4 pouces, plus rarement 5 à 6 pouces; la partie de ces pierres de revêtement prise dans le mur est quelquefois en forme de pyramide tronquée; c'est-à-dire que la face engagée est d'un moindre diamètre que celle qui reste visible. Le centre du mur offre un massif en moëllons irréguliers, ou blocage à bain de ciment. (Voyez pl. XVII, fig. 7).

Le plus souvent on remarque dans les constructions en petit appareil, des zones horizontales et continues de grandes briques, évidemment destinées à maintenir de niveau les petites pierres du revêtement (2). Ces zones

---

(1) Description des antiquités de Nîmes, publiée en 1819. — Antiquités de Saintes et du département de la Charente-Inférieure; par M de Crazannes, etc., etc.

(2) Dans les murs très-épais tels que les murs militaires (pl.

se composent ordinairement de deux ou trois et parfois de cinq, six ou sept rangs de briques (pl. XX, fig. 1, 2, 3, 4 et 5,) séparées les unes des autres par des couches de ciment dont l'épaisseur est à peu près égale à celle des briques.

Le mortier est aussi très-épais entre les pierres de l'appareil, dont aucunes ne sont en contact immédiat, comme vous pouvez le voir pl. XX, mais en quelque sorte incrustées dans le ciment.

Voici la forme que les briques d'appareil affectent le plus ordinairement (pl. XVII, fig 11-12), leurs dimensions sont trop variables pour que je puisse les indiquer d'une manière absolue (1), le plus souvent je leur ai trouvé quatorze à quinze pouces de longueur sur huit à dix pouces de largeur, mais il y en a de plus grandes et j'en ai souvent aussi remarqué de plus petites.

XX), ces briques d'appareil pénètrent quelquefois jusqu'à deux pieds dans l'intérieur de la maçonnerie, et l'on en a placé deux rangs côte à côte, mais en général il n'y en a qu'un rang.

(1) Dans les murs de l'enceinte antique de Tours, dont je parlerai plus tard à l'article des fortifications gallo-romaines, j'ai trouvé des briques de 10, de 12, de 14 et de 15 pouces et demi, à très-peu de distance les unes des autres ; l'épaisseur de ces briques variait de 15 lignes à 2 pouces. En général, les briques que l'on voit dans les tours des murs militaires sont plus courtes que celles des murs droits, et la forme ronde de ces tours a nécessité de petites dimensions.

Le nombre des cordons de briques et par suite la hauteur des intervalles qui les séparent les uns des autres n'ont rien de fixe; vous pouvez vous en convaincre en jetant les yeux sur la pl. XX, où j'ai réuni plusieurs fragments de murs gallo-romains.

Quelques savants ont avancé que les chaînes ou ceintures en briques des constructions de petit appareil n'ont commencé à être usitées qu'au IIIe. siècle, principalement sous le règne de Gallien. MM. Rever et Harou-Romain ont réfuté cette opinion dans le 3e. volume de la société des Antiquaires de Normandie ; ils ont établi que ce mode se rencontre dans des édifices beaucoup plus anciens. Ainsi, l'on aurait tort de limiter au IIIe. siècle l'usage des cordons de briques ; mais en même temps on aurait peut-être de bonnes raisons pour admettre que cet usage devint, au IIIe. et au IVe. siècle, beaucoup plus général qu'il ne l'avait été auparavant.

Il est certain, d'ailleurs, qu'à cette époque on tira parti des briques pour l'ornement extérieur des édifices, et qu'on vit des corniches et des moulures remplacées par des cordons de briques dont la couleur rouge, se détachant sur le fond gris ou blanchâtre des murs, figurait les reliefs de l'entablement.

D'un autre côté, je pourrais citer bon nombre de constructions présumées du IIe. siècle, en petit appareil, et dans lesquelles on ne voit pas de briques; mais j'attache peu d'importance à cette observation, attendu que bien souvent la préférence donnée à certains matériaux et l'absence de la brique peuvent tenir à des circonstances locales et indépendantes de l'usage général.

Une autre question se présente, celle de savoir à quelle époque les briques d'appareil ont cessé d'être en usage, car elles ne pourront toujours caractériser une construction romaine si elles ont continué d'être employées postérieurement au Ve. siècle.

Je ne crois pas, Messieurs, qu'il soit facile de fixer cette époque, et cette détermination, si elle avait lieu en général, ne pourrait sans doute convenir à toutes les localités; je prouverai lorsque nous étudierons les monuments du moyen âge, que dans les VIIe., VIIIe. et IXe. siècles on a quelquefois employé dans les murailles, des briques semblables à celles que nous voyons dans les constructions romaines.

Il paraît aussi que cet emploi a eu lieu dans le même temps en Angleterre comme en France, car dans la description que Bède a donnée de l'hermitage bâti par saint Cuthbert, qui vivait au VIIe siècle, il a soin de dire que cette cellule était construite en pierres brutes, et qu'on n'y voyait ni *pierres de taille, ni briques, ni ciment* (1).

Ainsi, l'usage de la brique dans les murailles de petit appareil s'est perpétué durant les premiers siècles du moyen âge, mais les constructions qui nous restent de cette époque sont en petit nombre, et un bon observateur pourra toujours les distinguer de celles qui appartiennent à l'ère gallo-romaine.

Quoi qu'il en soit, les murs de petit appareil offrent une particularité qui mérite d'être notée, c'est que la plupart sont établis sur des fondations *en pierres volumineuses très-irrégulières, posées sans ciment*, qui forment une base de la plus grande solidité. Les murs des enceintes antiques de Jublains, de Tours, du Mans (pl. XX), d'Orléans, de Poitiers, de Saintes, de Bordeaux, etc., etc., et un grand nombre de constructions moins importantes m'ont présenté de pareilles fondations.

Quelques murs en petit appareil sont construits avec plus de recherche que d'autres, et

---

(1) Non secto lapide vel latere et cæmento.—Bede vita sancti Cutberti, caput XVII.

des pierres de plusieurs nuances y forment des espèces de mosaïques. J'ai remarqué de semblables combinaisons dans quelques parties de l'enceinte murale du Mans, que j'ai dessinées. (V. la pl. XX).

Petit appareil allongé. Je désigne sous le nom de *petit appareil allongé*, celui dont les pièces ne sont point carrées et ont une surface plus étendue dans le sens horizontal que dans le sens vertical (pl. XVII, n°. 8); je l'ai trouvé dans plusieurs monuments de l'Ouest et du Sud-Ouest de la France, notamment dans les arènes de Bordeaux.

Appareil moyen. Un autre appareil, qui tient le milieu entre le petit et le grand appareil, se rencontre aussi quelquefois dans les monuments romains; les pièces en sont de dimentions variables, en pierres de taille cimentées, et parfois liées les unes aux autres au moyen de crampons en fer. (Pl. XVII, fig. 9.)

Appareil réticulé. (*Opus reticulatum*). Les architectes romains employaient aussi l'*œuvre réticulé* ou maçonnerie maillée, qui différait du petit appareil ordinaire en ce que les pièces du revêtement, taillées avec soin et de grandeurs égales, étaient placées de manière que les jointures décrivaient des lignes diagonales et simulaient ainsi les mailles d'un filet. (Pl. XVII, fig. 10). Ce genre de revêtement produisait un effet fort agréable et s'employait en général comme ornement; on ne le trouve guère seul, il est presque toujours associé avec le petit appareil ordinaire, au milieu duquel il forme des intercalations dans beaucoup d'édifices.

MORTIER ET CIMENT. Les mortiers romains sont composés de chaux vive mêlée de sable et assez ordinairement de brique pilée, dans des proportions variables et qu'il serait difficile de déterminer. La présence de la brique pilée dans ce mortier le distingue de presque tous ceux que l'on a faits dans la suite (1). Cependant, on trouve aussi, rarement à la vérité, des mortiers romains qui ne contiennent aucunes parcelles de brique et ne présentent aucun caractère particulier.

J'ai souvent remarqué du charbon combiné

---

(1) Je dis *de presque tous*, car le mortier mêlé de briques pilées a dû être employé dans les premiers siècles du moyen âge, en même temps que les chaînes de brique.

avec les fragments de brique dans les murs de petit appareil.

Pavés. Les pavés des appartements se composent de plusieurs couches disposées en petit à peu près comme celles que nous avons indiquées pour les chaussées des routes.

Ainsi, la base ou le *stratumen* est souvent en briques, le *ruderatio* en ciment rempli de petites pierres ou de briques concassées ; le tout est recouvert de pièces carrées en marbre, en terre cuite ou en pierre polie.

Cependant, dans beaucoup de maisons le pavé n'était composé que d'une seule couche de ciment mêlé de petits fragments de brique et de pierre dure, et assise sur un lit de briques ou de pierres plates.

Quelques aires rustiques sont formées de très-petits fragments de pierre calcaire fixés dans un lit de mortier, et tellement rapprochés les uns des autres qu'ils garnissent toute la surface du pavé (1).

(1) M. de Crazannes a trouvé à Saintes des pavés à peu près semblables (Voir le deuxième volume de la Revue Normande). Le même savant a décrit des aires observées dans la même ville et dont la base ou le stratumen était composée d'huîtres entières et rangées avec soin sur la valve plate ; les pavés, comme les autres parties des édifices romains, offrent une grande variété de matériaux.

Ces aires, toutes grossières qu'elles soient, se rapprochent des mosaïques par leur structure et me conduisent naturellement à vous parler de ces pavés de luxe qui ont été placés dans les appartements les plus ornés des maisons gallo-romaines.

Pavés en mosaïques. Un grand nombre de mosaïques ont été découvertes en Normandie et dans toutes les parties de la France, aussi bien qu'en Angleterre. Elles sont formées de petits fragments cubiques, dont le diamètre varie depuis 3 lignes jusqu'à un demi-pouce (pl. XXI, fig. I)(1). Ces petits quadrilatères incrustés dans le mastic et assis sur un ciment mêlé de brique pilée, sont de plusieurs couleurs différemment assorties et dessinent des losanges, des cercles, des triangles, des carrés, etc. On y voit plus rarement des figures d'animaux, des figures humaines, etc. Ces dernières mosaïques sont en général grossièrement rendues et pour la plupart inférieures à celles qui ne présentent que des lignes diversement combinées.

Les matériaux le plus ordinairement employés chez nous pour les mosaïques sont le

(1) Le volume des quadrilatères qui entrent dans la composition des figures d'animaux, sont en général plus petits que ceux des fonds et des encadrements.

calcaire blanc, la pierre bleue, le grès rouge, le marbre et la terre cuite.

En traçant l'ensemble et la distribution de certains monuments romains, j'aurai l'occasion de décrire quelques pavés en mosaïque; à présent je veux seulement vous faire connaître la matière de ces pavés.

La fig. 2, pl. XXI, offre une portion de mosaïque découverte à Jublains, et aujourd'hui déposée au milieu d'une salle à manger dans le presbytère de Grazay (Mayenne); les compartiments que présente ce morceau sont formés de quadrilatères en marbre brun et de quelques autres en terre cuite très-fine, de couleur rouge, disposés sur un fond blanc (1).

Parmi les mosaïques trouvées en Normandie on peut citer celle de Sainte-Marguerite près de Dieppe, composée de petits cubes en terre cuite de plusieurs couleurs, (rouge, jaune, blanc, bleu, violet), disposés de manière à figurer des cercles concentriques formant des rosaces de dix pouces de diamètre;

---

(1) On remarque un dauphin sur un autre fragment de mosaïque également trouvé à Jublains et déposé au château de la Francelière chez M. de Lonlay. Ces debris proviennent, je crois, de la belle mosaïque exhumée en 1716, lors des fouilles que fit pratiquer M. Lair, curé de Jublains.

Celles du vieil Evreux, dont le fond était en pierres calcaires fort dures, d'un blanc mat et d'un grain très-fin, et les dessins exécutés en schiste noir ou bleuâtre, présentant des labyrinthes, des dents de loup, des losanges, etc.

Enfin, les mosaïques de Cailly, près de Rouen;

Celles de Vieux, décrites dans le IVe. volume de la société des Antiquaires de Normandie;

Celle que l'on trouva à Séez en 1827, etc. Toutes ont été décrites ou dessinées; beaucoup d'autres ont été reconnues, mais détruites avant d'avoir été l'objet d'une description.

Outre les pavés en mosaïque, il y avait des pavés incrustés de petites plaques fort minces en marbre de diverses espèces, découpées, les unes en rondèles, les autres en triangles, en carrés, en arcs de cercle, ou suivant des contours particuliers. Ces marqueteries dont M. Rever a trouvé quelques traces au vieil Evreux s'employaient aussi pour la décoration des lambris.

Hypocaustes. Les hypocaustes, établis sous les aires des rez-de-chaussées, produisaient dans les maisons romaines à peu près le même effet que nos calorifères.

Pour avoir une idée juste d'un hypocauste,

il faut se figurer un plancher élevé d'environ deux pieds au-dessus du sol et suspendu sur de petits piliers d'égale hauteur, distants les uns des autres d'un pied, entre lesquels la chaleur pouvait circuler et échauffer d'une manière uniforme le pavé qui surmontait cette espèce de cave. (Pl. XXII , fig. 6 *aa*).

Les piliers des hypocaustes étaient ordinairement carrés, composés de briques de sept, huit ou dix pouces de diamètre, placées les unes sur les autres, ayant une couche de mortier entre chacune d'elles. Dans quelques hypocaustes les piliers étaient ronds au lieu d'être carrés, tantôt composés de briques d'un seul morceau, tantôt de briques semi-circulaires dont deux formaient une assise, et dans ce dernier cas les lignes de jonction se croisaient dans chaque assise de briques.

Les piliers de l'hypocauste supportaient de grandes briques de dix-huit à vingt-deux pouces en carré qui formaient la base du pavé des appartements. (V. pl. XXII , fig. 6 *bb*).

Dans plusieurs localités, les briques qui formaient les piliers débordaient les unes sur les autres, de manière que le haut de chaque arcade était moins large que le bas. (Pl. XXII, fig. 7.)

Enfin, l'on a trouvé, mais plus rarement, des hypocaustes dont les piliers étaient faits en pierre de taille.

Le calorique ne demeurait pas concentré dans la cave de l'hypocauste; il pouvait circuler dans des régions plus élevées et se répandre également dans toutes les parties de l'atmosphère des salles au moyen de tuyaux carrés en terre cuite incrustés dans les murs (1) (pl. XXII, fig. 4-5), dont les uns verticaux plongeaient dans l'hypocauste, tandis que les autres, placés horizontalement, faisaient le tour des appartements (2).

Le feu qui échauffait l'hypocauste était allumé dans un fourneau placé dans de petites cours ou des vestibules voisins de l'hypocauste (pl. XXII, fig. 1). Ces fourneaux, qui différaient un peu quant à leurs dimensions et à leurs formes, ont cependant presque partout présenté les mêmes particularités; ils sont généralement en briques; leur ouverture, dont le diamètre et la hauteur varient depuis dix-huit pouces jusqu'à 3 pieds, ressemble à l'orifice d'un four. Ils communi-

---

(1) Impressos parietibus tubos per quos circumfunderetur calor qui ima simul et summa foveret æqualiter. (Sénèque, épist. 90.)

(2) Il paraît que l'on a trouvé dans quelques édifices des tuyaux de chaleur placés horizontalement qui communiquaient avec les autres et faisaient le tour des appartements.

quent avec la cave de l'hypocauste au moyen d'un conduit carré en maçonnerie, parfois très-étroit et long de deux à quatre pieds. Quelques savants se sont difficilement expliqué comment ces fourneaux pouvaient produire autant de chaleur qu'on devait en désirer. Mais en considérant que les hypocaustes découverts en très-grand nombre déjà, en France et en Angleterre, ont offert des analogies frappantes, il faut bien qu'ils pussent remplir le but pour lequel ils étaient construits. On peut supposer que le courant qui forçait la chaleur à se répandre entre les piliers de l'hypocauste était déterminé par l'ascension du calorique dans les tuyaux en terre cuite renfermés dans l'épaisseur des murs, et dont plusieurs peut-être servaient de conduits pour le dégagement de la fumée.

Je vous présente, Messieurs, une vue de trois fourneaux d'hypocaustes découverts dans les bains de Saintes.

Les deux fourneaux A et B (fig. 1, pl. XXII) étaient destinés à chauffer l'eau des deux baignoires que vous voyez au-dessus. Le troisième fourneau, C, échauffait le pavé d'une salle carrée qui communiquait avec d'autres salles, échauffées par d'autres hypocaustes.

La fig. 3, pl. XXII, vous montre la disposition verticale des tuyaux de terre cuite dans le mur des baignoires. Cette disposition est entièrement conforme à celle que j'ai remarquée à Lillebonne et ailleurs, excepté que les cheminées de terre cuite sont très-rapprochées les unes des autres à Saintes, et qu'elles se trouvent généralement plus écartées.

La longueur des tuyaux carrés en terre cuite qui forment ces espèces de cheminées n'est pas la même dans tous; à Saintes elle approche ordinairement de quatorze pouces, la largeur du conduit est de sept pouces sur un sens et de quatre pouces sur l'autre. J'ai trouvé des dimensions peu différentes aux tuyaux d'hypocaustes que j'ai vu ailleurs et dans quelques musées (1).

Il paraît que depuis le temps de Néron, beaucoup de maisons romaines ont été échauffées par des hypocaustes. Aussi en a-t-on trouvé

---

(1) Une observation qui m'a frappé, c'est que plusieurs de ces cheminées se trouvaient interrompues par un diaphragme en ardoise, au point où ces bouts de tuyaux venaient s'ajuster les uns aux autres. Je suppose que cette disposition avait pour but d'empêcher l'ascension de la fumée dans les pièces où venaient aboutir certains conduits de chaleur; ainsi les tuyaux non bouchés auraient fait l'office de cheminées et auraient eu des issues à l'extérieur des appartements, tandis que les autres n'auraient communiqué que la chaleur, qu'ils pouvaient ainsi exhaler dans es appartements sans y amener de fumée.

presque toutes les fois que des constructions antiques ont été mises à nu. Il ne faut donc pas regarder comme ayant appartenu à des bains chauds, tous les appartements dans lesquels on rencontre des hypocaustes. Je fais cette observation, Messieurs, pour vous prémunir contre une erreur qui a été commise par un grand nombre d'antiquaires.

Si les Romains faisaient le plus souvent usage de poêles ou d'hypocaustes, pour échauffer leurs appartements, il n'est pas douteux qu'ils se servaient aussi de braziers portatifs ou de réchauds, et de cheminées, *camini*. Plusieurs auteurs en font foi; il est très-difficile de décider si les cheminées étaient semblables à celles de nos habitations actuelles, car on n'en a encore découvert qu'un très-petit nombre. Celles que l'on a vues jusqu'ici étaient d'une petite dimension et ressemblaient plutôt à un fourneau qu'à une cheminée proprement dite. Elles étaient saillantes dans les appartements, composées de grandes briques, moins larges dans le fond qu'à leur ouverture, et présentaient quelque ressemblance avec les cheminées dites à la Romfort.

PLACAGES ET ORNEMENTS DES MURS. Nous verrons dans la troisième partie du Cours, en étudiant les Thermes et les autres édifices dont on retrouve les ruines, que le marbre a été fréquemment employé pour la décoration des murs.

Dans beaucoup d'endroits j'ai trouvé les marbres de nos contrées (marbre de Vieux, du Cotentin, de l'Anjou, etc.), employés concurremment avec d'autres, qui ont été reconnus pour des marbres des Pyrénées, d'Italie, de l'Archipel? etc.

En général, les architectes romains ont toujours tiré un grand parti des matériaux que fournissait le pays dans lequel ils travaillaient; ce n'est pas sans étonnement que j'ai vu nos grès schisteux et nos schistes argileux rougeâtres du Calvados polis et taillés pour former des bordures à l'intérieur des maisons de Lillebonne, de Vieux et de Lisieux.

Ces matériaux de couleurs différentes, que nous dédaignons aujourd'hui, produisaient des oppositions et des effets dont on se rend compte en examinant les débris qui jonchent le sol dans les lieux que je viens de citer, et leur présence est un excellent indice pour reconnaître l'emplacement des constructions romaines de quelqu'importance (1).

Au reste, il est rare que les matériaux indigènes n'aient point été combinés à des matériaux exotiques plus précieux, tels que le porphyre, les marbres cypolins ou talqueux, les ophytes, etc., etc.

Ces différents placages formaient des corniches, des lambris, des bordures; mais le plein des murs était revêtu d'un enduit sur lequel on appliquait des peintures dont il serait difficile de donner une bonne description, vu qu'elles n'ont point été trouvées entières, mais seulement en fragments.

Celles que j'ai vues à Jublains se composaient de larges bandes verticales, rouges, jaunes, vertes, bleues et blanches.

MM. de Crazannes et Moreau en ont trouvé d'à peu près semblables dans les salles des bains romains de Saintes.

(1) Dans les édifices les plus simples les corniches et les moulures d'ornement étaient formées de chaux ou d'argile. M. Deshayes a découvert à Vieux plusieurs fragments de semblables corniches moulées en mortier et dont quelques-uns sont ornés de feuilles de laurier. On en a trouvé de pareilles à Jublains. Toutes ces moulures avaient été peintes, et l'on y voyait des filets rouges ou bleus qui se détachaient sur un fond blanc ou jaune-pâle.

Ailleurs, on a remarqué des espèces de panneaux fond rouge, encadrés dans des bandes de diverses couleurs et se détachant sur un fond blanc ou jaune pâle.

Sur les murs romains que j'ai observés dans le Calvados (Clinchamps, Fierville, Vieux, Magny près Bayeux, etc., etc.), j'ai remarqué des bandes rouges sur un fond blanc. Le vert d'eau, le jaune tendre, le gros bleu étaient ensuite les couleurs dominantes, si j'en juge par les nombreux débris de placages que j'ai recueillis. Quelques murs peints en bleu et en jaune étaient aussi parsemés de bouquets de feuillages grossièrement exécutés (Clinchamps).

L'usage de peindre les murs était si général que de modestes constructions en torchis et des plafonds en argile ont été décorés de cette manière. La peinture était appliquée sur un léger enduit de chaux.

Dans les fouilles que j'ai faites dans le Calvados, dans celles qui ont été pratiquées ailleurs, on a souvent rencontré des débris de ces murs d'argile et de ces plafonds rustiques, avec leurs peintures assez bien conservées; vous en verrez quelques-uns au musée de la société des Antiquaires de Normandie.

Les méthodes usitées par les Romains pour

la peinture des murailles ne sont qu'imparfaitement connues. L'une des méthodes consistait à employer, avec le pinceau, des cires colorées et fondues qu'on étendait à chaud sur les murs. Cette cire n'était point employée pure, on la mêlait avec de l'huile pour la rendre plus liquide.

Quand on voulait peindre avec la cire des fonds d'une seule couleur sur l'enduit des murailles, on laissait d'abord bien sécher le stuc, puis on étendait à chaud avec un pinceau les couleurs détrempées dans la cire et l'huile ; après quoi on faisait *ressuer* cette couche de couleur en approchant un réchaud plein de charbons ardents, le plus près possible de la muraille ; ensuite on la frottait avec des morceaux de cire, et on lui donnait le dernier lustre en l'essuyant avec des morceaux de toile ou d'étoffe (1).

Quelques-unes des peintures que j'ai trouvées sur les enduits de plusieurs maisons romaines, pourraient bien avoir été étendues d'après cette méthode, mais la plupart me paraissent avoir été appliquées à froid, et devaient sans doute leur adhérence à une espèce de colle.

(1) Mazois, description des ruines de Pompéi.

Les murs et les plafonds étaient aussi parfois incrustés de mosaïques en verre noir, bleu, blanc, vert-foncé, etc., etc. Ce genre de décoration a été observé par M. de Crazannes dans plusieurs salles des bains romains de Saintes; M. Le Prévost vient de trouver à Cerquigny, département de l'Eure, des débris de semblables mosaïques, qu'il suppose avoir été employés dans la partie supérieure d'un édifice fort remarquable découvert dans cette commune; et M. Gaillard en a vu de pareilles à Lillebonne; toutes les pièces de ces mosaïques étaient d'un verre opaque, bleu-ciel et noir, semblable à celui qui se forme dans les fourneaux de nos grosses forges par la fusion de la silice combinée à la chaux et que l'on nomme *laitier*.

Pline nous dit lui-même que l'on employa le verre pour les mosaïques des voûtes et des murailles, et il nous apprend que cet usage était récent comparativement à celui des mosaïques de pierres; pour le prouver il cite les Thermes bâtis à Rome par Agrippa, et dont les murs étaient peints à l'encaustique: « Assu-
« rément, ajoute-t-il, Agrippa eût orné ses
« salles de mosaïques de verre, si l'usage en
« eût alors existé (1). »

---

(1) Pulsa deindè ex humo pavimenta in cameras transière è

TUILES DE TOITURE. Les toîts des maisons romaines étaient formés de tuiles plates d'une grande dimension, plus longues que larges, munies de rebords sur deux côtés (pl. XXI, fig. 3) et de tuiles courbes semblables à nos faîtures (même pl., fig. 4). Les premières s'adaptaient les unes aux autres par leurs extrémités non bordées. Les secondes ne servaient qu'à lier ensemble, dans le sens de l'inclinaison du toît, les rangs parallèles des tuiles plates et à recouvrir les jointures qui existaient entr'eux, afin d'empêcher l'infiltration des eaux pluviales. Vous vous rendrez facilement compte, Messieurs, de cette disposition des toîts romains en examinant les pièces que je mets sous vos yeux et que j'ai recueillies moi-même aux environs de Vieux et de Bayeux. Vous voyez que les grandes tuiles à rebords s'engageaient les unes dans les autres (pl. XXI, fig. 5), et que pour cette raison, l'une de leurs extrémités est toujours plus étroite que l'autre. Vous y remarquez, près de l'extrémité la moins large, des entailles (pl. XXI, fig. 3 *bb*), qui servaient de point

---

vitro : novitium et hoc inventum. Agrippa certè in thermis, quas Romæ fecit, figlinis opus encausto pinxit : in reliquiis albaria adornavit. Non dubiè vitreas facturus cameras, si priùs inventum id fuisset. (*Plinii historia nat. Lib. XXXVI*. §. 64.

d'arrêt et empêchaient les tuiles de descendre trop bas les unes sur les autres (1).

Pour qu'il ne vous reste aucun doute sur la forme et l'aspect de cette partie des maisons romaines, je vous présente le dessin d'une toîture retrouvée intacte à Pompéi et gravée dans l'ouvrage de Mazois (pl. XXI, fig. 6).

Les toîts de nos maisons gallo-romaines étaient composés de tuiles absolument semblables et disposées de même (2). Ceux qui ont été retrouvés dans nos contrées montrent que les tuiles reposaient sur une couche assez épaisse de ciment ou d'argile, qui elle-même était supportée par une espèce de charpente. Voici l'intéressante description que m'a transmise M. Gaillard des débris de toîts que l'on a

---

(1) Les tuiles à rebord ne sont pas toutes de la même dimension ; j'en ai trouvé à Lillebonne ayant quatorze pouces de longueur sur huit pouces de largeur. A Magny près Bayeux elles avaient seize pouces sur dix ; ailleurs j'en ai vu de dix-huit pouces sur douze : la différence entre le bout le plus étroit et le bout le plus large est ordinairement d'un pouce et demi à deux pouces. J'ai remarqué dans les tuiles convexes une légère courbure et un élargissement sensible vers l'extrémité qui devait être posée en recouvrement sur le bout de la tuile suivante.

(2) Les grandes tuiles à rebords, quoique destinées aux toîts, ont été parfois employées dans les murs, sans doute lorsqu'on n'en avait pas d'autres de prêtes.

J'en ai vu un très grand nombre dans les murs d'un édifice romain découvert récemment au milieu d'une prairie, tout près

trouvés dans quelques salles des bains romains de Lillebonne :

« Les tuiles du toit des bains étaient de deux
« espèces, les unes plates, larges de 11 pouces,
« y compris les rebords, les autres convexes
« n'ayant que 5 pouces de large ; elles repo-
« posaient sur un *fastigium* ou comble d'ar-
« gile formant une espèce de plate-forme et
« composé de deux couches parallèles se liant
« l'une à l'autre. Des clous semblables aux
« nôtres attachaient les tuiles à ce *fastigium*,
« et les contenaient au moyen de leur tête ou
« de leur crochet.

« La charpente était d'une surprenante lé-
« gèreté, formée de grosses lattes croisées qui
« devaient reposer sur la corniche des murs,
« et dont l'existence était attestée par les em-
« preintes qu'elles avaient laissées dans l'ar-
« gile (1) et par les débris charbonnés que l'on
« en trouvait encore çà et là.

« L'argile avait été gâchée avec de la paille
« et des feuilles de roseau qui servaient à lui

et au Sud-Ouest de la ville de Tours : des exemples de cet emploi constatés en Angleterre sont aussi mentionnés dans l'*Archéologia britanique.*

(1) Il y a lieu de supposer que cette charpente était renforcée par des solives dont on n'a point retrouvé de traces.

« donner plus de solidité. Cette espèce de toit
« n'avait guère moins de trois pieds d'épaisseur,
« et l'on a lieu d'être surpris qu'une charpente
« aussi légère que celle dont il existe des traces
« ait suffi pour la supporter.

Les débris de tuiles à rebords ont résisté depuis quatorze siècles à l'action destructive des éléments et de la charrue ; on les retrouve répandus et enfouis en grand nombre dans presque tous les lieux où il a existé des constructions couvertes de cette manière; leur épaisseur et la présence du rebord que l'on remarque même sur des morceaux très-peu considérables, les caractérise suffisamment et les distingue des tuiles actuelles (1). En un mot, ces débris sont l'indice le meilleur dont on puisse se servir pour reconnaître les lieux anciennement habités.

Au milieu des terres labourées, la couleur rouge de ces fragments de terre cuite les fait distinguer sans difficulté et m'a souvent révélé

(1) Un caractère qui, dans nos contrées, est particulier aux briques et aux tuiles romaines, et qui peut encore servir à les faire reconnaître, c'est de présenter souvent des grains de sable quartzeux qui ont été introduits à dessein dans la pâte sans doute pour lui donner plus de solidité.

la présence de constructions romaines enfouies dans des lieux où je ne les aurais point cherchées.

POTERIES.

Les poteries les plus remarquables par leur forme, leur finesse et leur belle conservation, sont les poteries rouges couvertes d'un vernis brillant, de la nuance de la cire à cacheter, et souvent ornées de figures en relief. Elles se rencontrent en grande quantité dans tous les lieux qui ont eu quelqu'importance sous la domination romaine. Il est fort rare, il est vrai, de trouver des vases entiers ; mais on peut juger par les fragments de la forme et des dimensions des vases auxquels ils ont appartenu.

Les vases de poterie rouge dont j'ai remarqué les débris à Bordeaux, à Poitiers, à Tours, à Angers, à Saumur, à Beauvais, à Orléans, à Jublains, à Bayeux, etc., dans les collections de Paris, dans celle de la ville du Mans ; ceux qui ont été observés par d'autres en Alsace, en Auvergne, en Dauphiné, dans plus de cent localités que je pourrais citer, présentent à peu près les mêmes formes : ce sont des écuelles ou bols, des coupes à pieds, des compotiers, des petites tasses, des coquetiers, des plats ronds de différentes grandeurs, à rebords saillants, des assiettes, des soucoupes, etc., etc. (1).

Jamais je n'ai vu de vases de cette espèce affecter la forme de flacons ou de bouteilles à large ventre et à cou étroit, comme on en remarque si souvent dans les sépultures galloromaines, et que j'aurai soin de vous faire connaître.

On peut en conclure que la belle poterie rouge servait principalement pour la table. Le grand nombre de débris qu'on en trouve encore de nos jours, montre qu'elle était d'un usage fort répandu (2). Il faut admettre cependant que c'était une vaisselle de luxe. Pline faisant l'énumération de tous les produits que l'art a su tirer de la terre, nous apprend que non seulement les vases rouges servaient sur les tables, mais encore dans les sacrifices. « C'est

---

(1) Voir les différentes notices publiées sur ces découvertes dans les recueils de plusieurs académies.—Renseignements consignés dans l'ouvrage de Grivaud de la Vincelle.—Observations adressées à M. de Caumont par M. de Schweighauser, de l'Institut, etc.

(2) Martial dit qu'on peut refuser des invitations à des tables somptueuses quand on est en état de se faire servir de bonnes fèves à l'huile sur un plat de terre rouge :

Si spumet rubrâ conchis tibi pallida testâ
Lautorum cœnis sæpe negare potes.

« de vases de terre, dit-il (L. XXXV), qu'use
« la majorité de l'espèce humaine ; on cite la
« terre *de Samos comme excellente pour la
« vaisselle*, et aujourd'hui même, au sein de
« notre opulence, nous n'offrons les libations
« que dans de simples écuelles de terre (1). »

Pline ajoute que la poterie rouge avait d'abord été faite à Samos, mais qu'ensuite on en avait établi des fabriques dans toutes les parties de l'empire, et que de son temps des milliers de pièces étaient expédiées de tous côtés par les fabriques les plus renommées.

Les vases qui affectent la forme de nos bols sont les plus remarquables et toujours recouverts extérieurement d'ornements en relief qui représentent des personnages, des masques scéniques, des rinceaux, des guirlandes de feuillages, des animaux (lièvres, cerfs, lions, etc.), des chasses, des gladiateurs, etc., etc.

---

(1) Major quoque pars hominum terrenis utitur vasis.... In sacris quidem etiàm inter has opes hodiè non murhinis crystallinisve, sed fictilibus prolibatur simpuviis.

Plaute dit aussi que la poterie rouge servait aux sacrifices : « Ad rem divinam quibus opus est samiis vasis utitur. » On trouve la même idée exprimée par Cicéron dans un passage de son sixième livre, *de republicâ*.

Sur quelques vases on voit des bacchantes, des chars attelés de plusieurs chevaux, Apollon avec sa lyre, Diane avec son carquois sur l'épaule, son chien et son arc (Le Mans), des génies ailés, des satyres aux pieds de bouc, Mercure, Hercule, des femmes dans des postures lascives, et enfin la figure souvent répétée de Vénus.

La forme des vases est en général parfaitement correcte et fort élégante; l'intérieur est uni; on y remarque seulement quelques cercles concentriques formés au tour. Au fond du vase se trouve presque toujours le nom de l'ouvrier ou du fabricant (1), imprimé avec une espèce d'estampille ou de cachet.

Ces noms sont très-souvent au génitif; tantôt précédés ou suivis des lettres *o* ou *of*, pour *officina* ; comme ceux-ci : *of. Severi, Bassi of., o. Croci, Crassi o.*, ce qui veut dire que les vases sortent de l'officine ou de la fabrique de Severus, de Bassus, de Crocus, de Crassus, etc., etc.:

Tantôt suivis du mot *manu*, écrit en toutes lettres ou en abrégé, comme dans ces deux

---

(1) Les noms d'ouvriers se voient aussi, mais plus rarement sur les parois des vases à l'extérieur.

inscriptions : *Priscilli manu*, *Crispini m.* ; de la main de Priscillus, de Crispinus, etc., etc.

Beaucoup de vases portent aussi le nom de l'ouvrier au nominatif, souvent suivi d'une F ou de FE pour *fecit*, *Secundus f.*, *Montanus fe.*, ce qui dans l'un et l'autre cas signifie fait par Secundus, par Montanus, etc., etc. (1)

Dans quelques noms gravés sur les poteries découvertes au Mans par M. Daudin, on remarque des lettres grecques mélangées aux lettres latines, et quelques noms sont écrits en abrégé.

On pourrait supposer que certains noms n'indiquaient point la fabrique d'où sortait le vase, mais le lieu où la fabrique était établie, tel est le mot *Vapuso*, qui se trouve sur un des vases de ma collection. Grivaud de la Vincelle cite un fragment de poterie trouvé à Lyon, et sur lequel on lisait, *Cabillo*. Il croit que ce nom désignait une fabrique établie à Châlons.

Voici quelques noms de potiers pris au hasard parmi ceux qui ont été observés sur des débris de vases en terre rouge.

(1) Il serait possible aussi que quelques noms au nominatif fussent ceux des propriétaires des vases qui les avaient commandés.

Noms de potier au génitif précédés ou suivis du mot officina.	Localités où les poteries ont été trouvées.
OF SABINI	Magny (Calvados).
OF MONTANI	Angers.
OF SECVNDI	Ib.
O SEVERI	Le Mans.
O CRVI	Ib.
O FRONTI	Ib.
O ASTVI	Ib.
OF MODESTI	Ib.
O NIGRINI	Ib.
OF LABIONIS	Orléans.
OF IFIR	Ib.
OF AQVINII	Ib.
OF PAFRI	Bavay.
.. COMMVNI	Ib.
OF GERM (Germani)	Ib.
OF CELADI	Ib.
OF BAISI	Ib.
OF RVFIN (Rufini ou Rufinii)	Ib.
SOLINI OFI	Ib.
OF PRIM. (Primi)	Ib.
CRESTI O	Ib.
OF NIGRI	Ib.

Noms de potier au génitif suivis du mot manu.	
PRISCILLII MANV	Planches (Orne).
CRISPINI M	Jort (Calvados).
POMPEII M	Orléans.

Noms de potier au génitif suivis du mot manu.	Localités où les poteries ont été trouvées.
SCOTII M........	Orléans.
SECVNDINI M........	Bavay.
SANIANI M........	Ib.
DICMI MA........	Ib.
DONATI M........	Paris.

Noms de potier au nominatif (le mot fecit écrit en abrégé ou sous-entendu.)

SECVNDVS F........	Le Mans.
CRASSVS........	Ib.
SOLLVS F........	Ib.
SAVRANVS........	Ib.
RHVS FE........	Ib
TERTIOLVS F........	Ib.
MARTINVS........	Ib.
CAES F........	Orléans.
PAVO F........	Ib.
OMONVS........	Ib.
COMITIALIS FE........	Rheinzabern.
CRISTO F........	Ib.
ALIS FE........	Ib.
IRMVS FE........	Ib.
MARCELLVS FE........	Bavay.
MACRINVS........	Ib.
TOTTIVS........	Ib.
SENNIVS........	Ib.
VELOX FE........	Ib.

Noms de potier au nominatif (le mot fecit écrit en abrégé ou sous-entendu.	Localités où les poteries ont été trouvées.
SILVINVS F.	Bavay.
MACER F.	Ib.
PATRICIVS.	Ib.
AELIANVS.	Ib.
ACVBIA.	Ib.
ARSACVS.	Ib.
ASIATICVS.	Ib.
ATIMANVS.	Ib.
AVITVS.	Ib.
DOCILIS F.	Ib.
CRISPINA.	Ib.
LVPPA.	Ib.
FELIX F.	Ib.
BASSVS	Ib.
BRICVS.	Ib.
EVRVS.	Ib.
HABILIS.	Ib.
MARTIALIS.	Ib.
VICTOR.	Ib.
VIRILIS.	Ib.
FORMOSVS.	Paris.
COMICVS.	Ib.
MARIANVS.	Ib.
SABINVS.	Ib.
TRINONVS.	Ib.
DAVIVS.	Ib.

En parcourant cette liste, vous remarquerez, Messieurs, que la plupart des noms qui s'y trouvent ont une terminaison latine. Quelques noms étaient pourtant gaulois, tels que ceux-ci : *Divix, Vexivix, Biturix,* cités par Grivaud de la Vincelle, comme se trouvant sur des poteries découvertes à Paris (1).

Les vases que l'on peut comparer à nos bols ou à nos compotiers offrent trois formes principales.

Les uns présentent à peu près l'image d'une demi-sphère, ayant des bords assez élevés, comme celui que j'ai donné pl. XXIII, et qui se trouve dans le musée du Mans. Les vases de cette espèce ont été plus particulièrement que les autres ornés de personnages.

D'autres, à bords moins élevés (pl. XXIV, fig. 2-3), et d'une forme selon moi plus gracieuse que les premiers, sont plus ordinairement ornés de rinceaux et de guirlandes.

Les troisièmes se rapprochent beaucoup des précédents pour leurs dimensions ; mais ils offrent de plus un léger renflement, et leur forme me paraît plus élégante encore. Le

(1) Antiquités recueillies dans les jardins du palais du Luxembourg.

fragment dessiné, pl. XXV, est provenu d'un vase de cette espèce, et tous ceux que j'ai observés dans la collection du Mans m'ont paru remarquables par la régularité de leurs formes et la correction des dessins qui les couvrent.

La dimension la plus ordinaire des vases qui se rapportent aux trois formes précédentes est 7 à 8 pouces de diamètre sur trois pouces de hauteur. Le vase que vous voyez sur la pl. XXIII a 7 pouces 2 lignes de diamètre sur 2 pouces dix lignes de hauteur. Un autre vase presqu'entier, qui se trouve comme le premier dans la collection de la ville du Mans, a 6 pouces 8 lignes de diamètre sur 2 pouces 1/2 de profondeur et 3 pouces de hauteur, y compris le pied.

Le plus grand vase que j'aie remarqué au Mans est de forme hémisphérique. Il a 9 pouces deux lignes de diamètre sur 4 pouces 1/2 de profondeur. Il est possible que quelques vases dont je n'ai vu que le fond (1) dans les cabinets que j'ai visités aient eu des dimensions un peu plus grandes encore.

(1) Les fonds des vases ayant plus d'épaisseur que les bords ont résisté sans se briser aux différents chocs auxquels ils ont été soumis. On les retrouve assez souvent isolés des autres parties des vases qui ont été brisées en petits morceaux ou entièrement détruites.

Les poteries romaines, qui ne se trouvent guère qu'en fragments, ont offert peu d'intérêt aux personnes qui se laissent séduire par le charme des formes et la belle conservation des objets, plutôt que par l'importance des inductions qu'on peut en tirer pour l'histoire de l'art; elles n'ont encore été étudiées et décrites que par un petit nombre d'antiquaires.

Grivaud de la Vincelle est peut-être celui qui a donné les meilleures notions sur les poteries gallo-romaines et leur fabrication. Son ouvrage a paru en 1807 (1). Depuis cette époque, M. Artaud, de Lyon ; M. Schweighauser, de Strasbourg ; M. Jouannet, de Bordeaux ; M. Jollois, d'Orléans ; M. Niveauleau, de Valenciennes ; M. Daudin, du Mans et plusieurs autres antiquaires, ont fait beaucoup d'observations, qui malheureusement n'ont encore été publiées qu'en partie (2).

Il reste beaucoup à dire sur les poteries et sur leurs ornements ; l'examen approfondi

---

(1) *Antiquités recueillies dans les jardins du palais du sénat.* Avant cette époque Caylus avait décrit quelques poteries trouvées à Nîmes, à Bavay, etc. (*voir le tome II de son ouvrage et les planches* 118—119—120—121—103—104—105).

(2) Les cinquième et huitième volumes de l'Archéologie britannique renferment de bons mémoires sur les poteries romaines découvertes en Angleterre. Elles sont tout-à-fait semblables à celles que l'on trouve en France.

que l'on en fera sans doute par la suite devra produire des résultats importants. En effet, parmi les sujets représentés sur les poteries de la nature de celles que nous examinons, on en trouve un très-grand nombre qui ne se rencontrent point ordinairement sur les monuments romains. Il y a lieu de penser que la céramique avait pris en Gaule un caractère particulier ; l'école gauloise modifia, selon toute apparence, les traditions qu'elle avait reçues de l'école romaine ; elle dut imprimer à ses productions un caractère particulier, caractère qui ne se rencontre pas seulement dans les poteries, mais dans les ouvrages ciselés, dans les vases d'argent et de bronze, et dans une multitude d'objets de l'époque romaine, qui n'ont pas été étudiés sous ce rapport autant qu'ils méritent de l'être. M. Le Prévost, M. Ch. Le Normant et M. Ludovic Vitet pensent qu'il existait en Gaule une école des arts, du dessin qui fut très-florissante depuis l'époque des douze Césars jusqu'à celle de Tétricus. L'étude approfondie des poteries romaines devra jeter quelque lumière sur cette école, indépendante de l'Italie, dont l'existence n'a été entrevue que depuis quelques années.

Déjà l'on a publié quelques planches représentant des poteries romaines, dans des recueils que vous pourrez consulter. Vous verrez aussi un grand nombre de ces poteries dans presque tous les cabinets d'antiquités publics ou particuliers ; je vais donc me borner à vous présenter quelques-unes des planches que j'ai données dans l'essai descriptif, sur les poteries découvertes au Mans en 1809, et les dessins de deux vases découverts à Orléans par M. Jollois.

Le vase brité pl. XXIII, qui fait partie de la collection du Mans, est figuré de grandeur naturelle. Vous y remarquez une frise ornée d'un rang d'oves séparés les uns des autres par un cordon pendant et terminé d'un gland, genre de moulure qui est extrêmement commun sur les poteries. Au dessous est un enchaînement de chevrons brisés, figurant une espèce de guirlande entre deux rangs de perles qui ne sont pas conduits très-droit. (Voyez la pl. XXIII.)

Plus bas se trouve un amour encadré dans un médaillon circulaire qui est répété alternativement sur le contour du vase, avec un faisceau de tiges, formant une figure que vous retrouverez très-fréquemment sur les poteries.

Le vase n°. 1, pl. XXIV, que j'emprunte à la belle collection de M. Jollois (1), a été décrit de la manière suivante par cet habile antiquaire : « Le système de décoration de ce vase,
« dit-il, consiste en huit compartiments limités
« par des lignes de perles distribuées sur sa
« surface et par des espèces de termes. Ces fi-
« gures représentent des femmes, probable-
« ment quelques divinités de la fable. De chaque
« côté de leur tête sont disposées des espèces
« d'ailes. Deux lignes de perles partagent diago-
« nalement chaque compartiment. Dans l'angle
« supérieur qu'elles forment, se trouve une
« guirlande de feuilles au milieu de laquelle
« est un oiseau à long cou ou un animal qua-
« drupède. Au-dessous de la guirlande on voit
« un calice de fleurs tout-à-fait pareil à celui
« du *lotus*. De chaque côté de cette même guir-
« lande et à la partie supérieure sont deux co-
« rolles à quatre pétales. Dans les angles de
« côté, formés par les deux diagonales, on voit
« des oiseaux aux ailes déployées, perchés sur
« des enroulements de tiges de plantes. L'angle
« inférieur des deux diagonales est rempli
« par une fleur de lotus surmontée d'un disque

(1) Voyez la planche huitième de cette collection.

« ou d'une boule, et de chaque côté de laquelle
« sont deux oiseaux dont il est difficile d'assi-
« gner l'espèce. »

Ce vase est réduit à moitié de sa grandeur naturelle dans le dessein que j'ai l'honneur de vous présenter.

La partie supérieure de la frise du vase n°. 2 (meme planche), trouvé à Orléans, est richement décorée d'un enroulement de fleurs, de feuilles et de tiges de plantes au-dessus et au-dessous desquelles est un rang de perles. Le cul du vase offre des espèces de canelures d'une grande richesse et que j'ai observées sur beaucoup d'autres pièces, notamment sur quelques-unes de celles que l'on a découvertes au Mans, et à Jort (Calvados).

Le vase n°. 5. pl. XXIV, vient de Jort et fait partie de ma collection; sa forme est très-élégante et sa décoration fort riche produit le meilleur effet; le plus grand diamètre de ce vase est de 7 pouces, sa profondeur de 2 p. 1/2.

Les vases en terre rouge, de l'espèce figurée n°. 4, pl. XXIV, ont été trouvées en très-grand nombre au Mans et presque partout où l'on a recueilli des poteries, aussi bien que les petits vases semblables au n°. 5, que M. Daudin regarde comme des coquetiers (1), mais qui pourraient bien aussi avoir été des salières.

Les bords de ces vases sont ornés de feuilles dont quelques-unes à peine saillantes ont été formées avec le pinceau au moyen d'une goutte du liquide qui tenait en dissolution la matière de la couverte.

Le fragment pl. XXIV, n°. 6, que j'ai tiré de la collection publique du Mans, est remarquable par ses palmes, ses rinceaux et surtout par ses deux gladiateurs munis de plastrons, qui devaient être répétés six fois sur le vase entier (2). Les salamandres placées au-dessous de ces gladiateurs se voient assez souvent sur les monuments antiques.

Le morceau figuré de grandeur naturelle, pl. XXV, provient aussi de la collection publique du Mans. Les rinceaux, d'une grande pureté de dessin, qui ornent la frise, les deux rangs de perles, la guirlande et les triglyphes qui se

---

(1) Essai sur les poteries romaines trouvées au Mans en 1809. Première livraison publiée à Caen en 1829.

(2) J'ai retrouvé les mêmes figures sur un fragment de poterie déposé au musée de Poitiers.

trouvent plus bas, sont du meilleur goût. Ce fragment est un des plus remarquables que j'aie vus au Mans, tant par la pureté de sa forme que par l'éclat de son vernis et la finesse de la terre qui le compose.

Le fragment pl. XXVI appartenait aussi à un vase très-bien traité et d'une forme très-gracieuse. La frise est ornée de rosaces, de guirlandes et de fleurs élégamment jetées. Plus bas on remarque d'autres guirlandes et différents ornements qui alternent avec des quadrupèdes ailés, encadrés dans des médaillons. Ce morceau, d'une terre jaunâtre, dans laquelle on remarque des paillettes de mica, n'a pas l'éclat du précédent et la couverte en est d'un rouge très-pâle.

On n'a retrouvé que deux morceaux du vase figuré sur la pl. XXVII, mais ces fragments ont suffi pour en indiquer complètement la forme, qui était celle d'une espèce de coupe (voir la restitution faite au trait); plusieurs autres fragments ayant appartenu à des vases de même espèce, mais d'un diamètre un peu moins considérable, ont été découverts au Mans:

ils s'y sont rencontrés bien plus rarement que les débris de coupes hémisphériques.

La décoration principale de ce vase consiste dans une draperie formée par une guirlande de feuillage, des extrémités de laquelle sortent deux glands et des tiges, qui descendent jusqu'au bas du vase, se relèvent verticalement et se terminent par une espèce de fleur que l'on trouve assez souvent sur les poteries. Au centre de la draperie, qui devait être répétée trois fois sur le vase entier (1), se voit d'abord un oiseau becquetant l'un des glands dont j'ai parlé, puis un autre oiseau, les ailes éployées, encadré au milieu d'un cercle. Au-dessous de la draperie sont deux lièvres, animal très-fréquemment représenté sur les poteries gallo-romaines (2).

Je suis forcé de terminer ici la description des dessins et des échantillons de poteries fines que j'ai mis sous vos yeux (*); je passe

---

(1) Des bandes verticales bordées par une espèce de filet cordelé et dont le centre était orné de feuilles d'eau séparaient les trois draperies les unes des autres.

(2) Le lièvre était l'emblême de la vigilance.

(*) M. de Caumont avait présenté à ses auditeurs un très-grand nombre de poteries en nature et plus de 200 figures représentant des vases entiers ou brisés.

aux procédés suivis pour la fabrication des vases de cette espèce.

Ces vases étaient formés dans des moules portant en creux l'empreinte des ornements qui devaient être imprimés en relief sur leurs contours.

Les moules qui ont été trouvés à Rheinzabern, à Arles, à Nîmes, à Nancy, à Lyon, à Bordeaux (1), et dans beaucoup d'autres localités où il a existé des fabriques de poterie, étaient faits en terre cuite rougeâtre, d'un grain assez fin et sans couverte.

Quelques-uns étaient d'une seule pièce, et le vase qu'on y moulait ne pouvait être extrait qu'après la retraite de la terre, c'est-à-dire après la diminution de volume opérée par la dessication de l'argile, et qui permettait aux reliefs de sortir des creux du moule.

Mais la plupart ont dû être de deux

(1) Des fragments de moules ont été découverts et réunis en grand nombre par M. Schweighauser de Strasbourg et par M. Artaud de Lyon. M. Jouannet de Bordeaux en possède plusieurs dans son cabinet. On en voit quelques morceaux dans la belle collection de poteries formée à Sèvres par les soins de M. Brongniart, membre de l'Institut. — M. Artaud a formé dans les moules antiques qu'il possède, des vases tout-à-fait semblables quant aux formes et aux ornemens (et sauf la couverte) à ceux que nous trouvons parmi les ruines de nos établissements romains.

ou de plusieurs pièces. Il eût été impossible de former, dans des moules d'un seul morceau, des vases à renflements semblables à ceux dont vous voyez des fragments pl. XXV et XXVI. On reconnaît d'ailleurs, sur quelques vases, de petites nervures ou côtes indiquant le point de jonction des pièces du moule et qui n'ont pas été complètement effacées.

Probablement on imprimait les figures qui devaient se trouver en creux dans les moules, au moyen d'estampilles ou de poinçons en relief, de sorte qu'un seul artiste pouvait, comme le fait observer M. Schweighauser (1), fournir tous les potiers ou fabricants d'un pays et même ceux de plusieurs contrées.

Grivaud de la Vincelle pensait aussi qu'on employait des types ou patrons avec lesquels on imprimait en creux divers sujets dans les moules que l'on faisait cuire ensuite. Il croyait que ces modèles étaient façonnés dans certaines villes ainsi que les moules, d'où on les transportait dans diverses parties de l'empire. Effectivement, il n'est pas probable qu'il y eût

---

(1) Seconde lettre adressée à M. de Caumont sur la fabrication des poteries romaines par M. Schweighauser, correspondant de l'Institut.

partout où s'établissaient des fabriques de poterie, des artistes capables de composer et d'exécuter des dessins aussi variés que ceux qui se voient sur les vases, et d'ailleurs les mêmes ornements et les mêmes sujets se trouvent répétés sur des poteries découvertes à de très-grandes distances les unes des autres.

Le brillant des poteries rouges est dû à une couverte que l'on appliquait sur le vase lorsqu'il était sec, et qui se durcissait au four en même temps que le vase lui-même; cette couverte n'est point métallique. M. Rever pense qu'elle était préparée avec une terre plus fine que celle des vases, puis étendue au pinceau (1).

L'opinion de M. Rever avait déjà été énoncée par plusieurs antiquaires, notamment par M. Daudin, qui croit même avoir retrouvé la couverte antique dans une matière rouge pulvérulente recueillie au Mans parmi des débris de vases. Cependant il reste encore sur cette couverte une obscurité que M. Artaud, correspondant de l'Institut, à Lyon, fera sans doute disparaître lorsqu'il publiera le résul-

---

(1) Observations sur les poteries trouvées au Mans en 1809, adressées à MM. Le Prévost et de Caumont par M. Rever, correspondant de l'Institut. Manuscrit de 20 pages.

tat de ses recherches sur la céramique gallo-romaine.

Toutes les pièces ne sont pas d'une égale beauté, soit pour l'éclat du vernis, soit pour la finesse du grain, les nuances et la densité de la pâte.

Les ornements et les dessins y présentent aussi plus ou moins de perfection.

Dans beaucoup de morceaux ils ont perdu une partie de leur relief, soit qu'en séchant ils n'aient point gardé parfaitement l'empreinte qu'ils avaient reçue, soit qu'ils n'eussent pas exactement rempli les creux du moule. Beaucoup de sculptures m'ont paru avoir été applaties par l'effet de quelque pression exercée avant le dessèchement complet du vase. Sur quelques pièces on a voulu remédier à ce défaut de relief en relevant les ornements avec un outil, et en traçant autour d'eux une rainure, aux dépens de l'épaisseur du vase.

Les parties non couvertes de reliefs, tels que les bords, ont aussi été retouchées après le dessèchement de la terre, et rectifiées au tour. J'en ai acquis la preuve en examinant plusieurs vases sur lesquels on voit que l'instrument dont on s'est servi a rogné les ornements, sans doute à cause du dérangement de la main de l'artiste.

C'est pour cette raison que les intervalles compris entre les figures en relief, et qui n'ont pu être polis comme les autres parties, après le desséchement des vases, ne sont presque jamais aussi lisses et n'ont pas autant de brillant qu'elles.

J'ai toujours pensé que les belles terres rouges d'une teinte si uniforme dans les poteries que l'on découvre par toute la France, en Angleterre et ailleurs, avaient été mélangées et broyées avec une matière rouge pulvérisée, avant de former les vases, et c'est avec plaisir que j'ai vu cette opinion partagée par plusieurs antiquaires de mérite, notamment par M. Jollois. Ce savant, qui a fait d'excellentes observations sur les poteries découvertes à Orléans, où il suppose qu'il a existé une fabrique, est convaincu qu'un principe colorant (probablement l'oxide de fer), était introduit dans les terres employées à la confection des vases.

D'un autre côté, j'ai acquis la preuve que l'on s'est souvent servi de terres d'un rouge pâle, et même d'argiles blanches qui n'ont reçu aucune couleur artificielle.

La diversité des terres employées à la fabrication de la poterie mérite une attention particulière. Dans le grand nombre de morceaux que j'ai examinés, il m'a paru que la nature et la couleur de la terre ont influé sur la teinte et le brillant de la couverte.

Ainsi les plus beaux morceaux de couleur cire à cacheter sont d'une terre extrêmement compacte et homogène, dont la nuance, probablement artificielle, se rapproche beaucoup de celle du vernis. Celui-ci paraît si bien fixé sur les parois des vases qu'on serait tenté de l'attribuer, vu son épaisseur excessivement mince, à une vitrification de la terre elle-même.

Au contraire, tous ceux dont la couverte est rouge-pâle (et il y en a beaucoup), sont faits d'une terre de cette couleur; de sorte que, d'après la nuance de la couverte, on peut juger de la nature de la pâte qui a servi à former les fragments.

Cependant, j'ai trouvé des vases d'un rouge assez foncé dont la pâte était d'un rouge très-pâle et quelquefois blanchâtre, mais alors la couverte m'a paru plus épaisse; elle est souvent fendillée et n'a pas le brillant qu'on remarque sur les autres pièces.

Une observation que je n'ai vue consignée nulle part, c'est le changement qu'une chaleur élevée fait subir à la couleur de la poterie : tous les échantillons, au nombre de plus de 200, que j'ai soumis à l'action du feu, ont pris une teinte lie de vin très-foncée, sans perdre leur éclat. Cette couleur a diminué d'intensité à mesure que le refroidissement s'est opéré ; les vases ont repris leur teinte naturelle, après leur retour à la température ordinaire.

Les fabriques de poteries rouges ont été beaucoup plus répandues dans les Gaules qu'on ne l'avait d'abord pensé ; des moules brisés, des morceaux de terre préparée et même des fours qui avaient servi à la cuisson des pièces, ont révélé déjà l'existence de ces établissements dans beaucoup d'endroits (1). Malheureusement ces découvertes ont été à peine connues des antiquaires, et n'ont donné lieu de leur part qu'à un très-petit nombre d'observations.

On trouva, il y a trente ans, dans le voisinage de Nancy, une très-grande quantité de

---

(1) Il est probable que quelques fabriques n'ont été établies que momentanément dans certaines localités et qu'elles ont été transportées ailleurs lorsque le pays a été approvisionné de leurs produits.

vases en terre rouge, avec quelques moules, des morceaux d'argile préparée portant l'empreinte des doigts qui l'avaient pétrie, et des roues en terre cuite, percées au centre pour recevoir l'axe d'un tour, et munies à la circonférence de chevilles pour donner prise à la main chargée d'imprimer à ce plateau un mouvement de rotation.

Des indices d'anciennes manufactures ont aussi été observés à Paris, à Nîmes, à Lyon, aux environs de Clermont, à Bordeaux et dans beaucoup d'autres localités moins importantes. M. Schweighauser a reconnu les vestiges de trois fabriques de poteries dans les contrées voisines de Strasbourg.

La plus importante des trois était à Rheinzabern, petit bourg de la Bavière rhénane, situé à quelques lieues de Lauterbourg, place frontière de France, et qui a succédé à la station romaine désignée sous le nom de *Tabernæ* sur la carte de Peutinger. Cette intéressante localité où l'on avait trouvé, à différentes époques, beaucoup de monuments romains, notamment des bas-reliefs assez remarquables, a fourni, pour la collection de M. Schweighauser, plusieurs vases entiers en terre rouge, ornés de figures en relief, environ 300 fragments de poterie de même espèce, cinq moules complets et près de 200 morceaux d'autres moules avec des figures en creux (1).

Les débris de deux fours à poteries ont été observés par le même savant à Heiligenberg, village situé à une lieue de Mutzig près de Strasbourg, et où existait aussi une ancienne fabrique.

« L'un des deux fours que j'ai examinés
« à Heiligenberg (veut bien m'écrire M.
« Schweighauser), était presqu'entièrement
« détruit, et l'on ne voyait plus qu'une ma-
« çonnerie semi-circulaire partagée du côté
« concave en plusieurs compartiments tenant
« à une allée longitudinale. Celle-ci paraissait
« destinée à recevoir le combustible; les com-
« partiments transversaux, perpendiculaires au
« diamètre du four, paraissaient devoir recueillir
« la chaleur, et à leur extrémité la convexité
« du demi-cercle était environnée de tuyaux
« en terre cuite, hauts d'à peu près un pied

(1) Première lettre adressée à M. de Caumont sur les poteries romaines, par M. Schweighauser, correspondant de l'Institut. M. Schweighauser a consigné dans cette lettre des observations fort intéressantes concernant les figures représentées sur les vases de Rheinzabern.

« et ayant à l'intérieur deux ou trois pouces
« de diamètre, qui conduisaient probable-
« ment la chaleur dans une chambre supé-
« rieure où cuisaient les vases.

« Quant à l'autre four, toute la partie infé-
« rieure, y compris le plancher sur lequel,
« sans doute, on disposait les vases pendant
« la cuisson et qui formait le toît ou plafond
« de cette partie inférieure, était conservée;
« elle se présentait sous la forme d'un cylindre
« de 12 pieds de diamètre et d'environ 5 pieds
« de haut. A l'intérieur on observait une
« galerie diamétrale dans laquelle on pouvait
« entrer en se baissant un peu. De cette galerie
« il partait, des deux côtés, d'autres galeries
« perpendiculaires à la précédente. Au dessus
« de ces galeries transversales le plafond ou
« plancher qui avait de deux à trois pieds
« d'épaisseur était traversé par plusieurs ran-
« gées de trous surmontés de tuyaux de cha-
« leur semblables à ceux dont je viens de parler;
« et à la périphérie supérieure, le haut de
« toutes ces galeries aboutissait à un conduit
« circulaire autour duquel étaient pareillement
« placés des tuyaux de chaleur, qui se tou-
« chaient et formaient comme un collier au-
« dessus de cette périphérie.

« On voyait aussi la naissance d'une voûte
« qui sans doute recouvrait l'espace où l'on
« mettait les vases pendant la cuisson. »

Je termine ici, Messieurs, ce qui concerne les
vases rouges ornés de figures et qui me paraissent les plus intéressants ; je vais rapidement indiquer les autres espèces de poterie
que j'ai observées.

Poterie noire. Les poteries noires sont
plus rares que les rouges, mais on les rencontre
souvent avec elles ; elles sont revêtues d'un
beau vernis couleur d'ébène et la pâte un peu
moins compacte que celle de la poterie rouge
est grise, blanchâtre, quelquefois rougeâtre.

Les vases noirs ne sont pas ordinairement
ornés de moulures, cependant j'en ai vu
quelques-uns qui offraient des ornements
analogues à ceux des poteries rouges et qui
évidemment avaient été moulés de la même
manière.

Poterie bronzée. J'ai trouvé dans plusieurs
localités de petits vases très-légers, d'une terre
rouge ou jaunâtre, mêlée de grains de quartz,

couverts d'un vernis irisé très-mince qui m'a paru métallique (1). Un très-petit nombre de débris de vases, ornés de figures en relief et formés dans des moules, m'ont offert la même couverte au cabinet de la ville du Mans, et je crois, à Angers, dans la collection de M. Grille.

POTERIE MICACÉE. Une autre poterie qui imite la couleur bronzée, mais qui est bien différente de celle que je viens de mentionner présente une pâte grise remplie à dessein de petits grains de sable quartzeux, et sur la surface extérieure de laquelle on a appliqué des paillettes de mica pour lui donner une couleur bronzée ou cuivrée. Ce n'est pas sans étonnement que j'ai observé sur des morceaux déposés dans les musées de Tours et d'Orléans, cette couverte d'un nouveau genre qui devait, dans l'origine, produire un effet assez remarquable (2).

(1) M. Girardin, professeur de chimie à Rouen, se propose de faire l'analyse de ces poteries.

(2) On ne peut douter que le mica n'ait été appliqué avec soin après le moulage des vases; car la terre qui les forme n'en contient point, et il est facile de dépouiller la poterie de son brillant, en enlevant les paillettes de mica avec un instrument.

Poterie rouge et grise sans couverte. Ces poteries, assez légères et souvent travaillées avec soin, sont formées de terres fines dans lesquelles on a fait entrer des grains de sable; elles sont parfois ornées de guillochis et de filets. J'ai trouvé des assiettes, des plats, des bouteilles et des vases de différentes formes de ces deux espèces de poterie dans tous les lieux où j'ai remarqué des traces d'habitations romaines.

Poteries grossières. Les amphores, les grands vases d'un usage habituel, tels que les terrines, les plats, jattes, cruches, bouteilles, etc., etc., ont été fabriqués avec une terre rouge, jaune, ou grise, peu différente de celle que je viens de mentionner, mais préparée avec moins de soin et toujours remplie à dessein de sable et de petits cailloux.

Les amphores (pl. XXVIII, fig. 1-2) étaient, comme vous le savez, de très-grands vases munis de deux anses, terminés par une base fort étroite et parfois pointue, qui ne pouvaient se tenir debout sans être engagés dans la terre et qui servaient à renfermer l'eau, le vin, l'huile et les autres liquides nécessaires à la vie (1). On en rencontre très-souvent de brisées ; il y en a d'entières dans les cabinets de Caen, du Mans, d'Orléans, d'Evreux, de Paris, etc., etc. Elles sont ordinairement faites en terre rouge ou jaunâtre ; je n'en ai point vu en terre grise.

Les vases figurés (pl. XXVIII, fig. 3-4), tantôt en terre rougeâtre, tantôt en terre grise, ressemblent beaucoup à ceux dont on se sert encore aujourd'hui et que l'on nomme *terrines* ; ils se rencontrent dans nos campagnes du Calvados partout où l'on trouve des tuiles et des vestiges d'habitations romaines.

---

(1) La mesure de capacité dont les écrivains romains font le plus souvent mention, est l'amphore (AMPHORA) : ils l'appelaient aussi QUADRANTAL, ou CADUS, et les Grecs *metreta* ou *ceremium* ; cette mesure contenait 2 *urnœ*, 3 *modii*, 8 *congii*, 48 *sextarii*, ou sextiers, et 96 *heminœ*, ou *cotylœ* ; mais l'amphore attique contenait 2 *urnœ* et 72 *sextarii*.

L'amphore romaine équivalait à près de 36 litres ; le poids de l'eau de pluie qu'elle contenait peut être évalué à 54 livres.

Un *sextarius*, sextier, contenait 2 *herminœ*, 4 *quartarii*, 8 *acetabula*, et 12 *cyathi*. Toutes ces dénominations indiquaient la division de l'as romain ; ainsi les coupes (vel *calices*) étaient appelées *sextantes*, *quadrantes*, *trientes*, selon le nombre de *cyathi* qu'elles contenaient.

Un *cyathus* était la mesure de la liqueur qu'on pouvait avaler aisément d'un seul trait. Il contenait 4 *ligulœ* vel *lingulœ*, ou *cochlearia*, cuillerées, *Columell.* XII. 21. — *Plin.* XX. 5. — *Martial.* XIV. 120.

(*Voyez* antiquités romaines par *A. Adam*, recteur du grand collége d'Edimbourg.)

J'ai aussi remarqué assez fréquemment (Jort, Orléans, Clinchamps, etc., etc.) des vases portés sur trois pieds, semblables à celui que vous voyez (pl. XXVIII, fig. 5). Ces espèces de marmites sont presque toujours en terre grise ; j'en ai vu qui avaient 15 pouces de diamètre et 7 pouces de hauteur : d'autres ne présentaient qu'un diamètre de 9 pouces sur une hauteur de 4 à 5 pouces.

MOULINS.

Les moulins en usage sous la domination romaine se composaient de deux meules d'une petite dimension dont une convexe (pl. XXX, fig. 1) s'emboitait dans l'autre qui était concave (fig. 2). La meule supérieure tournait sur un axe de fer dont le piveau était fixé dans la meule gisante ou inférieure. Pour mettre la meule supérieure en mouvement on introduisait dans un trou pratiqué latéralement un levier de fer ou de bois, à l'aide duquel on la faisait tourner sur la meule inférieure qui restait immobile, et le grain se trouvait écrasé entre les deux meules.

Ces moulins étaient si peu coûteux que chaque maison pouvait avoir le sien ; aussi en ai-je trouvé presque partout où j'ai remarqué des vestiges d'habitations.

Les meules ont été faites suivant les lieux avec des pierres dures, de nature différente. Celles que l'on a trouvées dans les arrondissements de Caen, Vire, Falaise, Bayeux, Domfront, etc., etc., étaient pour la plupart en granite ; dans l'Eure, la Seine-Inférieure, les environs de Lisieux, etc., etc, elles sont de grès ou de poudingue (1). Dans le Cotentin on a employé l'arkose ; enfin dans le Poitou, le Limousin, l'Orléanais et quelques autres parties de la France, on s'est servi de lave d'Auvergne.

La figure 3, planche XXX, présente les deux meules d'un moulin trouvé au Vieil-Evreux et déposé, par M. Rever, dans le musée de la société. Son diamètre est de 10 pouces et sa hauteur de 5.

La figure 4, même planche, représente un autre moulin semblable découvert par M. Jollois et déposé dans le musée d'Orléans où je l'ai dessiné. Le diamètre de ce moulin est de 18 pouces. Appliquées l'une sur l'autre les deux meules ont 6 pouces 1/2 de hauteur. La meule supérieure a la forme d'un cône

---

(1) Ces roches recouvrent la craie et se trouvent sur plusieurs points dans cette partie de la Normandie.

creux qui s'adapte au cône convexe de la meule inférieure. Le dessus de la meule supérieure est un peu concave et forme ainsi une sorte de trémie. Elle est percée de part en part (pl. XXX, fig. 5 *a*), pour laisser passer le grain et pour recevoir l'armature en fer qui tenait les meules à distance.

j'ai figuré (pl. XXX, n°. 6) la coupe d'un moulin à bras trouvé à Pompeï, dont les meules sont beaucoup plus épaisses que celles des moulins que je viens de citer, mais dont le mécanisme est le même. Il a été gravé dans l'ouvrage de Mazois.

FIGURINES EN TERRE CUITE. Les petites statues en terre cuite blanchâtre accompagnent, assez souvent, les débris qui signalent l'emplacement des constructions gallo-romaines.

On rencontre surtout fréquemment la figure de Vénus Anadyomène (pl. XXX, fig. 7), et ces statuettes se ressemblent si bien toutes, qu'elles paraîtraient avoir été faites dans le même moule; elles sont complètement nues, la tête garnie d'une chevelure bien fournie. De la main droite elles tiennent leurs cheveux; de la main gauche elles soutiennent une draperie. Un socle circulaire, ou piédouche, sert assez souvent de base à ces petites statues dont la hauteur n'excède guère 8 pouces.

Les figurines que j'ai rencontrées le plus souvent après les Vénus représentent une femme assise dans un fauteuil en nattes d'osier et allaitant un ou deux enfants (pl. XXX, fig. 8), que MM. Rever et Langlois regardent comme l'image de Latone et d'autres comme celle de Lucine (1). M. Rever pense que ces figures étaient des *ex-voto*, soit pour les femmes désirant obtenir un heureux accouchement, ou reconnaissantes de ce qu'elles l'avaient obtenu, soit pour des mères qui allaitaient leurs enfants et qui offraient ces *ex-voto* à la déesse invoquée par elles dans cette circonstance.

L'image de Mercure se rencontre aussi assez souvent parmi les statuettes en terre cuite.

Les figurines représentant des divinités étaient probablement placées près du foyer, comme les images en plâtre de la Ste.-Vierge et des Saints le sont encore de nos jours sur les cheminées des habitants de la campagne.

Plusieurs statuettes de Vénus, de Lucine et

---

(1) Latone passait pour accorder des services aux mères et aux nourrices, et Lucine présidait aux accouchements.

de Mercure, observées dans des localités fort éloignées les unes des autres, ont une teinte enfumée qui semble indiquer un long séjour, près du foyer domestique, et qui m'a rappelé l'épithète de *Fumosæ*, donnée par les anciens aux images des dieux placées dans l'atrium de leurs maisons (1).

Mais toutes les figurines antiques que l'on rencontre n'étaient pas destinées à reproduire l'image des divinités; on moulait, comme on le fait de nos jours, un grand nombre de sujets profanes, de caricatures, de jouets d'enfant, etc. Parmi ces derniers on peut citer des figures d'oiseaux, de bélier, de chevaux, etc., etc., et ces hochets qui ont été trouvés dans tant de localités diverses et qui se composent d'un petit globe en terre cuite renfermant des cailloux libres et produisant l'effet d'un grelot.

Les figurines en terre cuite étaient formées de deux demi-bosses empreintes dans des moules de deux pièces; elles étaient ensuite

(1) Cic. Pis. 1.—Juvénal. VIII.—M. Galeron a recueilli dernièrement à Planches une figurine de Vénus, dont le devant avait une couleur brune et enfumée, tandis que le dos était plus blanc, comme si cette statuette eût été adossée à quelque muraille ou à tout autre objet qui l'eût préservée d'un côté.

réunies et raccordées au moyen du collage des bords(1). Quelques-unes ont été recouvertes de peintures ; il existe dans le musée de Tours une figurine fort singulière trouvée à Soing en Sologne et représentant un personnage grotesque ayant sur les épaules un manteau dont les plis conservent des traces manifestes d'une couleur rougeâtre appliquée au pinceau.

En songeant au débit que devaient trouver les fabricants de figurines à cause de la modicité prix de ces objets, on ne doit pas être surpris d'en rencontrer si souvent dans les lieux où il existe des vestiges de constructions même peu importantes. Ainsi j'en ai vu dans presque toutes les collections (Tours, Saumur, Poitiers, Bordeaux, Saintes, Angers, Evreux etc.). La Vénus et la Lucine, figurées planche XXX, ont été trouvées sur 30 à 40 points de la Haute et de la Basse-Normandie.

La découverte la plus importante de figurines qui ait eu lieu, à ma connaissance, tant pour le nombre que pour la variété des objets, est

---

(1) Description des figurines antiques découvertes en 1825, dans la forêt d'Evreux, par M. Rever, correspondant de l'Institut. Après ce raccordement on perçait un évent dans un endroit peu visible, pour donner issue à l'air intérieur, de peur qu'il ne causât des ruptures et la perte des pièces en se dilatant au feu.

celle qui fut faite à Baux (Eure), en 1825, et dont M. Rever a rendu compte dans les mémoires de la société des Antiquaires de Normandie (vol. III. e.). On découvrit dans cette commune, au fond d'une mare qui, de mémoire d'homme, n'avait jamais tari, environ 200 figurines en terre cuite, disposées côte à côte et par rangs, dans une cavité revêtue de briques et recouverte de grosses pierres. M. Rever ne doute pas qu'il n'ait existé, au moins momentanément, dans cette localité, une fabrique de figurines.

Ce serait ici le lieu, Messieurs, de décrire les figurines en bronze et les nombreux instruments antiques en métal, découverts en France et déposés dans les collections. Mais il ne faut pas oublier que je ne veux signaler ici que les objets répandus le plus abondamment partout où il a existé des habitations gallo-romaines, même assez pauvres, et dont la présence peut nous aider dans l'étude de la géographie ancienne, ou, si je puis parler ainsi, de la statistique de nos contrées sous la domination romaine. Ainsi j'ai seulement figuré, sur la planche XXX, quelques-uns des ustensiles de bronze qui ont été d'un usage très-répandu et qui se trouvent partout.

Les objets en métal et les restes les plus précieux de l'antiquité ont d'ailleurs été si bien décrits par Caylus, Monfaucon, Grivaud de la Vincelle, Winckelman, dom Martin et plusieurs autres auteurs que je ne pourrais que répéter ce qu'ils en ont dit.

Par la même raison, Messieurs, je ne dois point vous parler des médailles romaines dont l'étude, si utile et si importante, demanderait bien plus de temps que nous ne pourrions y en consacrer. La numismatique est une science faite, exposée dans des ouvrages généralement estimés. C'est en méditant ces ouvrages que vous acquerrerez la connaissance des médailles antiques que nous trouvons répandues à profusion dans un si grand nombre de localités.

CHAPITRE VI.

Utilité des recherches au moyen desquelles on peut déterminer la position des lieux habités sous la domination romaine.— Indication de quelques localités des départements du Calvados, de l'Eure et de l'Orne, qui ont offert des vestiges de constructions antiques.— Faits généraux résultant de l'examen comparatif des débris observés dans ces trois départements et dans un très-grand nombre d'autres contrées de la France occidentale.

Guidés par la présence des objets et des débris de murailles dont je viens de vous faire connaître les caractères, il vous sera facile de constater des *positions romaines*, jusqu'ici demeurées inaperçues, et de faire pratiquer des fouilles qui seront toujours utiles et intéressantes.

Pour nous qui voulons connaître à fond l'histoire du pays, il ne suffit pas de fixer l'emplacement des villes anciennes, il faut encore rechercher les lieux qu'ont occupés les bourgades et les établissements ruraux de quelqu'importance durant les premiers siècles de notre ère. Les fouilles que je vous recommande sont d'ailleurs peu dispendieuses, car les constructions antiques se rencontrent habituellement à une si faible profondeur que bien souvent les moissons jaunissent de bonne heure au-dessus de ces constructions, qui ne sont recouvertes que d'une légère couche de terre végétale, et qu'elles dessinent, dans quelques localités, la direction des murailles souterraines, aux approches de la récolte.

Lorsque vous commencerez des fouilles, il sera bon de vous enquérir des observations qui auront été faites par les laboureurs dans les lieux où la présence des tuiles, des poteries ou des médailles, aura fixé votre attention.

J'ai toujours obtenu des renseignements aussi intéressants que précis des cultivateurs sur la propriété desquels il existe d'antiques constructions. Plusieurs d'entr'eux ont extrait de leurs champs les murs qui s'y trouvaient, afin de donner plus de valeur au terrain, et ont fait, sans s'en douter, des découvertes archéologiques assez importantes.

Au moyen des explorations, des fouilles et des enquêtes que j'ai entreprises depuis plusieurs années, j'ai obtenu quelques résultats dont vous trouverez l'exposé dans ma statistique monumentale du Calvados; la liste que voici et la carte pl. XIX indiquent quelques-unes des localités qui m'ont fourni dans ce département des vestiges de constructions romaines.

Noms des communes.	Arrond.	Nature des vestiges et indication des emplacements qu'ils occupent.
Fierville.	Caen.	Grand nombre de constructions et de tuiles brisées au S. O. et au S. E. de l'église.—Plusieurs maisons munies d'un *atrium* et d'un *impluvium* et revêtues de peintures découvertes sur les propriétés de M. Londe. Cette campagne paraît avoir été couverte d'habitations; c'était probablement un des faubourgs de Vieux.
Clinchamps	Id.	Constructions romaines sous le village, autour de l'église.—Ruine d'une villa ou maison de campagne ornée intérieurement de peintures à fresque et dont les murs offraient des chaînes de brique. Au sud de l'église près du ruisseau.—Tuiles à rebords, et fondations de murs dans les prairies de Mme. la B^{ne}. de Sève, au S. O. du village.
Mutreci.	Falaise.	Emplacement d'une *villa* et tuiles à rebords au S. E. de l'église, sur la droite de la voie romaine allant de Clinchamps à Boulon (V. la pl. XIX) et décrite page 137.

Noms des communes	Arrond.	Nature des vestiges et indication des emplacements qu'ils occupent.
		Ce point est connu dans les environs, comme ayant été habité à une époque reculée ; il est désigné sous le nom de *Ville de Rollemont*. Il n'a pas échappé à M. Galeron qui se propose d'en faire mention dans la statistique de l'arrondissement de Falaise.
Boulon.	Falaise.	Murs avec chaînes de briques sous l'église et dans le cimetière où l'on a trouvé plusieurs médailles romaines.—Tuiles et briques dans les champs voisins de l'église.—Amas de tuiles, meules en granite et fragment d'une statue découverts à l'O., S. O. de l'église, en défrichant un bois.
Martragny	Caen.	Grand nombre de briques éparses et vestiges d'une *villa* dans le champ *du puits fondu* au sud de la grande route de Caen à Bayeux et près du village de Saint-Léger. On y a trouvé des médailles en grand bronze. Les habitans appellent ce lieu *Ville de Bacaï*, dénomination qu'ils appliquent aussi à deux autres localités où l'on trouve des tuiles romaines à une lieue de là. Ils racontent beaucoup de fables sur l'étendue de cette prétendue ville qui n'était qu'une exploitation rurale.

Noms des communes	Arrond.	Nature des vestiges et indication des emplacements qu'ils occupent.
Villiers-le-Sec.	Bayeux.	Quantité considérable de fondations, de briques et de tuiles brisées, à peu de distance et au nord de la voie romaine décrite page 145, dans la campagne située entre Villiers et Crépon. Plusieurs pièces de terre de cette campagne sont désignées sous le nom de *delles du caillou rouge* dans les titres de propriété, dénominations qu'elles doivent aux nombreux fragments de briques dont la terre est jonchée, principalement dans les champs qui appartiennent à MM. De Clouay, De Caumont, De La Pommeraye et Le Lièvre. M. Renaude de Crépon, mort depuis peu d'années, avait, durant l'espace de ans, tiré de cette campagne plus de 100 charretées de matériaux provenant des fondations de maisons qui entravaient la marche de sa charrue. Il est de tradition dans le pays que le village de Villiers-Le-Sec était situé dans cette plaine à une époque très-éloignée.
Séqueville.	Caen.	Fondations de murs et puits bouchés, à l'Est du village; grand nombre de briques éparses un peu plus au nord, sur le bord de la route allant à Reviers et nommée *Chemin bretonneux*. — Tuiles romaines, tout près et au nord de l'église en face du château de M. Du Pontavice. Il existe des tuiles romaines sur plu-

Noms des communes.	Arrond.	Nature des vestiges et indication des emplacements qu'ils occupent.
		sieurs autres points de cette commune. M. Raoul Du Pontavice, membre de la société Linnéenne de Normandie, a remarqué qu'elles se trouvent précisément dans les terres les plus productives, observation qui s'accorde avec celles que j'ai faites ailleurs.
Giberville	Caen.	Constructions, briques, tombeaux, médailles et trépied romain en bronze trouvés à peu de distance et à l'Est de l'église.
Cagny.	Id.	Tuiles, médailles, fragments d'amphores et de vases en poterie grossière d'une grande dimension recueillies par M. le vicomte de Chaumontel; pans de murailles et puits bouchés, près des confins de la commune d'Emiéville au Nord-Est de l'église de Cagny.
Poussy.	Id.	Fragments de tuiles à rebords dans la campagne, à l'Est du village(1).

(1) Poussy est un des lieux les plus anciens du département. M. Lambert y a trouvé en 1825, une inscription mérovingienne qui prouve que dès le VIIe ou le VIIIe siècle, au plus tard, cette commune avait une église dédiée à saint Vaast. Cette inscription qui a été replacée dans l'église actuelle, lorsque l'ancienne a été détruite, indique le nom du fondateur de la première église qui s'appelait Ausus, celui de son épouse (Alberga), celui du curé (Adcardus), et celui de l'architecte (Ricardus). La forme des lettres ne permet guère de douter que l'inscription, dont voici le

D'ANTIQUITÉS MONUMENTALES.   231

Noms des communes.	Arrond.	Nature des vestiges et indication des emplacements qu'ils occupent.
Cauvicour	Falaise.	Vestiges d'habitations probablement romaines au lieu dit les Bignettes. — Dépôt considérable de médailles romaines trouvé il y a 15 ans. — Tuiles à rebords, etc., etc.
Jort.	Id.	Constructions antiques ornées de peintures ; médailles d'Auguste, de Claude, de Néron, etc.; instruments divers en bronze. Tombeaux, urnes cinéraires, poteries plus ou moins fines, en grand nombre, etc., etc, dans le bourg, sur le bord de la Dive.
		Jort situé au point où se réunissent plusieurs voies romaines (v. pl. XIX et ce qui a été dit page 132) devait avoir quelqu'importance sous la domination romaine. Les habitans rapportent que ce

texte, ne soit antérieure au IXe. siècle, ainsi que le pense M. Lambert :

IN NOMINE PATRIS ET FILII ET SPV SCI AM :
O FRATRES SACERDOS : QVI ISTAS LITERAS LEGIS : FAC ORA
RE PRO ADSO ET PRO VXORE SVA ALBERGA : QVI IS
TV MONASTERIV HABENT FACTVM : IN HONORE DO ET
SCO VEDASTO : SCS VEDASTVS INTERCEDAT PRO EIS ADNM
VT ANIMAS EORVM HABEANT VITA ETERNAM : AM
ORATE FRATER PATER NOSTER PRO EIS QVI IN ISTVM MONASTERIV
ADIVTORIVM DEDERUNT ADCARDVS SARDOS ISTAS LITE
RAS FECIT ET RICARDVS ISTV LOCV HEDIFICAVIT.

C'est à M. Ed. Lambert, je le répète, que je dois la connaissance de cette curieuse inscription ; je l'ai relevée à Poussy d'après l'indication qu'il a bien voulu me donner. Elle se trouve replacée et incrustée à l'intérieur de l'église, qui est assez moderne, dans le mur latéral de la nef, du côté du nord.

Noms des communes.	Arrond	Nature des vestiges et indication des emplacements qu'ils occupent.
		bourg a succédé à la ville des *Jorovasses*. Si de nouvelles recherches venaient à prouver que l'*Aregenus* de Ptolémée n'était point à Vieux, on pourrait peut-être le placer à Jort qui se trouve à vingt-quatre lieues gauloises d'Augustodurus, comme le marque la table de Peutinger et sur le bord d'une rivière qui deviendrait alors l'*Arigenus fluvius* de Ptolémée. Mais dans l'état actuel de nos connaissances, Vieux ne peut, ce me semble, être dépouillé de son titre de capitale des Viducasses qui lui est donné formellement par l'inscription du monument élevé, l'an 238, à Vieux même, en l'honneur de Titus Sennius Solemnis, (le marbre de Thorigny), et conséquemment il serait identique avec *Aregenus*. On a d'ailleurs trouvé bien plus d'antiquités à Vieux qu'à Jort.
Courseulle et Bernières.	Caen.	Médailles romaines découvertes sur plusieurs points.--Instruments en bronze, vestiges de constructions et très-grand nombre de médailles du IIIme. siècle et construction entre Courseulles et Reviers. — Amphores, tuiles et poteries découvertes en creusant le port de Courseulles.
St.-Aubin-sur-mer.	Id.	Débris de murailles antiques dans la Falaise. Elles faisaient partie des construc-

Noms des communes.	Arrond.	Nature des vestiges et indication des emplacements qu'ils occupent.
Fresnay-le Crotzur.	Bayeux.	tions situées sur un terrain que la mer a envahi. Poteries rouges et fragments de tuiles sur le penchant du côteau à l'E. S. E. de l'église de Saint-Gabriel.
Le Manoir.	Id.	Constructions romaines et tuiles à rebords dans la pièce dite *la grande Mionne* près du château de Beaupigny appartenant à M. du Pontavice; tuiles éparses et puits bouchés dans les terres voisines. La tradition rapporte que là existait la ville de *Mionne* (le champ où l'on trouve le plus de briques porte encore ce nom) qui fut détruite par les Anglais. — Dans beaucoup d'autres lieux où j'ai rencontré des restes de constructions on attribue la ruine de ces établissements aux Auglais, et par les Anglais on veut dire sans doute les Saxons.
Ryes.	Id.	Tuiles éparses dans la campagne sur la rive droite de la Gronde entre Ryes et Fresnay.
Magny.	Id.	Placages peints, tuiles et poteries brisées de plusieurs espèces sur différents points, principalement dans un champ situé au Sud de la grande avenue, et appartenant à M. le comte de La Tour du Pin. Les fouilles que j'ai faites dans ce

Noms des communes.	Arrond.	Nature des vestiges et indication des emplacements qu'ils occupent.
		champ m'ont démontré que la plupart des maisons d'où étaient provenues les tuiles de toiture avaient été construites en bois ou en torchis, car il n'est resté aucuns vestiges en maçonnerie. J'ai trouvé seulement quelques maisons petites et carrées fondées en pierre. Là comme dans plusieurs autres localités la maçonnerie était assise sur une espèce de *strutumen* formé de pierres sans ciment.—On a découvert il y a quelques années dans le même champ, à peu de distance d'une fontaine, les ruines d'un bâtiment assez considérable que les ouvriers ont pris pour une chapelle, mais qui plus probablement était de construction romaine. Je n'ai pu à mon grand regret me procurer que de vagues renseignements sur cet édifice.—On m'a parlé aussi à Magny des ravages exercés par les *Anglais*, mot qu'il faut toujours, je crois, traduire par celui de *Saxons*. J'ignore si M. Foucault, intendant de Caen et savant distingué, qui a possédé la terre de Magny avait eu connaissance des débris qui se rencontrent dans cette commune où il residait quelquefois.
Vienne.	Bayeux.	Médailles du IIIe. siècle et tuiles à rebords trouvées dans les jardins de l'ha-

Noms des communes.	Arrond.	Nature des vestiges et indication des emplacements qu'ils occupent.
		bitation *du Mesnils*.—Tuiles à rebords, poteries rouges et grises, pierres calcinées, écailles d'huîtres, etc., dans le champ des petits Boraux, voisin de la même habitation et situé sur le bord de la voie qui allait de Bayeux au bac du port (V. la page 145).
Banville.	Bayeux.	Tuiles à rebords éparses dans les champs au S. O. de l'église.
Port.	Id.	Murailles romaines avec chaînes de briques sous l'église et dans le cimetière, reconnues par M. Ed. Lambert.
Commes.	Id.	Médailles, agraffes et autres objets antiques découverts sur la butte d'*Escures*, près du lieu dit *le Boscq*.
Osmanville	Id.	Tuiles, poteries rouges et quelques médailles observées par M. Lair, près de la grande route, à peu de distance de l'église.
Colombière	Id.	Fragments de briques, médailles romaines trouvées près du marais, etc. Dans le marais de Monfreville, commune peu éloignée de la précédente, on a découvert une figure en terre cuite représentant une femme assise dans une chaise nattée et allaitant deux enfans.
La Cambe.	Id.	Briques éparses dans les terres à peu de distance de la grande route ; médailles romaines découvertes dans le bourg.

Noms des communes.	Arrond.	Nature des vestiges et indication des emplacements qu'ils occupent.
Couvert.	Bayeux.	Tuiles à rebords dans la campagne, à l'ouest de l'église Saint-Bazile. On a trouvé tout près de cette église des cercueils fort anciens dont plusieurs ont fourni des objets en bronze, assez curieux, que l'on a crus antérieurs au Xe siècle et pouvoir se rapporter à l'ère mérovingienne. Quelques-uns de ces tombeaux n'ont point encore été fouillés et mériteraient de l'être ; j'ai recueilli des renseignements précis sur les places où ils se trouvent sous terre. Les habitants de Couvert parlent comme ceux de Saint-Léger de la prétendue ville de *Bacaï*.
Noron.	Id.	Débris de tuiles et de poteries à peu de distance de l'église.
Evrecy.	Caen.	Tuiles à rebords et poteries dans la campagne qui domine le bourg au N.
Le Plessis.	Vire.	Tuiles et briques dans le vallon près du hameau de la Seigneire.—Médailles romaines trouvées à l'abbaye.
S. Quentin.	Falaise.	Tombeaux, urnes cinéraires, médailles, objets en bronze.
Assy.	Id.	Grand nombre de médailles du IIIe siècle découvertes par M. le Cte. d'Aubigny.
S. Laurent de-Vaton.	Id.	Constructions romaines importantes à Vaton près la route de Falaise à Saint-Pierre-sur-Dive, reconnues par M. Galeron. M. Galeron cite aussi comme ayant été

Noms des communes.	Arrond.	Nature des vestiges et indication des emplacements qu'ils occupent.
		habités sous la domination romaine, différents lieux appartenant aux communes de *Saint-Vigor*, la *Hoguette*, *Vignats*, *Ailly*, *Eraines*, *Morteaux*, *Ouilly-le-Tesson*, *Bons*, *Mezières*, les *Moutiers* et *Courcy*, arrondissement de Falaise.
Villers-sur-mer.	P.l'Evêq	Tuiles à rebords et constructions près de la ferme de l'étang au S. O. de l'église. — Tuiles éparses sur plusieurs autres points de la commune. — Instruments en bronze trouvés près du château de M. Paris. Plusieurs monnaies mérovingiennes ont aussi été découvertes à Villers.
Glanville.	Id.	Fondations de murailles qui annoncent un bâtiment assez étendu. — Débris de tuiles et de poteries.
St.-Léger-du-Boscq.	Id.	Débris de tuiles à rebords; pierre cachet découverte par M. de Cacheleu.
Le Pin.	Id.	Tuiles à rebords et fondations de murs, dans la campagne située à l'est de l'église et au nord de l'ancien château dont la description sera donnée dans la 5ᵉ. partie du cours. La traddition rapporte ici, comme à Villiers-le-Sec, que le village était très-anciennement placé où l'on trouve des antiquités romaines.
Auquain-ville.	Lisieux.	Murs avec assises de briques reconnus par M. de Magneville à peu de distance de l'église.

Je pourrais citer encore au moins une vingtaine de localités du département du Calvados, dans lesquelles j'ai constaté l'existence de divers débris de l'époque romaine, mais comme elles seront notées dans ma statistique monumentale, je préfère vous signaler les principaux points qui ont offert de pareils vestiges dans le département de l'Eure. Tous m'ont été indiqués par M. Auguste Le Prévost qui a fait des recherches intéressantes sur les lieux de ce département où il a été trouvé des antiquités romaines, et par M. Alfred Canel qui s'est livré avec zèle à l'exploration de l'arrondissement de Pont-Audemer.

Les renseignements que je dois à M. Canel sont distingués par les initiales A. C. dans le tableau que voici :

Les lettres A. L. P., initiales de M. Auguste Le Prévost, indiquent les faits puisés dans ses notes ou dans ses mémoires.

Arrondissement de Pont-Audemer.	Objets découverts.
TOURVILLE.	Médailles, fragments de tuiles et de poteries. A. C.
NOTRE-DAME-DE-PRÉAUX.	Tuiles et fondations. A. C.
SAINT-MICHEL-DE-PRÉAUX.	Constructions, médailles et objets en argent. A. C.
TRIQUEVILLE.	Briques et fondations antiques. A. L. P.
TOUTAINVILLE.	Médailles, briques fondations. A. C.
TROUVILLE-LA-HAULLE.	Plusieurs meules antiques. A. L. P.
BERVILLE.	Tuiles et constructions. A. L. P.
AIZIERS.	Grand nombre de constructions sur différents points, médailles. A. L. P.
LA-HAYE-DE-ROUTOT.	Tuiles éparses. A. L. P.
HAUVILLE.	Médailles, constructions. A. C.
LE LENDIN.	Médailles et objets en or découverts par M. le marquis de Sainte-Marie. Ruines d'une *villa*. A. L. P.
CAUMONT.	Murs considérables de construction romaine, figurines, en terre cuite, médailles, placages peints, etc. A. L. P.
ROUGEMONTIER.	Constructions, poteries, médailles et tuiles. A. C.
ETREVILLE.	Médailles et tuiles. A. C.

Arrondissement de Pont-Audemer.	Objets découverts.
VALLETOT.	Constructions étendues, tuiles et médailles. Là, comme à Villiers et au Pin (Calvados) la tradition rapporte que l'eglise et le village étaient placés très-anciennement où l'on rencontre les constructions antiques. A. C.
THEILLEMENT.	Médailles. A. L. P.
SAINT-DENIS-DES-MONTS.	Tuiles. A. C.
SAINT-PHILBERT.	Id. A. C.
TRUITHEBERT.	Id. A. C.
BOSBENARD-COMMIN.	Constructions. A. C.
INFREVILLE.	Id. A. C.
ANGOVILLE.	Constructions, tuiles, poteries. A. C.
BOSC-GOUET.	Id. A. L. P.
BERVILLE-EN-ROUMOIS.	Id. A. C.
APPEVILLE-ANNEBAUT.	Constructions et tuiles romaines. A. C.
ILLEVILLE.	Id. médailles. A. C.
BONNEVILLE.	Briques, armes, vases funéraires. A. C.
PONT-AUTHOU.	Localité importante, constructions, tuiles, médailles. A. C.
CORMEILLES.	Tuiles. A. C.
MANNEVILLE-LA-RAOULT.	Id. Fondations de murs. A. C.
SAINT-PIERRE-DU-CHATEL.	Id. A. C.

D'ANTIQUITÉS MONUMENTALES. 241

Arrondissement d'Evreux.	*Objets découverts.*
Les Ventes.	Constructions importantes. A. C.
Saint-André.	Id. A. L. P.
Garancières.	Id. A. L. P.
Cintray.	Id. sur plusieurs points. A. L. P.
Illiers-Lévêque.	Fondations, marbres, tuiles, médailles observées par M. de Stabenrath.
Orgeville.	Amas de tuiles. A. L. P.
Jouy-sur Eure.	Objets en bronze très-remarquables. A. L. P.
Arrondissement des Andelis.	
Heuqueville.	Médailles d'or et de bronze, objets en argent et en bronze, instruments divers, constructions antiques. A. L. P.
Forêt de Lions.	Quantité considérable de médailles. A. L. P.
Bazincourt.	Médailles. A. L. P.
Les Andelis.	Id. A. L. P.
Romilly.	900 médailles d'argent, tuiles, poteries, petites meules, etc. A. L. P.

Arrondissement de Bernay.	Objets découverts.
Fontaine-la-Soret.	Poteries antiques et tuiles.
Forêt-de-Beaumont-le-Roger.	Plusieurs constructions, buste de Mercure, médailles du IIIe. siècle, etc., le tout décrit par M. de Stabenrath et par M. Louis du Bois.
Cerquigny.	Grand nombre de matériaux précieux, marbres étrangers, mosaïques en verre coloré, etc. provenant d'une habitation romaine décorée avec luxe. A. L. P.
Epinay.	Amas de tuiles antiques, dans le vallon. A. L. P.
Grandcamp.	Id. A. L. P.
Plainville.	Constructions. A. L. P.
Beaumesnils.	Cinq mille médailles, la plupart du temps de Gallien. A. L. P.
Berthouville.	Magnifiques vases d'argent trouvés en 1830, achetés pour la bibliothèque du Roi, décrits par M. Le Prévost.

M. de Gerville a publié le résultat de ses découvertes, dans le département de la Manche, et beaucoup de positions romaines ont été reconnues dans la Seine-Inférieure par MM. Deville, Féret, Gaillard, Estancelin, Langlois, et de Saulcy, membres de la société des antiquaires de Normandie.

La recherche des antiquités romaines n'est pas encore aussi avancée dans le département de l'Orne que dans les autres parties de notre province. Cependant M. Vaugeois a fait d'importantes découvertes à Mezières près Tourouvres, à S^{te}.-Céronne, et dans beaucoup d'autres communes des environs de l'Aigle et de Mortagne.

MM. de Colleville et Galeron ont signalé à l'attention des savants les nombreux débris qui existent à Planches, et les découvertes de médailles faites sur quelques autres points, notamment à Silly, près d'Argentan.(1) Enfin

---

(1) 5,000 médailles d'argent ont été trouvées à Silly, au milieu d'une coupe de la forêt de Gouffern, qui porte le nom de *Chêne-au-Renard*. Elles étaient à un pied de profondeur, renfermées dans un vase en terre rouge. La plupart sont à l'effigie de Néron, Galba, Vespasien, Titus, Domitien, Nerva, Trajan, Adrien, Sabine, Ælius, Antonin père, Faustine mère, Marc Aurèle, Faustine jeune, Lucius Verus, Lucille, Commode, Crispine, etc.

j'ai constaté moi-même l'existence de nombreux débris antiques à Ginay et Chauffour près de la petite ville d'Exmes; à Bocancé près de la Ferté-Fresnel, à Condé, près de Remalars, à Giel, canton de Putanges (1), à Montabar et dans quelques autres communes (2).

En considérant la nature des vestiges que je viens de mentionner, les constructions rurales les plus simples et les plus nombreuses dans nos campagnes, étaient vraisemblablement formées en torchis et en bois; leur existence antérieure n'est souvent attestée que par les débris des tuiles du toît et des fragments de poterie accumulés dans une couche de terre mêlée de cendres.

Dans la première couche se trouvent ordinairement les tuiles à rebords brisées et très-rarement entières, avec des plaques de ciment. On rencontre ensuite des traces de charbon et de cendres, des pierres calcinées et rougies par le feu, des os de porc et de bœuf ; des

---

(1) L'emplacement où il existe des antiquités romaines à Giel s'appelle les *Noires-Terres*, on rapporte qu'il s'y trouvait autrefois une ville.

(2) Depuis que ceci a été écrit, M. Dureau de La Malle a découvert d'importantes constructions antiques sur ses terres, à Arcisse près de Mauves.

écailles d'Huîtres (1), de Moules, de Patelles, de *Cardiums*. Il y a souvent parmi ces débris une quantité si considérable de vases brisés, que j'ai recueilli presque tous les fragments que je mets sous vos yeux au nombre de plus de 120, dans une étendue de 7 à 8 pieds en carré, à Magny, près Bayeux.

D'après les inductions que j'ai pu tirer de l'examen des espaces occupés par ces débris, les cabanes gallo-romaines avaient de petites dimensions.

Quelquefois, au milieu des habitations en terre ou en bois qui n'ont laissé que de faibles traces il y en avait d'autres plus soignées et construites en pierres ; j'en ai fait déblayer plusieurs dans lesquelles on remarquait des aires composées d'une couche de cailloutis de pierre bleue recouverte d'un enduit de chaux et uniment étendue sur un ciment qui, lui-même, reposait sur des fondations en moëllon (2).

---

(1) Les huîtres doivent avoir été un aliment très-usité dans nos contrées littorales. J'en ai trouvé des écailles partout où j'ai remarqué d'antiques constructions. Les défenses de sanglier et les cornes de cerf se rencontrent aussi très-souvent, ce qui prouve que nos ancêtres faisaient une grande consommation de la chair de ces animaux.

(2) Voir ma statistique monumentale du Calvados.

Une observation déjà faite par bien des explorateurs et qui m'a souvent frappé moi-même, c'est que la plupart des constructions gallo-romaines paraissent avoir été détruites par le feu ; au moins trouve-t-on presque toujours des cendres et des charbons là où elles étaient placées. Cette observation me paraît prouver combien ont été grands les désastres qui ont affligé l'occident au IVe. siècle.

Il faut que les malheurs de cette époque, dont les récits des historiens ne nous offrent qu'une image incomplète, se soient gravés bien profondément dans la mémoire des peuples pour que nous trouvions encore presque partout cette tradition qui parle *de grandes destructions consommées par les Anglais.* Il est évident que ce mot *Anglais,* dans la bouche des habitants de nos campagnes, doit être pris dans l'acception générale d'ennemi, car ils n'ont aucune idée de l'époque à laquelle les destructions, dont ils parlent, peuvent avoir eu lieu, et s'ils les attribuent aux Anglais, c'est qu'ils ont souvent attendu parler de ce peuple et des guerres qu'il a soutenues contre la Normandie.

La tradition veut aussi, comme nous l'avons vu, que des villes ayent existé dans presque tous les lieux où il y a des ruines romaines ; or ce mot *ville,* dans la bouche de nos paysans, est la traduction littérale de *villa,* maison de campagne.

Je n'ai pas besoin, Messieurs, d'insister sur l'importance des recherches qui peuvent conduire à la découverte des établissements gallo-romains; quoiqu'il soit bien difficile de retrouver ce qui existait à une époque si reculée, aujourd'hui que tant de changements se sont opérés, on recueille encore, avec un peu de persévérance, des renseignements précieux pour l'histoire locale. Ainsi j'ai tiré, de mes explorations dans le Calvados, des inductions concernant l'état de ce pays durant l'ère gallo-romaine, et j'ai pu reconnaître, par aperçu, quelles étaient à cette époque les régions les plus habitées (1); on obtiendra des résultats semblables et sans doute bien plus importants, partout où l'on voudra se livrer aux mêmes investigations.

(1) Voir ma statistique monumentale du Calvados et l'exposé inséré dans le journal de Caen du 17 janvier 1839.

CHAPITRE VII.

Des sépultures gallo-romaines.— Elles peuvent indiquer l'importance relative des centres d'habitation et fournir de précieux documents sur les arts et les mœurs de l'époque — Deux modes de sépulture employés durant l'ère gallo-romaine, l'usage de brûler les morts fut d'abord presque général, on l'abandonna graduellement dans le IIIème siècle. — Description des urnes cinéraires et des vases qui les accompagnent dans les cimetières antiques. — Aperçu comparatif des faits observés dans plusieurs grands dépôts d'urnes cinéraires. Les corps non brûlés ont été renfermés dans des cercueils. —Ils sont accompagnés de vases de différentes formes et souvent de quelques autres objets d'art, comme les urnes. — Description de quelques sépultures gallo-romaines du IVe siècle et de la seconde moitié du IIIe.

Les sépultures gallo-romaines situées à proximité des lieux d'habitation et souvent le long des routes, peuvent fournir de grandes lumières sur la distribution géographique et sur l'importance relative des établissements antiques. L'examen de ces tombeaux et des objets qui les accompagnent nous apprend aussi sur les coutumes et les arts de cette époque beaucoup de faits curieux et peu connus.

INHUMATIONS GALLO-ROMAINES DE LA Ire. ÉPOQUE.

Je vais d'abord vous entretenir des inhumations et des tombeaux de la période temporaire durant laquelle l'incinération des corps fut en usage (1).

L'endroit où l'on élevait le bûcher s'appelait *ustrinum* ou *ustrina* ; il était situé hors des villes ainsi que les cimetières, conformément à la loi des douze tables : *Hominem mortuum in urbe ne sepelito* (2).

Le bûcher funèbre (*rogus*, ou *pyra*), était formé de bois susceptible de s'enflammer fa-

---

(1) Scylla fut le premier de la branche Patricienne de la famille Cornelia qui ait été mis sur un bûcher ; on croit qu'il en avait donné l'ordre pour éviter l'outrage fait aux restes de Marius, qu'on avait exhumés et dispersés. Pline prétend que l'usage de brûler les cadavres s'établit à Rome, parceque les citoyens morts sur le champ de bataille, dans les contrées éloignées, étaient quelquefois déterrés par les ennemis ; il paraît cependant que long-temps auparavant, cette coutume avait existé.
V. *Antiquités romaines par A. Adam*.

(2) Diverses considérations avaient fait défendre de brûler et d'inhumer les corps à l'intérieur des villes. On voulait surtout éviter les incendies qui auraient pu naître de la fréquence des bûchers funèbres.

cilement; on le faisait plus ou moins élevé, suivant le rang des personnes (1). Le corps était placé sur une espèce de lit ou de banc, et les parents du défunt, après lui avoir adressé un dernier adieu, allumaient le feu avec une torche, en détournant le visage.

On versait quelquefois des parfums dans les flammes, et comme on croyait que le sang réjouissait les mânes, on immolait parfois des animaux que l'on déposait sur le bûcher pour accompagner le corps du défunt.

On jetait aussi dans le feu des présents, des objets de différents genres et les marques distinctives du mort; les armes d'un militaire étaient ordinairement brûlées avec lui.

Le bûcher consumé, on répandait du vin sur les cendres du défunt, afin qu'elles pussent être recueillies plus facilement, et ces derniers débris du corps humain étaient soigneusement renfermés dans une urne que l'on confiait immédiatement à la terre avec certains vases de différentes formes et grandeurs, que l'on plaçait autour d'elle, et qui contenaient des liquides ou quelques mets offerts aux mânes (2).

(1) Lucan. VIII, 743. Virg. IV 504. V. antiquités romaines par A. Adam.
(2) Douglas nœnia britanica. — Norris Brewer introduction to the beauties of England and Wales.

Les urnes en terre cuite, découvertes dans un très-grand nombre de cimetières, sont de la plus grande simplicité, le plus souvent en terre grise; elles ne se recommandent guère que par leurs formes, en général pures et gracieuses. Les plus ornées portent seulement des filets entre lesquels on a tracé des hachures. Quelques-unes sont canelées sur toute leur hauteur (pl. XXIX, fig. 7), d'autres couvertes de moulures nattées, de guillochis, etc., etc. Les formes les plus ordinaires sont celles que j'esquisse sur le tableau (pl. XXIX, fig. 1, 2, 3, 4, 5); on les retrouve dans tous les cimetières.

D'autres urnes ressemblent à un plat à hauts bords perpendiculaires (pl. XXIX, fig. 12), ou à des espèces de jattes à ventre un peu renflé (fig. 8 et 9).

Les formes dont je présente l'esquisse (pl. XXIX), paraissent avoir été consacrées pour les urnes cinéraires (1); mais on en a souvent employé d'une autre espèce, et, à défaut d'urnes, des parents pauvres ont recueilli les cendres dans des vases qui étaient destinés à des usages domestiques, et jusques dans de simples assiettes.

(1) J'ai trouvé aussi dans quelques cimetières des marmites de l'espèce figurée pl. XXVIII, n° 5.

Ainsi, l'on a trouvé dans beaucoup de cimetières gallo-romains des cendres déposées sous un plat retourné. Quelques tessons de poterie, une tuile, ou des pierres plates, recouvraient même au besoin les restes du pauvre.

Les urnes en verre, beaucoup plus rares que les urnes en terre, ont dû être employées pour des personnes riches ; elles affectent quelquefois la forme des urnes en terre, mais plus ordinairement celle d'un grand flacon à cou rond, muni d'une ou de deux anses (pl. XXIX, fig. 10), dont le corps est tantôt rond (fig. 10), tantôt carré (fig. 11).

Les urnes les plus remarquables sont en cuivre battu et ciselé ; elles sont assez rares ; j'ai figuré pl. XXIX, n°. 13, une urne de cette espèce, découverte à *Villeromain* (Loir-et-Cher), et qui est deposée dans le musée de la ville de Tours.

L'orifice des urnes était fermé avec une plaque de fer ou de cuivre, quelquefois avec une assiette retournée, et souvent avec un morceau de brique ou d'ardoise, ou avec une pierre plate.

M. de Saulcy a même observé à Dieulouard (Meurthe), des urnes fermées avec des os de bœuf (pl. XXIX, fig. 4).

La disposition des urnes dans la terre offre un vif intérêt pour l'observateur. Généralement elles se rencontrent à une profondeur peu considérable. Elles sont remplies de cendres noires assez fines, mêlées avec des débris d'ossements calcinés.

Dans quelques-unes on trouve une médaille et une de ces fioles qu'on a nommées *lacrymatoires* (1). Ces petites bouteilles, dont vous voyez la forme (pl. XXVIII, fig. 14), sont assez ordinairement en verre de couleur (bleu, indigo, rouge), etc. (2), et quelquefois en terre fine.

(1) Quelques savants pensent que ces petites fioles appelées *lacrymatoires*, parceque plusieurs antiquaires avaient avancé qu'elles servaient à recueillir les larmes versées par les parents et les amis du mort, étaient au contraire destinées à contenir des parfums. Il reste encore une grande obscurité sur la véritable destination de ces petits vases, dont plusieurs n'ont point contenu de parfums.

(2) Pline rapporte que de son temps on fabriquait beaucoup de verre de couleur, sur la côte océanique de l'Espagne. « On y fait, dit-il (liv. 36), un verre d'un rouge si char-
« gé qu'il en est opaque ; on y fait aussi du verre blanc, du
« verre mirrhin, du verre qui imite le saphir, l'hiacynthe et
« les autres couleurs des pierreries ; enfin nulle matière , au-
« jourd'hui , n'est plus propre à prendre toutes les teintures ,
« mais il n'y en a pas que l'on estime autant que le verre blanc
« bien transparent, à cause de son extrême ressemblance avec
le crista'.

Fit et album et murrhinum aut hyacintos saphirosque imitatum et omnibus aliis coloribus nec est alia nunc materia sequacior aut picturæ accommodatior.

On en a remarqué à Poitiers, au fond desquelles se trouvait une espèce de résidu semblable à la lie d'une liqueur desséchée (1). Celles qu'on voit au musée de Tours sont presque toutes remplies de sable; mais une d'elles, chose bien remarquable, renfermait quinze perles, qui sans doute avaient fait partie de la parure de quelque jeune dame.

Beaucoup d'urnes ne contiennent que des cendres. Les médailles, lorsqu'il y en a, n'occupent pas de place déterminée dans l'urne; on les trouve tantôt au fond, tantôt au milieu; d'autres fois sur les ossements. Quelques-unes des médailles trouvées dans le cimetière de Bordeaux et ailleurs avaient été portées suspendues avant d'être confiées à la terre; car elles étaient percées d'un petit trou au-dessus de la tête de l'empereur.

On trouve assez ordinairement près des urnes, (v. pl. XXVIII. fig. 8.) des coupes de différents genres et de petits vases à cou étroit et allongé, espèces de bouteilles de formes assez variées la plupart en terre rouge, que l'on suppose avoir renfermé du vin, du lait, ou quelque liqueur offerte aux mânes du défunt. Le grand

(1) Notice sur le cimetière romain découvert en plantant la promenade de Blossac et insérée dans l'ouvrage de M. Thiollet, sur les monuments du Poitou.

cimetière de Soing, celui de Gièvres, exploré par M. Jollois, plusieurs autres lieux de sépulture visités en Sologne par M. de La Saussaye; le cimetière antique de Tours, et quelques autres ont fourni un si grand nombre de vases semblables, que je n'en ai pas vu moins de 15 à 18 cents répartis inégalement dans les collections de Tours, d'Orléans, de M. Pellieux, à Beaugency, et de M. de La Saussaye, à Blois. J'ai dessiné et mesuré au musée d'Orléans ceux que vous voyez sur la pl. XXIX, depuis le n°. 16 jusqu'au n°. 25. (1). Vous remarquerez parmi eux deux petits vases fig. 24-25, munis d'une tétine ou biberon, que l'on croit avoir servi à l'allaitement des enfans et qui auraient suivi dans le tombeau le jeune nourrisson à l'usage duquel ils étaient consacrés. On en a trouvé plusieurs à Gièvres, à Soing, à Bordeaux, etc., etc.

Parmi les objets qui avaient servi au défunt et que l'on déposait près de ses cendres, on peut citer avec les coupes en terre rouge, dont j'ai déjà parlé, les styles à écrire, les miroirs, les

---

(1) M. De la Saussaye doit faire dessiner les vases qui existent dans sa collection et les publier avec un travail important qu'il prépare sur quelques cimetières gallo-romains de la Sologne.

lampes, les épingles à cheveux en os ou en ivoire (voir planche XXX), les clés, etc., etc. M. Jouannet, ayant rencontré assez fréquemment des clés près des urnes du cimetière de Bordeaux, a pensé que l'on pouvait, dans certains cas, regarder ces clés comme un témoignage honorable rendu à la mémoire d'une bonne mère de famille, en considérant qu'au moment du mariage, la femme recevait les clés et que ce gage d'administration intérieure ne lui était retiré qu'en cas de répudiation.

Sans doute beaucoup d'urnes ont été confiées à la terre sans être renfermées dans des coffres, mais beaucoup aussi ont dû être munies d'une enveloppe. Si le bois employé le plus souvent à la fabrication de ces boîtes est pourri depuis long-temps, leur primitive existence paraît prouvée par la présence des clous qui en liaient les différentes parties, et que l'on trouve souvent autour des urnes. Il est probable que les urnes en verre ou en cristal, qui appartenaient à des morts d'un certain rang ont toutes été renfermées dans des coffres, soit en bois, soit en pierre. Quelques-uns de ces derniers, retrouvés dans plusieurs cimetières, étaient de deux pièces et assez spacieux pour contenir, avec l'urne cinéraire, les vases accessoires dont j'ai parlé; tel était le coffre en pierre figuré pl. XXIX, numéros 14 et 15: d'autres urnes étaient déposées dans des cavités carrées et maçonnées, formant des espèces de cryptes. On a trouvé aussi plusieurs fois, tant en France qu'en Angleterre, des urnes renfermées dans des globes en terre cuite (pl. XXVIII, fig. 6). Le musée de Rouen possède un globe de cette espèce, apporté de Tancarville, qui me paraît avoir eu une semblable destination.

Enfin on construisait quelquefois sur place et au moment même de l'inhumation le cercueil ou l'abri qui devait protéger l'urne cinéraire.

L'une des espèces de tombeaux de ce genre les plus singuliers que l'on ait observés, consistait en plusieurs tuiles à rebords placées les unes à côté des autres sur deux rangs et rapprochées en dos d'âne par le haut, de manière à former un toit (Voyez la pl. XXVIII, fig. 7). De semblables sépultures ont été trouvées sur plusieurs points de la France et près d'York, en Angleterre (1).

(1) Archeologia, volume 2°.

Indépendamment du coffre en pierre qui les protégeait, les urnes renfermant les cendres des personnes notables étaient surmontées d'une pierre sépulcrale, ayant le plus souvent la forme d'un cippe ou d'un autel plus ou moins élevé, quelquefois celle d'une petite colonne (1).

La plupart des cippes funéraires trouvés à Bordeaux par M. Jouannet, et déposés dans le musée de cette ville, sont d'une seule pièce, y compris le couronnement et la base, qui sont décorés de quelques filets à leur saillie. La partie antérieure du couronnement figure quelquefois un petit fronton entre deux oreilles (pl. XXVIII, fig. 11). C'est assez souvent sur ces oreilles que se trouve le *Diis manibus*, D. M. Au sommet du cippe et au sommet de la table

---

(1) Dans le cimetière romain découvert à Poitiers vers la fin du siècle dernier, lorsqu'on planta la belle promenade de Blossac, on trouva beaucoup d'urnes renfermées dans des boîtes en pierre formées de deux ou trois pièces, offrant pour la plupart l'image d'une petite colonne ou d'un cône tronqué. J'ai dessiné deux de ces tombeaux sur la planche XXVIII. Le premier (figure 9) est composé de trois morceaux, la base la cuvette et le couvercle. La cavité pratiquée dans la cuvette et le couvercle forme une ellipse après la réunion de ces deux parties. Le second (figure 10) se compose de deux morceaux seulement, le couvercle et le socle.

se voit un cratère, ou coupe creusée dans la pierre. L'inscription est gravée sur la face principale (1) (V. la fig. 12, pl. XXVIII), et l'une des faces latérales présente tantôt *l'ascia* (2), tantôt les instruments de la profession du mort.

Ces cippes, en forme d'autels, découverts à Bordeaux n'étaient qu'un monument indicateur de la sépulture ; le tombeau, proprement dit, ou le coffre se trouvait enfoui dans la terre et il était scellé par des crampons à la base du cippe (3).

Beaucoup de pierres funéraires étaient dé-

(1) On a publié tant d'épitaphes de tombeaux romains, qu'il serait superflu d'en traiter ici ; je me contente donc de rappeler que ces inscriptions commençaient ordinairement par les lettres D. M. *Diis Manibus*, ou D. M. S. *Diis Manibus sacrum*, qui étaient suivies du nom de la personne morte et, quelquefois, d'une notice des principales circonstances de sa vie.

(2) *L'ascia* est un instrument ressemblant à une espèce de dolloire (V. la planche XXVIII. n°. 15.) dont la figure se voit souvent sur les tombeaux accompagnée des mots *sub asciâ dedicavit*, mais on n'est d'accord, ni sur le motif qui les faisait placer, ni sur le sens des paroles qui s'y rapportent ; on croit que la figure de cet outil et les mots *sub asciâ* indiquent que le tombeau a été dédié et placé sur le tombeau à l'intention formelle et précise du défunt, et en sortant des mains du sculpteur.

Voir le résumé d'archéologie par M. Champollion, dans l'encyclopédie portative. Tome second.

(3) Détails extraits de la dissertation lue en 1826 à l'académie de Bordeaux, par M. Jouannet, sur les inscriptions funéraires découvertes dans l'enceinte antique de cette ville.

corées sur la face antérieure de la figure du défunt représentée en bas-relief.

Parmi les nombreux monuments de ce genre que j'ai observés dans les collections publiques, je n'en citerai qu'un, déposé au musée santonique formé par les soins de M. le baron de Crazannes et dirigé par M. Moreau. Ce monument, en forme d'autel, offre sur la face antérieure, dans une niche, une femme debout (pl. XXVIII, fig. 13), vêtue d'une longue tunique à manches, la tête ornée de bandelettes, les cheveux bouclés tout autour du front et offrant un reste de peinture rouge et violette (1). Le bras droit tombe le long du corps ; dans la main est une branche de laurier, dont les feuilles avaient été couvertes de peinture verte. L'autre bras est

(1) M. De Crazannes qui a décrit ce tombeau, ainsi que plusieurs autres découverts à Saintes, fait remarquer que jusqu'aux yeux de la statue en demi-relief ont été peints, nouvelle preuve que les anciens étaient dans l'usage de peindre leurs statues, pour leur donner plus d'expression et de vie. Il fait observer aussi, que cette MATERNA est représentée en prêtresse ; que la branche de laurier qu'elle tient de la main droite était destinée aux aspersions d'eau lustrale et que les pavots mêlés aux épis étaient un attribut de Cérès et le symbole de la fécondité. Peut-être n'offraient-ils ici qu'un emblème du sommeil de la tombe.

plié et tient un bouquet de pavots. Au-dessus de la niche on lit l'inscription suivante :

SEPULCHRUM   MATERNAE. JUL.
AMATHUS.   MARI.
POSUIT

Quoique l'usage de brûler les morts ait été généralement répandu pendant les deux premiers siècles de notre ère, on a souvent encore à cette époque enterré des corps entiers.

Pline rapporte que certaines personnes préféraient être inhumées dans des *solia* en terre, et que Marcus Varon fut ainsi enseveli, entouré de feuilles de myrthe, d'olivier et de peuplier noir, suivant l'usage des pythagoriciens (1). Il est constant que l'usage d'ensevelir les corps se conserva dans certaines familles de l'Italie ; et évidemment il en fut de même en Gaule, car au milieu des cimetières remplis d'urnes, on a presque toujours trouvé quelques corps entiers accompagnés des vases que j'ai signalés comme habituellement placés à l'entour des urnes cinéraires (2).

(1) Quin defunctos sese multi fictilibus soliis condi maluere : sicut Varo, pithagoreo modo, in mirti et oleæ atque populi nigri foliis (liv. XXXV, ⸱ 12).

(2) Je suis assez porté a croire que l'incinération des corps

A l'appui des généralités précédentes, permettez-moi, Messieurs, de citer quelques exemples, et de vous présenter l'exposé sommaires de résultats obtenus par des savants qui ont soigneusement exploré plusieurs cimetières antiques.

Cimetière de Gièvres (Loir-et-Cher). D'après l'intéressante notice de M. Jollois (1), le cimetière antique de Gièvres, l'antique *Gabris* (2), est situé à peu de distance de la route de Bourges à Tours, indiquée par la table de Peutinger. A l'occident du cimetière passait une autre voie romaine dirigée du Nord-Ouest au Sud-Ouest, traversant le Cher à *Chabris* et passant par *Ro-*

---

a été plus ou moins généralement usitée, à la même époque, suivant les parties de la Gaule, ce qui expliquerait pourquoi on trouve si peu d'urnes dans certaines contrées, tandis qu'elles sont extrêmement communes dans d'autres.

(1) Tout ce que nous rapportons ici est extrait du mémoire de M. Jollois sur l'ancien cimetière de Gièvres.

(2) D'après les recherches de M. Jollois, la station romaine était placée au nord du cimetière antique; on y trouve fréquemment des médailles, et l'on y voit une grande quantité de tuiles à rebords, des fondations de murailles avec assises de briques, des tuyaux de chaleur en terre cuite de forme rectangulaire, dont les bords extérieurs étaient sillonnés de raies faites exprès pour établir une forte liaison avec le mortier; des meules en poudingue de 18 pouces de diamètre, des fragments d'amphores, etc., etc. En considérant l'espace occupé par ces débris on pourrait reconnaître avec assez de précision l'étendue de l'ancienne ville.

morantin, *Chaumont*, *Millançay*, où l'on trouve des vestiges antiques, *Neung*, qui offre l'emplacement d'une ville romaine et un cimetière fort riche, la *Ferté-Saint-Aubin* et *Orléans*. Au-delà de *Chabris*, vers le midi, cette route passait par *Estrée-Saint-Genoux*, la *Roche-Pozay*, et arrivait à *Poitiers*: de sorte que les points extrêmes de cette antique communication, indiquée sur la carte de Peutinger, étaient *Genabum* et *Limonum*.

On a trouvé dans le cimetière de Gièvres une quantité considérable d'urnes de la forme indiquée pl. XXIX, fig. 1. Quelques-unes étaient d'une couleur tirant sur le rouge; mais le plus grand nombre avait une couleur noire ou bistrée qui paraissait due à l'application d'un vernis, quoique la pâte de la poterie fût noire.

La plus grande partie de ces vases renfermait des débris d'os brûlés et des cendres (1). Plusieurs aussi étaient vides et n'ont été trouvés remplis

---

(1) On a trouvé à Gièvres deux urnes accolées, dont l'une renfermait des cendres et des restes d'os brûlés, et dont l'autre vide était fermée par un espèce de vase à téter bouché lui-même avec une médaille de l'empereur Claude.

Les deux urnes étaient couvertes d'un plat un peu creux en poterie commune.

M. Jollois suppose que ce petit monument était consacré à la mémoire d'un enfant chéri, ce que paraîtrait indiquer le vase à téter placé près des cendres.

que du sable même du champ dans lequel ils avaient été enfouis.

Avec les urnes cinéraires on a découvert à Gièvres une grande quantité de petits vases. Les plus nombreux ressemblent à ceux que j'ai figurés sur la pl. XXIX, fig. 16, 17, 18, 19, 20, etc. C'étaient des espèces de bouteilles à ventre très-renflé, à goulot fort étroit, n'ayant pour la plupart qu'une anse. Ils étaient tous vides et ne contenaient qu'un peu de sable. Il y en avait de différentes grandeurs. Les plus forts n'offraient guère plus de 7 pouces de hauteur sur un diamètre à peu près égal à l'endroit du plus grand renflement. La plupart étaient faits d'une terre légère, demi-cuite et perméable à l'eau.

Les fouilles ont aussi produit un grand nombre de coupes en poterie rouge ornée, semblables à celles que j'ai décrites précédemment (pages 197 et suivantes), et que vous avez examinées sur la pl. XXIV, des gobelets de forme cylindrique, des assiettes et de grandes amphores, dans lesquelles on n'a jamais remarqué que du sable et point de cendres.

Près de ces différents objets, on a exhumé à Gièvres, comme dans presque tous les cimetières gallo-romains, une grande quantité de clous qui ne diffèrent point de ceux dont nous nous servons encore aujourd'hui, et qui sans doute provenaient au moins en partie du coffret qui renfermait les vases et les objets confiés à la terre (1). Enfin, l'on a trouvé bon nombre de médailles, notamment du règne de Claude, des fibules, des anneaux et un fragment de miroir en métal.

M. Jollois fait observer que le terrain du cimetière antique de Gièvres n'est qu'une espèce de sable de couleur jaunâtre, et que les ouvriers étaient presque toujours avertis de quelque trouvaille par l'aspect noirâtre du sol, provenant du mélange du sable avec des cendres et du charbon. Les urnes n'étaient qu'à six ou sept pouces de profondeur, ce qui fait que beaucoup d'entr'elles avaient été renversées et brisées par la charrue.

Tout près du cimetière, on a reconnu une aire d'environ 7 pieds sur 5, formée de sable agglutiné et endurci, qui était évidemment le pavé de l'*ustrinum*, et sur lequel on

---

(1) M. Jollois a remarqué cependant que parmi les clous il y en avait de fortes dimensions qui n'auraient pu servir à cet usage, qu'autant que les planches du coffre auraient eu une épaisseur très-considérable.

voyait encore une couche de charbon et une masse d'os calcinés (1).

Cimetières de Soing et de Neung en Sologne. On a depuis long-temps déjà exhumé à *Soing*, près de Romorantin, en Sologne, une très-grande quantité de vases funéraires de différentes formes, en terre, et de belles urnes de verre, qui font l'ornement des cabinets où elles ont été déposées (2). La plupart des urnes en verre recueillies dans cette localité sont unies, mais quelques-unes offrent à l'extérieur des ornements et des guirlandes de feuilles en relief; elles paraissent avoir été coulées dans des moules. M. de La Saussaye, qui a fait pratiquer de nouvelles fouilles à Soing, se propose de donner une description complète de ce cimetière qui, outre les vases funéraires, a fourni des figurines, des ustensiles en métal et une grande quantité de médailles. On peut supposer que des personnes de distinction ont été inhumées dans cette localité, et M. de La Saussaye annonce

(1) On a trouvé à quelque distance de là, sur la même ligne, un autre emplacement d'*ustrinum*, et il est possible qu'il y eût encore d'autres emplacements semblables.

(2) J'ai vu des vases cinéraires du cimetière de Soing dans les collections publiques de Tours et d'Orléans, chez M. Pélieux à Beaugency, et à Blois chez M. de la Saussaye qui en a réuni un très-grand nombre. Beaucoup d'autres amateurs en possèdent.

qu'il a reconnu l'emplacement de l'ancienne ville qui alimentait le cimetière Ainsi, Messieurs, vous voyez la preuve de ce que j'avançais tout à l'heure : *que la réunion des sépultures peut conduire à retrouver certaines localités importantes, dont l'existence est complètement oubliée.*

Le cimetière de Neung, (1) qui a déjà fourni de belles urnes et beaucoup d'autres objets antiques, et qui comme celui de Soing est tout près d'une ville gallo-romaine, doit être également décrit par M. de La Saussaye, auquel on devra bientôt l'exploration de plusieurs autres lieux de sépulture, dont il indique l'existence, à Millançay, entre Neung et Gièvres, à Cheverny, entre ce dernier village et la ville de Blois ; à Nouan-le-Fuselier, sur la route d'Orléans, à Vierson, et sur quelques autres points de l'Orléanais et de la Sologne.

D'après les recherches de M. de La Saussaye, les médailles trouvées avec les urnes dans cette partie de la France, sont presque toutes des deux premiers siècles de l'ère chrétienne ; celles du temps de Néron sont les plus communes, et

(1) Neung se trouve, comme je l'ai dit page 263, sur la voie antique qui allait de *Gabris* à *Genabum.*

l'on n'en trouve guère de postérieures aux Antonins.

En second lieu, les urnes en verre, qui, comme je l'ai dit, paraissent avoir servi aux personnes les plus éminentes, ont quelquefois été réunies de manière à faire présumer que certaines parties des cimetières étaient plus particulièrement que les autres affectées aux inhumations des notables.

Il paraît aussi qu'il existe quelques différences dans les formes et les dimensions des urnes de chaque localité, ce qui s'explique tout naturellement, puisque nous voyons les mêmes différences dans les produits de nos fabriques de poteries, même peu éloignées les unes des autres.

Enfin, M. de La Saussaye a remarqué des grouppes d'urnes séparées des autres et en quelque sorte à l'écart, qu'il suppose appartenir à une époque où déjà l'usage d'incinérer les corps n'était plus général et s'était seulement perpétué dans quelques familles.

Cimetière de Tours. Le cimetière romain de Tours était situé à l'Est de la cité, à peu de distance de la voie qui allait à *Avaricum*, Bourges, par *Tasciaca* et *Gabris*. On l'a découvert il y a quelques années en creusant le canal qui unit le Cher à la Loire; mais on n'en a vraisemblablement traversé qu'une partie; il paraît que les urnes déposées dans le musée de la ville ont été exhumées dans l'emplacement de la Garre, près de la Magdeleine (1), et que plusieurs étaient rangées avec ordre le long d'un mur souterrain. Les urnes étaient en terre cuite ou en verre, et accompagnées des mêmes objets que celles de Gièvres.

Cimetière de Bordeaux. D'après les calculs de M. Jouannet, on a dû exhumer environ 20,000 urnes du cimetière romain découvert aux sablières de Terre-Nègre, dans la région Nord-Ouest de Bordeaux. Ces urnes étaient pour la plupart en terre, de la forme de celles que j'ai figurées sur la planche XXIX, n°. 1, et munies d'un couvercle un peu bombé, ayant un bouton plat au centre. Quelques-unes seulement étaient en verre (2).

---

(1) Renseignements communiqués par MM. Noël Champoiseau et Dujardin, membres de l'académie de Tours.

(2) Le cimetière de Terre-Nègre était destiné, à ce qu'il paraît, aux sépultures du peuple; les tombeaux de la classe riche ou seulement aisée, bordaient la voie publique plus près des remparts.

On a découvert à Terre-Nègre une urne de famille, ayant 2 pieds de hauteur, 20 pouces de grand diamètre, 8 pouces au goulot, 6 pouces à la base. Un carreau de terre cuite, muni de deux boutons lui servait de couvercle. Ce vase, armé de trois grosses anses, renfermait une quantité considérable de cendres, d'ossements, et deux lacrymatoires de verre. En-dehors et contre l'urne, était appliqué un cordon perpendiculaire, formé de sept petits vases pareils, emboîtés les uns dans les autres.

De belles coupes en terre rouge, ornées de figures en relief, des vases de différentes formes, des lampes, des fioles en verre, des styles, des clefs, (1) des anneaux, etc., etc., accompagnaient les urnes cinéraires comme à Gièvres et dans les autres localités déjà citées.

Parmi les observations intéressantes faites à Terre-Nègre par M. Jouannet, il en est une que je crois devoir particulièrement vous signaler

---

(1) La plupart des clefs antiques trouvées à Terre-Nègre diffèrent des nôtres, comme beaucoup d'autres découvertes ailleurs (v. pl. XXX.), par leur tige plate, épaisse, équarrie, par leur petit anneau plus propre à suspendre l'instrument qu'à aider la main qui s'en servait ; par leur panneton, composé de trois à quatre longues dents fortes et quadrilatères séparées les unes des autres dans toute leur hauteur ; enfin par la pose même de ce panneton qui n'est point sur le plan du reste de la clef, mais qui lui est perpendiculaire.

en rapportant les propres expressions du savant antiquaire bordelais.

« Le soin religieux, dit-il, avec lequel les anciens désignaient tout endroit occupé par quelque sépulture, ce soin d'abord uniquement destiné à prévenir la violation du dernier asile, mais d'où vinrent dans la suite les épitaphes, les autels, les tombeaux fastueux, enfin le luxe et les vanités du cercueil, nous l'avons retrouvé à Terre-Nègre dans sa primitive simplicité. Là j'ai reconnu qu'un ou deux blocs de craie gros comme le poing, déposés à quelques pouces de la surface, au-dessus de l'urne et du cercueil, tenaient lieu au pauvre biturige d'un monument indicateur plus dispendieux. Toutes les tombes ne nous ont pas offert cette particularité, mais nous l'avons assez souvent rencontrée pour qu'elle attirât notre attention et devint à nos yeux un indice qui ne nous a presque jamais trompés. En l'apercevant, nous étions à peu près sûrs d'arriver bientôt à quelque sépulture qui n'avait pas encore été fouillée (1). »

Les recherches de M. Jouannet ont prouvé que les deux modes de sépulture, l'incinération

---

(1) Mémoire de M. Jouannet dans le volume publié, en 1830, par l'académie de Bordeaux.

et l'enterrement étaient en usage dans le même temps chez les Bituriges, mais que le premier mode était le plus généralement suivi à l'époque où l'on inhumait à Terre-Nègre; le nombre des urnes était à celui des corps comme 20 est à 1.

L'une des tombes les plus curieuses qui aient été observées à Bordeaux, montrait à quelles places, lorsque le corps était inhumé en entier, on déposait les vases qui accompagnaient ordinairement les urnes. Ce cercueil avait 6 pieds de longueur, 2 pieds 1/2 de largeur et 3 pieds de profondeur; il était garni d'un mur de 1 pied 1/2 d'épaisseur. Le cadavre était couché sur un lit de mortier de deux à trois pouces; près de sa tête se trouvaient deux vases, un autre près de la hanche droite, et une grande coupe à côté des pieds.

Deux médailles, enveloppées dans un morceau d'étoffe, dont l'oxide conservait encore l'empreinte, avaient été déposées dans la bouche du cadavre.

Quant à l'époque précise à laquelle on cessa de brûler les corps à Bordeaux, M. Jouannet, en considérant les médailles qui accompagnent les urnes, est porté à croire que cet usage ne s'est pas conservé dans ce pays beaucoup au-delà du second siècle de l'ère chrétienne, et que le changement qui s'opéra dans la manière d'inhumer coïncide avec l'établissement du christianisme. Ainsi sur plusieurs centaines de médailles recueillies dans le cimetière de Terre-Nègre, où elles étaient communes, on n'en a pas trouvé de postérieure à Antonin (1).

Cimetière antique de Dieulouard (Meurthe). Dieulouard, s'est élevé sur les ruines de *Scarpona*, ville indiquée dans l'itinéraire d'Antonin, entre *Tullum* et *Divodurum*, et qui s'étendait particulièrement sur la rive droite de la Moselle. On y voit encore les ruines d'une forteresse de construction romaine, et les terres mélangées de débris de toute espèce indiquent évidemment l'emplacement de nombreuses habitations qui ont disparu.

Le cimetière de l'antique *Scarpona* vient d'être exploré par M. de Saulcy, membre de la société des Antiquaires de Normandie.

(1). M. Jouannet rapporte que depuis 20 ans toutes les pièces trouvées à Terre-Nègre ont passé sous ses yeux et qu'il n'en a vu ni d'antérieures à Néron, ni de postérieures aux Antonins; il s'est cependant rencontré deux ou trois *Auguste* et quelques *Claude*, mais si frustes et si peu reconnaissables qu'ils ont semblé devoir être rangés parmi les monnaies adventices qui restèrent encore en circulation long-temps après la mort du souverain. M. Jouannet réduit donc à la durée d'un siècle celle de la primitive destination du cimetière de *Terre-Nègre*.

Les urnes cinéraires qu'il y a trouvées étaient pour la plupart en terre cuite, comme dans les autres cimetières (1), et presque toutes recouvertes d'une tuile ou de quelques tessons d'amphores. Au-dessus de cette couverture on voyait souvent un lit de terre surmonté de quelques pierres brutes, disposées comme celles remarquées par M. Jouannet dans le cimetière de Terre-Nègre.

Quelques-unes avaient aussi été renfermées dans des coffres composés de deux châssis en pierre, superposés l'un à l'autre.

D'autres urnes étaient recouvertes par des vases brisés beaucoup plus grands, ou même entourées de tous côtés de fragments d'amphores.

Enfin les cendres des malheureux, trop pauvres, sans doute, pour que leurs proches pussent acheter une urne cinéraire, étaient tout simplement déposées dans la terre, et recouvertes de fragments d'amphores. Plusieurs fois, M. de Saulcy a rencontré également les cendres déposées, soit sur de petits plateaux de poteries

---

(1) Près de l'une de ces urnes on rencontra un vase de verre renfermant plusieurs morceaux d'une flûte romaine. Il est probable que cet instrument avait appartenu au mort dont les cendres étaient renfermées dans l'urne voisine.

brisés, soit entre deux tessons d'amphores, soit enfin recouvertes d'une simple tuile semi-circulaire.

M. de Saulcy a remarqué dans presque tous les vases cinéraires qu'il a vidés que le fond était occupé par une petite couche de gravier de deux à trois lignes d'épaisseur, et sur laquelle reposaient immédiatement les cendres et les débris d'ossements recueillis après la combustion du corps.

Parmi les urnes nombreuses exhumées à Dieulouard, sous la direction de M. de Saulcy, on en trouva une en terre rouge recouverte d'un vernis noir et portant, grossièrement écrit avec une pointe, le nom du mort qu'elle renfermait : PICCIENUS.

Plusieurs squelettes ont été observés parmi les urnes. Presque tous étaient étendus sur le dos, ayant la tête tournée vers l'Orient, et plusieurs avaient des vases déposés près d'eux. Les médailles découvertes dans ce cimetière étaient d'Auguste, d'Agrippa, de Néron, d'Adrien, de Macrin, de Constantin, de Claude, de Quintillus et de Tetricus.

Plus de cent autres cimetières antiques ont été reconnus, à ma connaissance, dans diverses localités, soit près des villes dont le nom ancien

nous est connu, soit à peu de distance d'établissements gallo-romains détruits, et sur lesquels on ne possède aucuns renseignements.

Au Sud de Lillebonne, sur le bord de la
voie qui conduisait de cette ville à la Seine, et
de là à Brionne, M. Davois de Kinkerville a découvert un assez grand nombre d'urnes cinéraires. Près de Dieppe, sur la commune de Cô-
tecôte, un cimetière reconnu par M. Féret, a
fourni près de 100 urnes, qui, d'après les médailles trouvées en même temps, paraissent remonter au siècle des Antonins, et dont plusieurs
sont déposées dans la bibliothèque publique de
cette ville. M. Féret possède un nombre considérable de documents relatifs à des trouvailles
de sépultures faites sur différents points du
même arrondissement.

On inhumait, à ce qu'il paraît, aux deux
extrémités de la ville d'Exmes, sur le bord de
la voie que j'ai décrite (le chemin Haussé). En
effet, l'on a trouvé dans le Champ-des-Mer-
veilles (1), au Sud de l'ancienne ville, des vases
qui, selon la description qui m'a été faite, doi-

(1) La voie romaine qui se dirige sur le Merlerault pour aller
sans doute gagner Planches et Tourouvre, passe le long du champ
des Merveilles où elle m'a été montrée par M. Le Métayer,
adjoint de Ginay ; elle y est pavée en laitier de fer.

vent avoir renfermé des cendres, et M. de Colleville vient de découvrir d'autres urnes, évidemment cinéraires, sur le penchant du monticule qui bornait au nord la ville romaine.

A Bayeux, le champ des urnes était, selon toute apparence, à l'Ouest et au sud-Ouest de l'enceinte murale, là où se trouvent la rue de la Poterie et les jardins qui bordent la rue *des Terres*. On y a découvert à plusieurs reprises une grande quantité de fragments d'urnes cinéraires et des médailles des empereurs Claude, Néron, Vespasien, Nerva, Trajan, Adrien, Antonin-le-Pieux, etc., etc. (1)

A Jort on découvre des urnes dans les jardins qui bordent la principale rue du bourg, et Vieux a fourni dans le siècle dernier des urnes et des cippes portant des inscriptions funéraires.

Je ne finirais pas, si je voulais citer tous les renseignements que j'ai réunis sur les lieux où

---

(1) On peut tirer encore une autre induction favorable à l'opinion que j'émets ici, de la position du cimetière chrétien qui fut placé à l'opposite du cimetière romain près de l'église Saint-Exupère. Dans plusieurs villes anciennes, j'ai remarqué que les premiers chrétiens ont choisi pour leurs sépultures des lieux directement opposés à ceux qui étaient occupés par les cimetières payens.

il existe, dans la France occidentale, des dépôts d'urnes cinéraires. On peut affirmer hardiment qu'il y a eu un cimetière partout où il y avait une ville ou une bourgade gallo-romaine ; ainsi la découverte d'un établissement semblable devra donner lieu à la recherche d'un cimetière, et réciproquement la découverte d'un cimetière pourra conduire à retrouver les traces de la ville à la population de laquelle on en doit l'établissement.

SÉPULTURES GALLO-ROMAINES DE LA 2me. ÉPOQUE.

Il est d'autant plus difficile de fixer d'une manière précise le temps où l'on cessa de brûler les corps, que cet usage a dû subsister plus long-temps dans certaines parties de la Gaule que dans d'autres ; mais en considérant que la plupart des médailles découvertes avec les urnes à Bordeaux, en Sologne, à Dieppe, et dans beaucoup d'autres localités, appartiennent au deuxième siècle de notre ère, on peut conjecturer que dès le IIIe. siècle on enterra souvent les corps sans les brûler. De nombreux tombeaux attestent d'ailleurs que du temps de Constantin ce dernier mode d'inhumation avait complètement prévalu dans la Gaule.

C'est donc au IIIe. siècle et au IVe. qu'il faudra, en général, attribuer les sépultures que nous allons examiner. Cependant, comme on a quelquefois inhumé les corps sans les brûler durant la période temporaire où l'incinération était en usage, des tombeaux conformes à ceux de la seconde époque pourront appartenir à la première, et l'on devra, pour déterminer l'âge précis de ces inhumations, s'aider des inductions que fournissent les médailles ou les autres objets qui accompagnent ordinairement les squelettes.

Lorsqu'on abandonna l'usage de brûler les morts pour les enterrer, on disposa autour du corps les mêmes objets que l'on avait placés près des urnes cinéraires; ainsi les coupes, les bouteilles à long cou, les bijoux, etc, etc., furent déposés dans le cercueil; une médaille fut placée dans la bouche du cadavre (1).

Presque tous les tombeaux qu'on a découverts dans nos contrées, et qui paraissent de-

---

(1) On sait que d'après les idées des anciens cette médaille était destinée à payer le passage de l'Achéron.

voir être rapportés au troisième et au quatrième siècle, ont offert des vases déposés avec soin près de la tête et aux pieds des squelettes. Cette disposition ne peut être l'effet du hasard, mais doit résulter d'un usage fondé sur quelque croyance religieuse.

Tantôt les cercueils gallo-romains sont d'une seule pièce (1), en pierre, soit couverts de moulures, soit unis, avec ou sans inscription, ayant un couvercle plat ou convexe; d'autres fois ils sont formés de deux pierres creusées et ajustées l'une à l'autre. Les plus simples sont formés de pierres plates posées sur le champ, de manière à garnir la fosse creusée en terre. Quelques cercueils gallo-romains sont en terre cuite; d'autres en plomb, et plusieurs ont été faits en maçonnerie; il est probable qu'il y eut aussi à cette époque beaucoup de cercueils en bois dont il ne reste plus de traces.

On a trouvé des squelettes dont la tête reposait sur une large tuile à double parement; d'autres dont les bras et les jambes avaient été engagés dans de longues tuiles creuses; enfin l'on s'est servi, suivant les lieux, de différents matériaux.

(1) On remarque au fond de quelques cercueils un petit trou qui traverse la pierre de part en part.

Un nombre assez considérable de tombeaux gallo-romains ont été exhumés le long des voies que j'ai décrites dans nos précédentes conférences (voir le chapitre IV) ; sur le bord du chemin Haussé on a trouvé, près de Trun, et dans la commune de Jort, des squelettes déposés dans des cercueils formés de plusieurs pierres posées sur le champ, et qui étaient accompagnés de vases en terre grise (1). Une découverte du même genre a été faite tout récemment à Saint-Lambert, entre Aubri et Chamboy, sur le bord de la même voie. D'après les observations de M. de Colleville, membre de la société des Antiquaires de Normandie, les squelettes découverts sur ce point étaient au nombre de cinq, placés à la suite les uns des autres, la tête tournée vers le Nord-Ouest. Chaque corps avait à ses pieds un vase de terre, et à ses côtés, un fer à deux tranchants, une espèce de marteau ou de hache qui n'était peut-être qu'une *ascia*, et des boucles ou agraffes en bronze. La tête et les pieds reposaient sur une aire en maçonnerie ; près de l'un des squelettes était un vase de cristal.

---

(1) D'après les renseignemens que j'ai pu me procurer sur ces trouvailles faites à diverses époques, les squelettes étaient tournés de l'Est à l'Ouest.

Des tombeaux creusés dans le sol et revêtus de pierres plates ont été exhumés à Colombiers, sur le bord de la voie romaine allant de Bayeux au Bac-du-Port (V. la page 146); on a trouvé des agraffes et différents objets antiques près des squelettes qu'ils renfermaient, et M. Lambert, qui les a visités, ne doute pas qu'ils ne dussent être regardés comme appartenant à l'ère gallo romaine. Des découvertes du même genre ont été faites dans l'arrondissement de Lisieux par M. de Formeville, à Vieux, aux environs de Valognes, dans le département de la Seine-Inférieure, en un mot, dans toutes les parties de la Gaule. Auprès des squelettes renfermés dans ces tombeaux, on a trouvé assez ordinairement des bracelets en cuivre, dont quelques-uns étaient ciselés, des poignards ou coutelas en bronze ou en fer, des grains d'une sorte de porcelaine ou d'émail coloré et d'autres objets paraissant avoir été enfilés et portés en collier; de petits vases de verre et quelquefois des agraffes en or.

Le musée d'antiquités de Rouen renferme 2 cercueils gallo-romains en pierre, dont un est couvert de sculptures assez remarquables, et dont l'autre, tout uni, offre le fragment d'inscription suivant :.... VERINI SEVERI FILI.

La ville de Rouen a fourni plusieurs autres cercueils antiques ; en 1828, on y trouva, dans la rue du Renard, deux cercueils de plomb, qui furent alors observés et décrits par M. Langlois. L'un des cercueils n'avait que 4 pieds 8 pouces de longueur sur neuf pouces de largeur, à la tête, et six pouces aux pieds ; le couvercle en était plat. Les débris humains qu'il recélait étaient de proportions telles qu'ils ne pouvaient provenir, selon toute apparence, que d'une jeune personne de douze à treize ans au plus. A la tête du squelette étaient une médaille en bronze de Posthume père, et deux petits vases de fabrique très-élégante : le premier en verre fort mince, de la forme d'un simple gobelet ; le second d'une terre extrêmement légère et de couleur bronze antique, avec la formule AVE, écrite en beaux caractères et accompagnée de quelques ornements fort simples (1).

Le second cercueil renfermait le squelette d'un enfant de deux à trois ans ; il n'avait que 2 pieds 10 pouces de long sur 9 pouces de large

(1) V. mon rapport sur les travaux de la société des antiquaires de Normandie, année 1828. Une chose à remarquer, c'est que les ossements que recélait ce sarcophage étaient colorés en vert ; l'analyse chimique a prouvé que cette couleur était due à l'oxide de cuivre.

et 8 pouces de profondeur. Près du squelette était un hochet ou jouet, consistant en un anneau de bronze de 2 pouces 1/2 à trois pouces de diamètre, auquel étaient suspendus et enfilés, comme les patenôtres d'un chapelet, deux défenses de sanglier, un anneau de bronze, quatre médailles romaines du même métal, une petite sonnette quadrangulaire, un tronçon de coquille turbinée, deux globules de biscuit ou d'émail d'un vert tendre, striés dans leur pourtour.

Les trouvailles de tombeaux ont été très-fréquentes dans la Champagne, l'Alsace, la Lorraine, la Bourgogne, et ont donné lieu à diverses notices.

On trouve dans l'*Alsacia illustrata*, de Schœpflin, et dans l'histoire de Strasbourg, par Silherman, une note sur des sépultures antiques composées de tuiles à rebords disposées de manière à former un toît, et qui portaient le nom de la VIIIe. légion (1). Ces tombeaux, tout-à-

---

(1) Un champ situé à une demi-lieue de Strasbourg est encore jonché de briques romaines portant la marque de la VIIIe légion, et la position de ce lieu favorable pour l'observation du pays pourrait faire croire que ce fut là l'établissement occupé par la VIIIe légion : peut-être n'en était-ce que la briqueterie.

V. les *Antiquités de l'Alsace par MM. Schweighauser et de Golbery, p. 77.*

fait semblables à ceux que nous avons décrits déjà (page 257), recouvraient des squelettes entiers.

M. Schweighauser rapporte que devant Strasbourg, là où passe aujourd'hui, et où a dû passer en tout temps la route qui se dirige vers le centre de la France, on a découvert il y a quelques années un squelette renfermé dans une sorte d'auge en pierre grossièrement taillée; ce squelette était accompagné d'un verre de la fabrication la plus élégante; c'est un gobelet entouré d'une sorte de réseau en verre colorié, maintenu par de petites pointes en verre à la distance d'une ligne et demie des bords. Le verre du réseau est colorié en pourpre. Autour du haut du gobelet on voit encore les restes d'une inscription prouvant que cet objet précieux avait été offert à l'empereur Maximien, qui apparemment en avait fait présent à un officier enterré auprès de Strasbourg. Dans les notes qu'il a bien voulu me transmettre, M. Schweighauser parle aussi d'un certain nombre de tombeaux découverts à 4 lieues de Strasbourg, auprès de Marlenheim, célèbre résidence des premiers rois Francs. Ces tombeaux consistaient en six plaques de pierre plus ou moins travaillées et dont on avait formé des cercueils. Le lieu où ils ont été trouvés a fait penser d'abord qu'ils étaient du commencement de la monarchie française, mais on a fini par découvrir dans la bouche d'un squelette une petite médaille qui, par elle-même ainsi placée, indiquait que le tombeau était payen. C'était une pièce de Constantin.

D'autres tombeaux ou cercueils, formés de même de plusieurs pierres, ont été exhumés en assez grande quantité sur un monticule appelé Luppberg, et situé près de Durstel, non loin de Saur-Union. Dans ceux-ci, on trouva toute sorte de colifichets et surtout des grains en verre paraissant avoir servi de colliers. Des tombeaux et des objets semblables ont été observés près de Wezelis, en Lorraine, et sont décrits dans les mémoires de la société des Antiquaires de France. On y a découvert des médailles, et l'on peut regarder comme un fait constaté quils appartenaient au temps de Constantin (1).

Ce que je viens de dire suffit pour vous faire connaître le mode de sépulture le plus usité au IVe. siècle.

---

(1) Renseignements communiqués par M. de Schweighauser, de l'institut.

Quelques cercueils munis d'un couvercle bombé, convexe ou triangulaire, et ornés de sculptures, sont évidemment restés à nu et n'ont point été engagés dans la terre; les autres ont été enterrés à une petite profondeur, et quelques-uns ont dû être recouverts d'une pierre tumulaire (1).

Je n'ai plus qu'un mot à ajouter:

Nous avons vu dans la première partie du Cours que long-temps après l'introduction des mœurs romaines dans la Gaule, on avait élevé des *tumulus,* ainsi que le prouvent les médailles trouvées souvent au milieu de ces tertres funèbres; que certains tumulus étaient même des derniers temps de l'ère gallo-romaine. Des observations faites sur plusieurs points de la France m'autorisaient à

---

(1) Il est probable que dès cette époque on commença à représenter le défunt couché sur la tombe, genre de tombeau qui fut usité au moyen âge, et que, pour préserver la statue du mort des intempéries des saisons auxquelles elle eût été exposée dans cette position horisontale, on éleva dans quelques lieux des arcades ou niches cintrées que nous retrouverons en étudiant les tombeaux du moyen âge. Je n'ai cependant pas d'exemples à citer à l'appui de cette supposition. Les pierres tumulaires paraissent avoir été bien plus rares au IIIe et au IVe siècles, que dans le IIe; dans ces temps moins heureux on s'occupait plus du cercueil que des accessoires qui pouvaient le faire remarquer.

parler ainsi. En Alsace, par exemple, un très-grand nombre de tumulus paraissent du IVe. siècle; dans quelques-uns de ceux qui ont été nivelés, on a trouvé, près des squelettes qu'ils renfermaient, des médailles de Décence avec le monogramme du Christ. Quelques tumulus doivent donc être rangés parmi les tombeaux gallo-romains de la 2e. époque, et plusieurs de ceux qui se rencontrent dans nos contrées littorales sont peut-être du temps auquel les Saxons firent des irruptions sur nos côtes; ils pourraient même ne dater que de la fin du Ve. siècle ou d'une époque moins ancienne encore.

CHAPITRE VIII.

Du soin que les Romains apportaient dans le choix des lieux où ils établissaient leurs campements.—Aperçu de l'organisation des légions et de leur discipline.— Ordre et arrangement des troupes dans les camps.— Considérations sur les changements survenus dans les troupes romaines sous les empereurs et surtout au IV°. siècle. Description de plusieurs camps présumés de l'époque romaine observés en Normandie : ils sont tous sur des points élevés. — Inductions tirées de la position, du nombre et la distribution géographique de ces monuments, pour déterminer l'époque à laquelle la plupart d'entr'eux ont été établis.

J'ai maintenant à vous entretenir des monuments militaires élevés sous la domination romaine et à vous faire connaître les caractères qui distinguent les enceintes retranchées de cette époque.

Les Romains apportaient beaucoup de soin dans les choix des lieux où ils établissaient un camp, et ils observaient des règles que Polybe, Hygin, Végèce et plusieurs autres auteurs nous ont transmises.

« En quelque lieu que les Romains portent la guerre, dit l'historien Flavien Josephe, ils ne sauraient être surpris par un soudain effort de leurs ennemis, parce qu'avant de pouvoir être attaqués, ils fortifient leur camp, non pas confusément ni légèrement, mais d'une forme quadrangulaire; et si la terre est inégale, ils l'applanissent : car ils mènent toujours avec eux un grand nombre de forgerons et d'autres artisans pour ne manquer de rien de ce qui est nécessaire à la fortification. Le dedans de leur camp est separé par quartiers où l'on fait les logemens des officiers et des soldats. On prendrait la face du dehors pour les murailles d'une ville, parce qu'ils y élèvent des tours également distantes, dans les intervalles desquelles ils posent des machines propres à lancer des pierres et des traits. Ce camp a quatre portes fort larges, afin que les hommes et les chevaux puissent y entrer et en sortir facilement. Le dedans est divisé par rues, au milieu desquelles sont les logemens des chefs, un prétoire fait en forme de Temple, un marché, des boutiques d'artisans, et des tribunaux où les principaux officiers jugent les différents qui s'élèvent. Ainsi l'on prendrait ce camp pour une ville faite en un moment, tant le grand nombre de ceux qui y travaillent et leur longue expérience le mettent en cet état plutôt qu'on ne le saurait croire : et si l'on juge qu'il en soit besoin, on l'environne d'un retranchement de quatre coudées de largeur et d'une profondeur égale. »

« Les soldats avec leurs armes toujours près d'eux vivent ensemble en fort bon ordre et en bonne intelligence. Ils vont par escouades au bois, à l'eau, au fourrage, et mangent tous ensemble sans qu'il leur soit permis de manger séparément. Le son de la trompette leur fait connaître quand ils doivent dormir, s'éveiller, et entrer en garde, toutes choses étant si exactement réglées que rien ne se fait qu'avec ordre. Les soldats vont le matin saluer leurs Capitaines : les Capitaines vont saluer leurs Tribuns ; et les Tribuns et les Capitaines vont tous ensemble saluer celui qui commande en chef. Alors il leur donne le mot et tous les ordres nécessaires, pour les porter à leurs inférieurs, afin que personne n'ignore la manière dont il doit combattre, soit qu'il faille faire des sorties, ou se retirer dans le camp. Quand il faut décamper, le premier son de trompette le fait connaître, et aussitôt ils plient les tentes et se préparent à partir. Quand la trompette sonne une seconde fois, ils chargent tous leur bagage, attendent, pour partir, un troisième signal, comme l'on ferait dans une course de chevaux, et mettent le feu dans leur camp, tant parce qu'il est facile d'en refaire un autre, que pour empêcher les ennemis de s'en pouvoir servir. Quand la trompette sonne pour la troisième fois, tout marche ; et afin que chacun aille en son rang, on ne souffre que personne demeure derrière. Alors un Héraut qui est au coté droit du général leur demande par trois fois s'ils sont prêts à combattre ; à quoi ils répondent autant de fois à haute voix et d'un ton qui témoigne leur joie, qu'ils sont tout prêts. Ils préviennent même souvent le Héraut en faisant connaître par leurs cris et en levant les mains en haut qu'ils ne respirent que la guerre. Ils marchent ensuite dans le même ordre que s'ils avaient l'ennemi en tête sans rompre jamais leurs rangs. » (1).

Les Romains faisaient grand cas de la proximité des rivières qui fournissaient l'eau dont ils avaient besoin, en même temps qu'elles défendaient l'accès du camp. Ils se plaçaient ordinairement sur un terrain en pente douce exposé au midi, afin de profiter de la chaleur du soleil qui leur était si utile en hiver ; ils cherchaient à réunir aux avantages précédents celui de dominer sur les contrées voisines et se

---

(1) Traduction d'Arnauld d'Andilly.

plaçaient sur des points très-élevés d'où la vue pouvait découvrir un vaste horizon. Les camps romains étaient habituellement carrés ou oblongs ayant quelquefois leurs angles arrondis. Lorsqu'il y a eu dérogation à cette règle, c'est que la configuration des éminences sur lesquelles les camps étaient assis ou d'autres circonstances naturelles ont fait sacrifier la régularité à la force.

Les camps étaient de plusieurs espèces. On appelait *castra stativa* ou stations, les camps fixes qui servaient de retraite à des troupes permanentes préposées à la garde du pays ; ils ont souvent donné naissance à des villes ou à des bourgades.

Les enceintes fortifiées dans lesquelles les troupes passaient leurs quartiers d'hiver s'appelaient *castra hiberna* : ils sont aussi devenus quelquefois des stations, et par suite des villes romaines.

Les castra œstiva, ou camps temporaires, étaient fortifiés avec moins de soin que les camps d'hiver, et n'ont dû servir que pendant un temps assez court.

Il est bon, je crois, de rappeler en peu de mots quelle était l'organisation des légions romaines et quel ordre elles observaient dans le campement du temps de Polybe.

Une légion se divisait en 10 cohortes, une cohorte en 3 manipules et un manipule en deux centuries. Ainsi l'on comptait trente manipules et soixante centuries dans une légion qui aurait été conséquemment composée de 6,000 hommes, non compris les auxiliaires, si les centuries eussent été de 100 hommes chacune : mais souvent elles n'étaient que de 60, et du temps de Polybe, une légion se composait de 4,200 hommes. Les corps d'auxiliaires étaient aussi considérables que ceux de la légion.

Il y avait dans la légion plusieurs espèces de fantassins.

Les *hastati* ou hastaires, jeunes soldats à la fleur de l'âge, formaient la première ligne de l'armée.

Les *principes* dans la force de l'âge (*in mediâ ætate*) portaient des armes qui différaient un peu de celles des *hastati* : ils occupaient la seconde ligne.

La troisième ligne était formée par les *triarii* dont l'armure différait encore de celle des *principes* et qui n'étaient qu'au nombre de 600.

Avant Marius qui apporta plusieurs changements dans l'organisation des troupes, il y avait une quatrième classe de fantassins armés à la légère, nommés *Velites*, qui n'avaient pas de rang déterminé, mais qui fortifiaient au besoin les pelotons en se plaçant dans les intervalles qui régnaient entre eux : ils avaient pour armes l'arc ou la fronde et des javelots.

Un corps de cavalerie de 300 hommes appelé *ala* était attaché à chaque légion ; on le divisait en 10 compagnies de 30 hommes, *turmæ*, et chaque compagnie se divisait elle-même en trois décuries.

La cavalerie des alliés était de beaucoup plus nombreuse et se composait d'environ 900 hommes.

Officiers. Les officiers supérieurs de la légion étaient les tribuns au nombre de six du temps de Polybe (1).

A cette époque la cohorte légionnaire n'avait pas de commandant particulier. Le capitaine de la première centurie de chaque cohorte commandait la cohorte entière. Cet usage subsista jusqu'au temps d'Adrien, que les cohortes eurent des tribuns particuliers.

Le capitaine de la première centurie de chaque manipule commandait cette division ; il prenait

(1) Les tribuns portaient la petite épée nommée *Parazonium* et l'anneau d'or, tandis que les soldats n'en avaient que de fer. Dans la suite, sous Valérien, ils portèrent des tuniques rouges, des casaques en forme de manteau, des agraffes de vermeil, un baudrier d'étoffe d'argent brodé en or, un brasselet pesant 7 onces, un collier d'une livre, un casque doré, un bouclier incrusté de dorures, etc.

la dénomination de *prior centurio* et agissait de concert avec le capitaine de la seconde compagnie, *posterior centurio* (1).

Le centurion était donc le premier des officiers subalternes immédiatement au-dessous des tribuns. Il choisissait deux officiers, un lieutenant et un porte-étendard.

Les troupes alliées étaient divisées en cohortes comme les troupes légionnaires, et les cohortes étaient commandées par des préfets qui avaient la même autorité que les tribuns.

Enseignes. L'enseigne générale de la légion était l'aigle. Elle était portée sur une perche qui se terminait en plateau et n'était chargée d'aucun ornement.

Les cohortes avaient pour enseigne (*vexillum*) une pique soutenant par le haut une traverse à laquelle était attachée une pièce d'étoffe de deux ou trois pieds carrés; les vexilles des cohortes étaient ornés de broderies d'or, et l'on y inscrivait le nom de la légion et le nombre de la cohorte (2). Dans la suite ou substitua l'image d'un dragon aux vexilles.

---

(1) Le Beau, seizième mémoire sur la légion romaine, tome XXXVII de l'académie royale des inscriptions et belles-lettres

(2) Le Beau, XIVe. mémoire sur la légion romaine; tome XXXV de l'académie des inscriptions.

Les centuries avaient aussi leurs enseignes, *signa*; la pique qui en faisait le soutien pouvait avoir 6 à 7 pieds de hauteur. Elle était tantôt surmontée d'une main droite, symbole de la fidélité, tantôt d'une couronne ou d'une figure de divinité, etc., etc. Le bois de la pique depuis le sommet jusqu'à la moitié au moins de sa longueur était garni de divers ornements : c'étaient de petits boucliers de diverses formes, des croissants, des demi-globes ou des globes applatis de métal taillés en écailles, des tablettes propres à porter des inscriptions, des traverses avec des festons pendants, de petites figures d'édifices, des génies, des têtes d'animaux, etc., etc.

Les porte-enseignes d'une légion formaient un corps qui était distingué par différents grades; leur habillement ressemblait à celui des officiers; ils étaient coiffés d'une tête de lion ou d'ours dont la peau leur couvrait le dos et dont les pates de devant venaient s'attacher au-dessous du cou (pl. XII).

L'aigle de la légion était confiée au centurion de la première centurie du premier manipule des triaires, qui s'appelait *centurio primipili* et qui avait un rang plus élevé que tous les autres.

Armes. Les troupes romaines avaient pour armes défensives : 1°. un casque en cuivre ou en fer ; 2°. un bouclier ordinairement oblong (*scutum*) de quatre pieds sur deux, fait en bois, joint par de légères bandes de fer et recouvert de cuir, quelquefois rond et plus petit ; 3°. une cotte de mailles (*lorica*) assez souvent en cuir et revêtue de plaques de fer en forme d'écailles, ou d'anneaux du même métal ; au lieu de cette cotte de maille elles portaient parfois une cuirasse en airain.

Les armes offensives étaient : 1°. l'épée tranchante des deux côtés et pouvant servir d'estoc et de taille, et le *parazonium*, petite épée beaucoup plus courte qui était suspendue du côté opposé à la grande épée : 2°. le javelot, *pilum*, la plus redoutable des armes de jet et dont faisaient usage les soldats pesamment armés ; 3°. les flèches, la fronde, etc. Ces armes étaient d'abord exclusivement maniées par les auxiliaires ; dans la suite les troupes qui en faisaient usage devinrent très-communes et au temps de Végèce elles formaient la moitié de l'armée. (1)

Habillement. L'habit militaire porté par les

---

(1) V. Le Beau, vingtième mémoire sur la légion romaine, tome XXIX de l'académie des inscriptions.

officiers et par les soldats s'appelait *sagum* et aussi *chlamys* : c'était une espèce de manteau ouvert que l'on mettait par dessus les autres vêtements, et qu'on attachait avec une agrafe. On nommait aussi *chlamys* ou *paludamentum* le manteau du général qui était de couleur écarlate et brodé de pourpre (1).

Je passe rapidement sur tous ces détails que vous trouverez consignés fort au long dans plusieurs ouvrages, notamment dans les mémoires de Le Beau sur la légion romaine. L'esquisse que voici (voyez pl. XIIe) d'un des bas-reliefs sculptés sur la colonne trajane vous fera comprendre le peu que j'ai dit des armes des troupes romaines et de leur costume.

Ce bas-relief représente le passage de l'Ister ou du Danube sur un pont de bateaux, par un corps de troupes de l'armée de Trajan lors de sa première expédition en Dacie.

Le préfet ou tribun de la cohorte est figuré à l'extrémité du pont, au moment où il se retourne pour donner des ordres à ses soldats ; il tient à la main gauche un rouleau (2) ;

---

(1) Les principaux officiers portaient aussi quelquefois le *paludamentum* écarlate. *V. antiquités romaines par A. Adam.*

(2) Probablement le rôle militaire ou la liste des soldats.

il porte le baudrier et l'épée courte attachée à gauche. Sa poitrine est couverte d'une cuirasse, et par-dessus son armure on distingue le *paludamentum laticlavum*, vêtement militaire d'honneur.

A sa droite marche le porte-étendard de la légion avec l'aigle. Cette aigle était ordinairement en cuivre fondu doré; on suspendait souvent à son cou une bulle d'or, petite capsule contenant habituellement quelqu'amulette et qui fut dans l'origine portée par les généraux dans les pompes triomphales.

Vous voyez ensuite les deux vexillaires ou enseignes du manipule, tenant leurs étendards. Ces étendards sont de la même forme et terminés l'un et l'autre par une main; ils présentent dans les ornements qui garnissent le manche, quelques différences propres à les faire distinguer l'un de l'autre. Ces vexillaires sont coiffés avec des peaux de lion tombant sur le cou et les épaules, et dont la tête forme une espèce de bonnet.

Immédiatement après, vient le vexillaire des cavaliers de la cohorte avec son drapeau, petite bannière en étoffe sur laquelle le nom de l'empereur était ordinairement brodé en lettres d'or. Ce porte-étendard n'a, de même que celui qui tient l'aigle de la légion, ni casque, ni bonnet de peau de lion.

Un peu à gauche du 1er vexillaire de la cohorte on remarque un personnage portant, au bout d'un long bâton, une lanterne destinée à éclairer la marche du manipule pendant la nuit.

Vous distinguez en avant de ce fanal un vexillaire dont l'enseigne est différente de celles que nous avons examinées ; mais il appartient à un autre détachement de soldats dont on verrait le développement si notre esquisse comprenait dans son entier le bas-relief de la colonne trajane (1).

Après les officiers que nous venons de mentionner marchent les soldats-légionnaires rangés deux à deux, ayant leur casque attaché sur la poitrine, du côté droit ; et l'épée suspendue à droite. Leur bouclier est oblong et convexe (2), orné extérieurement de diverses figures.

(1) La différence qui existe entre le niveau du bateau qui supporte ce personnage et ceux qui servent de pont au détachement que nous examinons, indique assez que le vexillaire dont nous parlons passait avec son manipule sur une ligne de bateaux parallèle à celle qui est représentée sur le premier plan.

(2) On plaçait ordinairement des dards et différents objets dans la partie creuse du bouclier.

Au bout de leur lance ils portent un paquet carré, un petit sac de pain ou de bled, un autre rempli de petits morceaux de viande sèche ou salée, un cruchon de vin ou de vinaigre, une petite plaque percée de trous pour cuire ou griller les aliments et une cuiller en fer. Tous ces bagages pesaient quelquefois 60 livres.

Polybe et Hygin donnent des détails très-circonstanciés sur la castramétation romaine; ils indiquent l'ordre et la disposition des différents corps de troupes, combien d'espace occupaient les pelotons; quelle était la dimension des tentes. Je vais mettre sous vos yeux le plan d'un grand camp consulaire comme on le faisait du temps de Polybe (V. la pl. XXXIe, fig. 1re). Il devait contenir deux légions avec leurs auxiliaires qui composaient un total de 19,200 hommes.

Le camp était carré et percé de portes sur les quatre côtés. La porte qui faisait face au prétoire s'appelait *porte Prétorienne*; celle qui était directement opposée à la précédente était *la porte Décumane*, ainsi nommée parce que dix soldats pouvaient y passer de front; les deux autres sur le côté droit et le côté gauche étaient *les portes principales*. La porte prétorienne devait toujours faire face à l'ennemi, et l'on plaçait la porte décumane sur le côté le plus élevé, afin que le camp fût tourné vers le terrain inférieur et qu'il dominât l'ennemi.

La plus grande rue traversait le camp d'un bout à l'autre dans le sens de la largeur: elle passait devant le prétoire et s'appelait *via principalis* ou *principia*. Elle ne partageait pas le camp en deux parties égales, mais elle était plus rapprochée de la porte Prétorienne que de la porte Décumane; elle était nivelée avec un grand soin. D'un côté de cette grande allée étaient d'abord rangées les tentes des douze tribuns régulièrement espacées et plus loin celles des 12 préfets des troupes auxiliaires. Ces tentes se trouvaient ainsi dans l'ordre que devaient tenir les officiers qui les occupaient, lorsque l'armée était en bataille. Une autre rue se dirigeait en ligne droite à partir du Prétoire, et accédait à la porte Décumane : elle avait 60 pieds de largeur. La cavalerie (pl. XXXI, lettre H) était placée sur le bord de cette rue; celle de la plus ancienne légion à droite et celle de la moins ancienne à gauche. Chaque troupe occupait une espace de 100 pieds en carré le long de la rue, et chaque peloton de fantassins *(les Triarii)* qui était directement derrière la cavalerie (I) avait également 100 pieds d'espace pour son campement, à partir de la principale rue ; mais seulement 50 pieds dans le sens de la largeur du camp. Ce corps de fantassins était moitié moins nombreux que les autres.

A droite et à gauche des *triarii* campés derrière la cavalerie de leurs légions respectives (fig. Ire) étaient des rues de 50 pieds de largeur qui partaient de la voie *principale* placée devant les tentes des tribuns, et allaient rendre à l'extrémité du camp. Le long de ces rues étaient rangés les soldats *principes* (K), moitié plus nombreux que les *triarii* et qui occupaient un espace de 100 pieds en longueur et en largeur. Au-delà des *principes* on voyait les *hastati* (L), dont le nombre était le même et qui occupaient la même étendue. Cette dernière division de l'armée faisait face à deux autres rues larges de 50 pieds et parallèles à celle qui séparait les *triarii* des *hastati*.

Au-delà des routes précédentes était campée la cavalerie des alliés (M) qui était deux fois plus nombreuse que la cavalerie romaine, mais comme le tiers de cette cavalerie était stationnée près du Prétoire, il ne restait sur chaque côté du camp, que 600 chevaux auxiliaires, qui paraissent avoir été disposés par doubles pelotons occupant environ un espace de 200 pieds chacun.

L'infanterie alliée (N) était placée tout près de la cavalerie tournée vers le rempart ; elle était aussi considérable que l'infanterie romaine ; comme il y en avait une partie qui était campée près du Prétoire (R), chaque détachement occupait un espace de 200 pieds sur la largeur et 100 pieds sur la longueur, ce qui fait juste l'équivalant de l'espace occupé par les *hastati* et les *principes*. (V. la fig. Ire., pl. XXXIe.)

D'après ce qui précède, les deux rangs de pelotons, qui dans les légions romaines remplissaient l'intervalle compris entre les rues, étaient placés dos à dos afin de faire face aux rues, excepté ceux qui terminaient les lignes et qui étaient formés de manière à faire face les unes aux remparts, les autres à la voie *principale*.

Les centurions étaient à la tête de leurs compagnies, et leurs tentes faisaient face aux rues.

Telle était la disposition des troupes dans toute la partie placée entre les tentes des tribuns et la porte Décumane ; il me reste à parler de la distribution des troupes placées entre ces mêmes tentes et la porte Prétorienne.

Il résulte clairement de la description de Polybe qu'entre le Prétoire et les tentes des tribuns, il y avait une allée qui traversait le camp parallèlement à la voie principale. On ménageait aussi de chaque côté du Prétoire des espaces dont l'un était appelé le marché ou *Forum*, et dont l'autre était réservé au questeur ; c'était là que se trouvaient les magasins d'armes d'habits et de provisions (1).

A droite et à gauche des places publiques étaient cantonnés les cavaliers d'élite des auxiliaires (O O) qui formaient la garde du général. Plus loin se trouvaient les *evocati* (P P) ou vétérans fantassins.

Une allée droite à partir du centre du prétoire se dirigeait vers la porte prétorienne. Sur les côtés de cette voie se trouvaient la cavalerie supplémentaire alliée (Q Q) *extraordinarii equites* et ensuite, c'est-à-dire placés près du retranchement, l'infanterie supplémentaire du même corps d'armée (*extraordinarii pedites*) (R R). Les stations de ce corps étaient par conséquent en avant du camp, et l'espace qui restait à droite et à gauche (S S) servait à loger les étrangers ou les renforts qui se réunissaient à l'armée.

Entre les tentes et les retranchements il y avait un espace de 200 pieds nommé *via singularis* qui servait non seulement à faciliter aux légions

---

(1) On y rendait aussi la justice.

l'accès du rempart, mais encore à placer les troupeaux, le butin et tout ce qui était pris sur l'ennemi. Cet espace empêchait aussi les soldats d'être incommodés dans leurs tentes par les traits et le feu que les assaillants auraient pu lancer par dessus les remparts.

Relativement aux détails de campement, il paraît, d'après un fragment d'Hygin qui a beaucoup servi à expliquer plusieurs circonstances de la castramétation, que chaque tente occupait un espace de 10 pieds sur tous sens avec un pied de vide autour pour planter les piquets ; on ajoutait à chacune un espace de 5 pieds pour déposer les armes (1). Huit ou dix hommes logeaient ordinairement sous chaque tente sous la surveillance d'un doyen, *decanus*.

Des piquets de soldats se relevaient successivement de trois heures en trois heures près des tentes du général et du questeur, et quatre soldats, deux en arrière et deux en avant, montaient la garde autour de la tente de chaque tribun. Les tentes des préfets étaient gardées de même par des soldats alliés. Les retranchements du camp étaient constamment garnis de védètes, et dix soldats se tenaient aux portes, pour ga-

(1) La profondeur ajoutée aux tentes pour les chevaux des cavaliers, était de 9 pieds.

rantir d'une alerte. Des soldats désignés par les officiers faisaient la ronde pendant la nuit.

Enfin le travail du campement était partagé par les troupes auxiliaires et les légions. Les premières se chargeaient des côtés droit et gauche qui longeaient les ailes ; les deux autres côtés étaient départis aux légions romaines. Les centurions ordonnaient les campements de leurs compagnies. Dans la suite il y eut un officier spécialement chargé de diriger tous ces travaux.

Tel était l'ordre des camps romains les plus anciens. Sous les empereurs on fit dans l'organisation des troupes de grands changements qui en entraînèrent de très-notables dans la castramétation.

En effet, lorsque les alliés furent considérés comme citoyens Romains, il y eut fusion entre eux et les soldats légionnaires.

Au lieu de se composer de 2 légions comme l'armée consulaire, une armée impériale se composait d'ailleurs de trois légions, ce qui obligeait de diviser en trois parties les camps du 1er ordre et d'en modifier la forme.

Malheureusement Hygin, qui vivait sous les empereurs Hadrien et Trajan, est loin de nous fournir des détails aussi précis que Polybe ; il est souvent obscur, et demanderait de longs commentaires. Encore le fragment qui traite de la castramétation romaine nous est-il parvenu mutilé ; les premiers mots de ce qui nous reste prouvent que l'on a perdu tout ce qui traitait de l'organisation des cohortes : « *nunc papi-* « *lionum tensionem cohortium superscripta-* « *rum ostendemus.* — Nous allons maintenant « parler de la manière dont les cohortes *que* « *nous avons décrites* élevaient leurs tentes. »

Le camp d'Hygin, au lieu d'être carré comme celui de Polybe, était d'un tiers plus long que large (1); les angles ou encoignures en étaient arrondis. Le fossé avait six pieds d'ouverture et trois pieds de profondeur. Le rempart était haut de six pieds et large de huit (2).

Hygin fixe la longueur du camp impérial à 2,400 pas et la largeur à 1,600 ; lorsque le camp était plus long, il prenait le nom de *Classica castra*, parce que le signal ordinaire donné par la trompette devant le prétoire pouvait difficilement être entendu à la porte dé-

---

(1) Castra in quantum fieri potest tertiata esse debebunt ut lata duos, tres sint partes longa.

(2) D'après Hygin, la position la meilleure pour l'établissement d'un camp était un terrain s'élevant en pente douce. Il met au second rang le terrain de plaine, au troisième celui d'une hauteur, et le terrain montagneux au quatrième.

cumane, et qu'il fallait réunir le son de plusieurs instruments.

Ces portes étaient ordinairement au nombre de quatre; mais dans les grandes occasions, lorsque le camp fut composé de cinq ou six légions, on en fit un plus grand nombre qui correspondaient ordinairement aux extrémités de la voie quintane. Hygin prescrit de creuser au-delà de chaque porte un petit rempart et un fossé qui interdise l'entrée directe du camp et qui force de faire un détour et de prêter le flanc aux soldats placés le long du rempart. Nous verrons que ce précepte a été suivi jusque dans le moyen âge.

Quoique Hygin ne dise pas clairement quelle était la disposition des différents corps de troupes dans le camp, il serait facile de s'en rendre compte et d'interpréter ses paroles, mais nous n'avons pas besoin d'entrer dans ce détail.

Des changements plus considérables survinrent dans l'organisation des troupes vers le règne de Constantin. Jusques au temps de Dioclétien les légions avaient, malgré quelques modifications, conservé leur ancienne composition de 6,000 hommes.

Peu d'années après, les corps nombreux furent réduits à peu de chose; et quand *sept légions*, avec quelques auxiliaires, défendirent la ville d'*Amida* contre les Perses, tout ce qui se trouvait renfermé dans la place, en joignant à la garnison les habitants des deux sexes et les paysans qui avaient déserté la campagne, n'excédait pas le nombre de 20,000 individus (1).

D'après ce fait et quelques autres du même genre, il y a lieu de croire que la constitution des troupes légionnaires à laquelle elles devaient en partie leur valeur et leur discipline, fut changée par Constantin, et que les bandes d'infanterie qui en retinrent le nom et les honneurs, n'étaient plus composées que de mille à quinze cents hommes.

Des recherches approfondies sur l'état des troupes romaines à partir du temps de Constantin seraient bien dignes d'occuper l'attention d'un amateur de l'antiquité, mais nous ne pouvons nous y livrer ici; disons seulement que depuis Constantin jusqu'à la destruction de l'empire d'occident l'admission des barbares dans les armées devint chaque jour et plus nécessaire et plus funeste. Les plus hardis d'entre ces peuples, qui mettaient leur bonheur dans la guerre, trouvant plus de profit à défendre qu'à ravager les provinces, non

---

(1) Gibbon, tome III^m. Ammien, Marcellin, liv. XIX, cap. 2.

seulement s'enrôlaient parmi les troupes auxiliaires de leur nation, mais étaient encore reçues dans les légions et parmi les plus distinguées des troupes palatines. Ils acquirent la possession des avantages qui soutenaient encore la gloire de leurs anciens maîtres (1).

Un pareil ordre de choses dut considérablement affaiblir la discipline militaire. Végèce qui écrivait au IVme. siècle nous apprend qu'alors les camps étaient bien moins réguliers qu'auparavant ; le carré long était encore la forme la plus ordinaire, mais on les faisait aussi suivant les lieux, circulaires, demi-ronds ou triangulaires ; Végèce assure que bien souvent les armées en marche négligeaient tout-à-fait de se fortifier : et lorsqu'on prenait cette précaution on procédait de trois manières, suivant les circonstances.

Dans les cas ordinaires, lorsqu'on n'était pas pressé par le danger, on se bornait à lever des gasons ou mottes de terre pour en faire un mur de 3 pieds et la dépression qui résultait de cet enlèvement formait le creux du fossé.

Suivant le second mode de circonvallation, la largeur du fossé était de 9 pieds et la profondeur de 7.

(1) V. Gibbon, tome III.

Enfin dans les cas pressants on portait la profondeur du fossé à 9 pieds sur une largeur de 12 pieds, et l'on donnait 4 pieds de hauteur au parapet.

J'ai cru devoir, Messieurs, vous présenter quelques notions générales sur le campement, mais je me hâte d'arriver à l'objet principal de cette leçon, *à la description des camps ou enceintes retranchées élevées sous la domination romaine.*

Je vais décrire rapidement plusieurs de celles que j'ai explorées en assez grand nombre dans le département du Calvados et dans les contrées voisines. Après cette revue j'essaierai d'émettre quelques idées sur les causes qui ont fait élever dans la 2e. Lyonnaise une si grande quantité d'enceintes, et sur l'époque à laquelle on doit rapporter l'établissement de ces forteresses.

Camp de la butte d'Escures. Le camp d'Escures près de Port-en-Bessin, se trouve comme beaucoup d'autres sur une langue de terre, espèce de promontoire dépendant de la ligne de hauteurs qui borde les côtes de l'arrondissement de Bayeux, et dont j'ai fait connaître la direction dans mon essai sur la topographie géognostique du Calvados (1). Le plateau situé sur cette éminence est défendu par des pentes très-rapides, excepté du côté où il s'attache aux hauteurs voisines, et il a suffi d'établir de ce côté un barrage ou rempart en terre, E, qui s'étend de l'un à l'autre des bords de la presqu'île (V. la figure 8, pl. XXXI).

La butte d'Escures domine sur la vallée d'Aure et sur la campagne de Port-en-Bessin, où il y avait un établissement sous la domination romaine, puisqu'on y a trouvé des constructions antiques. Pour ceux qui connaissent ces localités, il n'est pas douteux que le camp ne fut destiné à protéger le port et la vallée voisine.

De là on pouvait correspondre par des signaux avec beaucoup d'autres positions élevées. On a trouvé à plusieurs reprises des agraffes en bronze, des médailles romaines et plusieurs objets antiques dans l'enceinte ou dans le voisinage du camp d'Escures.

CAMP DE CASTILLON. La commune de Castillon, près de Balleroy, tire son nom d'un

(1) Un volume in-8° avec atlas et carte. Paris, Lance, rue du Bouloy, n°. 7.

camp dans lequel nous trouvons le même système de défense qu'à Escures et qui renferme le château, l'église et une petite agglomération de maisons ; on y a trouvé des débris d'armures (1). Le promontoire à peu près triangulaire qui forme l'enceinte (V. la fig. troisième, pl. XXXII) est défendu de deux côtés par des valons escarpés et par la Drôme ; de l'autre (vers le midi) par une longue terrasse haute de 12 à 15 pieds.

De Castillon on peut distinguer le camp d'Escures qui en est éloigné d'environ 3 lieues 1/2 en ligne directe (2).

Camp de Banville. La colline de la Burette à Banville, sur la rive gauche de la Seule, à 1/2 lieue au nord du pont de Reviers, est une éminence calcaire formant presqu'île, défendue par la rivière de Seule et par un ravin profond ; elle ne s'attache aux plateaux voisins que par un isthme assez étroit que l'on a barré au moyen d'un rempart, suivant le système que nous avons remarqué dans les deux localités précédentes ; un autre rempart parallèle au

(1) Renseignement communiqué par M. Dubois, curé de Castillon. L'un des villages voisins du camp s'appelle *hameau Vallun*.

(2) On m'annonce qu'il existe d'autres retranchements dans les bois du Tronquay, à trois quarts de lieue de Castillon.

premier, séparait la péninsule en deux parties. Ce second fossé a été applati par les travaux de culture, et n'est pas aussi prononcé que le premier, mais il est visible encore (1). On a trouvé en défrichant la terre, sur plusieurs points de ce camp antique, des rangs de gros clous à crochet que les habitants ont supposé avoir servi pour attacher les tentes, et tout récemment un homme défonçant la terre du côté du bord le plus abrupte du camp, a rencontré trois rangs de grandes pointes en fer scellées dans la roche, qui paraissent avoir été ainsi disposées pour empêcher d'escalader le rempart.

Le camp de Banville est en vue de Courseulles, de Bernieres et de la campagne située entre Caen et la mer; il domine le cours de la Seule et se trouve très-bien placé pour empêcher de remonter cette rivière.

Une mosaïque, des briques et des tombeaux découverts dans les environs, me portent à croire que ce camp est d'origine gallo-romaine;

---

(1) Il ne faut pas confondre avec l'ancien camp des travaux qui n'ont rien de commun avec lui, quoique placés à l'extrémité de la presqu'île de la Berette.

Ce sont des fossés dessinant la forme d'un polygone, et dont on connaît parfaitement la date. Cet ouvrage fut fait, m'a-t-on dit, dans le siècle dernier (1744-1755) par des soldats en garnison à Courseulles.

ces tombeaux dans lesquels se trouvaient des squelettes et des anneaux de bronze me paraissent annoncer le IV.e siècle ; peut-être le camp était-il, avec ceux que je vais indiquer sur la rive opposée de la Seule, occupé par les soldats mentionnés par la notice comme ayant leur résidence à *Grannona* (1).

TOMBET-SAINT-URSIN. Au lieu indiqué sur le n°. 94 de la carte de Cassini, sous le nom de *Tombet Saint-Ursin*, à 3+4 de lieue à l'est du camp de la Burette, il existe un enfoncement carré creusé dans la terre et qui semble avoir été établi pour cacher des troupes, afin qu'elles ne pussent être aperçues par l'ennemi (2). Cette grande cavité profonde de 15 à 20 pieds et qui n'a pas moins de 200 pieds en carré a été habitée long-temps après l'époque romaine, car on y distingue encore à rase terre

---

(1) TRIBUNUS COHORTIS PRIMÆ NOVÆ ARMORICÆ GRANNONA IN LIT-TORE SAXONICO. V. la page 79.

(2) Les troupes préposées à la garde de la côte pouvaient se tenir dans cette embuscade où elles étaient à l'abri du vent de mer, pour tomber ensuite à l'improviste sur les Pirates Saxons. Dans son mémoire sur les voies romaines de l'arrondissement de Mortagne, M. Vaugeois cite, près de Mézières, une cavité qui paraît avoir le plus grand rapport avec celle de Saint-Ursin.

bon nombre de murs que je me propose de faire dégager au moyen de plusieurs tranchées. Cassini indique ce point comme un village ruiné.

Je tiens de M. Léchaudé que des médailles romaines ont été trouvées au Tombet Saint-Ursin.

Camp de Bernières. Tout près du Tombet Saint-Ursin se trouvent les restes du camp de Bernières indiqué d'une manière inexacte sur le n° 94 de la carte de Cassini. On ne saisit pas bien aujourd'hui l'ensemble des ouvrages qui ont existé, mais il est facile de reconnaître que l'emplacement était très-favorable pour surveiller la côte; j'ai déjà décrit cette position en parlant de *Grannona* dans la notice des dignités de l'empire (V. les pages 79, 80), et ma statistique monumentale renferme quelques détails assez curieux sur les découvertes qui ont été faites dans les environs de ce camp. A coté, on remarque, comme à Saint-Ursin, une cavité à laquelle on accédait par quatre chemins creux, et peut-être cette disposition du terrain a-t-elle été motivée par les mêmes causes.

Une autre forteresse existait, à Saint-Aubin,

sur un terrain que la mer a envahi en grande partie; on y a trouvé des constructions, des médailles et divers instruments en métal.

Castillon de Bénouville. Le camp de Bénouville placé sur le bord de l'Orne, près de l'endroit où devait aboutir la voie romaine venant de Bayeux (V. la pl. XIX et ce qui a été dit pages 145, 146), présente la forme d'un carré long (fig. 2, pl. XXXI). De deux côtés A. B. l'enceinte est défendue par un *vallum* dont la hauteur varie depuis 5 jusqu'à 15 pieds (1) et des autres côtés C. D. par l'escarpement naturel du terrain; j'y ai remarqué des fragments de tuiles à rebords.

Camp de Moult. Il existe une chaîne d'éminences qui domine sur toute la campagne de Caen et sert en quelque sorte de limites à cette contrée que l'on désigne sous le nom de Pays d'Auge. Le camp de Moult, qui se nomme *La Hogue*, est assis au sommet de cette chaîne, et défendu en partie par l'escarpement naturel du terrain. Du côté où il se trouve de niveau avec les terres environnantes un rempart con-

(1) Le rempart le plus haut est vers le couchant; sans doute parce que de ce côté les terres s'élèvent en pente douce et dominent un peu le camp.

sidérable le mettait à l'abri des attaques. L'enceinte est presque carrée, elle borde l'ancienne voie romaine de Vieux à Lisieux et pouvait servir à intercepter le passage. De ce camp on aperçoit ceux de Campandré et du Plessis, éloignés de 11 lieues, la butte Saint-Clair-La Pommeraye et plusieurs autres points élevés.

On a trouvé près du camp quelques médailles de Constantin, en petit bronze (1).

CAMPS D'OUEZY ET D'ESCURES. L'enceinte retranchée de la bruyère d'Ouezy, à une lieue de Moult (v. la pl. XXXI), a la forme d'un carré long un peu rétréci vers l'une de ses extrémités; elle est située au haut d'un coteau incliné vers le midi, d'où l'on distingue Escures, Quevrue et quelques autres points anciennement fortifiés.

La hauteur du *vallum* est de 6 à 9 pieds à partir du fossé dont la largeur peut être de 12 pieds à l'ouverture.

Le camp d'Escures se trouvait sur la hauteur occupée par cette commune (2), à 1 lieue 1|2 au sud du camp d'Ouezy; il s'appelait *camp de*

---

(1) Renseignement communiqué par M. l'abbé de la Rue.
(2) Nous avons déjà vu dans l'arrondissement de Bayeux un camp situé sur une butte d'Escures. Cette analogie de nom est à remarquer.

César et dominait le chemin haussé allant de Percy à Jort (V. la page 141 et la pl. XIX). De ce point la vue s'étendait fort loin vers le midi, sur les bords de la Dive et sur les campagnes de l'Hiemois (1). Le camp d'Escures a été détruit depuis le partage des biens communaux, mais on sait que la forme en était carrée et qu'il était entouré de fossés de 12 à 15 pieds. On y a trouvé des morceaux de poterie ; les champs voisins ont offert des puits bouchés et des fondations de murailles.

Camp de Quevrue. Le camp de Quevrue est situé dans le bois du même nom à l'est de St.-Pierre-Sur-Dives, arrondissement de Lisieux, au sommet d'une éminence d'où la vue s'étend fort loin sur plusieurs riches vallées du pays d'Auge et sur la campagne de Caen et de Falaise. On distingue de Quevrue les monts d'Eraines, la butte Saint-Clair, la Pommeraie et, je crois, celle de Campandré, également couronnée par un camp retranché. Celui de Quevrue est à peu près carré entouré d'un *vallum* et de fossés peu profonds (d'environ 4 à 5 pieds), mais bien conservés et tracés sans interruption. (V. la fig. 6, pl. XXXI).

M. Duchesne, qui en est propriétaire, a trouvé

---

(1) Statistique de l'arrondissement de Falaise par M. Galeron.

dans cette enceinte des poteries, des pavés, des fragments de pierres taillées, etc., et l'on peut croire qu'une habitation existait vers le milieu.

On m'a assuré qu'il se trouve un autre camp dans le bois de Quevrue et que des fossés allant du Nord au Sud se prolongent dans la forêt sur une longueur de plus d'un quart de lieue (1).

Grand camp du Catellier a Saint-Désir, près Lisieux. La plus vaste enceinte retranchée que l'on puisse citer dans le département du Calvados est celle qu'on trouve encore, auprès de Lisieux, dans les communes de Saint-Désir et de La Motte. Cette énorme enceinte, (Pl. XXXII), qui n'a pas moins de 5,400 pieds en longueur ni de 3,600 en largeur, est défendue naturellement par trois vallées profondes et par un grand retranchement *aaaa* ayant une hauteur de 12 à 15 pieds sur une largeur de 30 à 40 pieds à la base. On a trouvé au centre de ce rempart, que l'on a détruit sur plusieurs points pour en répandre les terres dans la campagne, un assez grand nombre de morceaux de fer dispersés dans la terre. L'enceinte porte

(1) M. le docteur Le Grand, membre de la société des Antiquaires de Normandie, qui a signalé le premier le camp de Quevrue se propose d'examiner ce rempart lorsqu'on coupera la partie du bois où il existe.

encore le nom de Castellier et le hameau voisin est désigné sur la carte de Cassini sous la dénomination de *porte du Castellier*.

Les ruines de de la ville romaine de *Noviomagus* se voient à 1|2 lieue de cet endroit vers le Nord-Est.

CAMP DU MONT HÉLERY SUR LA TOUQUE. Le petit camp d'Ouilly sur le bord de la Touque, à une lieue de Lisieux, est construit d'après le même système que ceux de Castillon et d'Escures près Bayeux. C'est une pointe escarpée entourée de vallons de deux côtés et défendue du côté des terres par un fossé et un retranchement assez élevé. On domine de là sur toute la vallée jusqu'à Pont-l'Evêque, et l'on ne peut douter que ce poste n'ait été établi pour surveiller cette fertile contrée qui devait être exposée aux incursions des pirates.

CAMPS DU PIN ET DE CANTELOU. Il existe au Pin, dans un bois situé à une demie lieue de la voie romaine allant de Lisieux à Pont-Audemer (V. ce qui a été dit page 148), un camp carré que je n'ai pas encore visité, mais que l'on me signale comme romain; cette opinion me paraît d'autant plus vraisemblable que la campagne du Pin est jonchée de tuiles à rebords. (V. la page 237).

A une distance à peu près égale des églises de Saint-Pierre et de Saint-Hippolyte de Cantelou, et à un quart de lieue de la voie romaine de Lisieux à Brionne, on distingue un plateau qui paraît avoir été fortifié et qui renferme sous terre des constructions considérables que tout porte à croire gallo-romaines. Le sol est jonché de tuiles à rebords, sur une étendue de 600 pieds en carré, et l'on y a trouvé des médailles et des fragments de poterie rouge ornée de bas-reliefs (1). Si mes conjectures sont fondées, cet emplacement aura été entouré de murailles ou de fossés : c'était une habitation fortifiée (2).

CAMP DE TROIS-MONTS. Nous avons déjà signalé un camp à Bénouville sur le bord de l'Orne ; on en trouve un autre en remontant cette rivière, dans la commune de Trois-Monts (V. la pl. XIX). La pente qui défend cette enceinte du côté du fleuve est presque perpendiculaire et d'au moins 200 pieds ; un rempart haut de 10 à 12 pieds protège la place du côté des terres (V. la fig. 2, pl. XXXII).

(1) Renseignements communiqués par M. le curé de Marolles.
(2) Voir les détails que je donne à ce sujet dans ma statistique monumentale du Calvados.

Camps du Plessis et de Campandré. Le petit camp du Plessis-Grimoult et celui que l'on trouve dans la commune de Campandré dont le nom est significatif, sont placés presqu'au sommet de deux monticules très-élevés (1) d'où l'œil s'étend fort loin vers le Sud, l'Est et le Nord-Est. En effet, on distingue en même temps les collines du Pays-d'Auge, (Quevrue, Moult, Estrée, etc.,) la côte de Dives à 14 lieues de distance, et même celle du Hâvre et de Fécamp (Seine-Inférieure); on voit encore au midi le bourg de Vassy, la butte de Belle-Etoile et plusieurs autres points culminants du département de l'Orne. Ces deux camps sont de la même forme et à peu près de la même grandeur (V. pl. XXXI, les fig. 3, 4); celui de la Bruyère du Plessis, qui est le mieux conservé, présente un carré presque parfait ayant environ 200 pieds dans le sens de la longueur et 240 sur la largeur. Le fossé a 3 pieds de profondeur, et le *vallum* haut de 4 à 7 pieds est un peu plus élevé près des angles; on y voit aujourd'hui deux portes en face l'une de l'autre et il est traversé par un chemin. Le camp de

---

(1) Ces deux éminences n'ont pas moins de 1,000 à 1,200 pieds au-dessus du niveau de la mer.

Campandré, un peu moins grand que celui du Plessis, est aussi moins régulier, et l'on n'y remarque aucunes traces de portes.

Vu leur petite dimension les deux camps n'ont dû contenir que des garnisons peu considérables ; toutefois, on remarque sur la bruyère du Plessis quelques traces de fossés qui sembleraient annoncer qu'une autre enceinte plus étendue aurait existé au devant et sur les côtés de l'enceinte, mais ces traces sont discontinues (Voir le point, E fig. 3, pl. XXXI), et il n'est pas facile de se rendre compte de la disposition de cette deuxième enceinte en supposant qu'elle ait été complète.

J'ai remarqué à l'un des angles du camp de Campandré (V. les lettres HE, fig. 4) quelques traces peu apparentes et fort courtes d'un chemin ferré (1).

(1) Le camp de Campandré vient d'être défriché et labouré par M. de Vaucassel qui heureusement a conservé les fossés et les a plantés : ainsi les remparts couverts d'arbres pourront durer encore long-temps.

On cite quelques retranchements sur les bruyères élevées de Monchauvet, à deux lieues du Plessis, dans la direction d'Étouvy ; si ces retranchements sont de l'époque gallo-romaine, ils avaient peut-être pour destination de protéger la communication de Vieux avec l'Avranchain et la Bretagne.

Un autre retranchement placé en vue du camp de Campandré existe sur le territoire de Bonne-Maison, près de Hamars à peu près dans la direction de Vieux. *V. ma statistique monumentale.*

Camp de Hottot. L'enceinte, connue à Hottot sous le nom de *camp des Anglais*, est à peu de distance de l'ancienne route de Bayeux à Villers, sur un plateau légèrement incliné vers le Sud et défendue de deux côtés par la vallée de la Seule et par celle d'un ruisseau qui se jette dans cette rivière en face de Saint-Vaast ; un *vallum* encore haut de 8 à 10 pieds, aujourd'hui planté d'arbres, enclot le reste du camp qui est à peu près carré (V. la fig. 7, pl. XXXI) (1).

Depuis quelque temps on m'a signalé dans le Calvados plusieurs autres enceintes que je n'ai pas encore visitées, mais qui seront décrites dans ma statistique monumentale (2).

Camp de Bierres (Orne). « Le camp de Bier-
« res, dit Caylus, est situé près du village de ce
« nom, dans la commune de Merry, à 2 lieues
« au Nord d'Argentan. Son enceinte est divisée
« en deux parties inégales (planche XXXII,
« figure 4) : il est placé sur une éminence
« flanquée de vallons qui forment un fossé
« naturel dont l'ouverture est d'environ
« 80 toises. Le tour de l'éminence est es-

---

(1) Je dois le plan du camp de Hottot à M. Castel, membre de la société des Antiquaires de Normandie.

(2) L'une de ces enceintes se trouve dans le bois de Moulines ; elle est regardée comme gallo-romaine par M. Galeron.

« carpé, excepté du côté du couchant que la
« pente est beaucoup plus douce.

« Un rempart dont la hauteur varie depuis
« 10 pieds jusqu'à 15 existe encore dans tout le
« pourtour du camp ; il est composé de pierres
« ou plutôt d'éclats de rochers quartzeux, et
« vraisemblablement le sommet de la montagne
« était hérissé de blocs de grès, que l'on a bri-
« sés pour applanir le terrain et pour cons-
« truire le rempart. »

Cette courte description suffit pour donner une idée juste de la forme et de l'emplacement du camp de Bierres ; j'ajouterai qu'on y a trouvé des tuiles à rebords et des poteries. M. Galeron se propose de faire imprimer une notice consacrée spécialement à la description de cette curieuse forteresse (1).

Camps de Montabar et de Francheville. Il existe à Montabar, au Sud.-O. de l'église, une enceinte retranchée qui sera décrite par M. Galeron dans les mémoires de la société des Antiquaires : elle pouvait correspondre avec une autre située dans la bruyère de Francheville, à deux lieues au-delà d'Argentan. Cette dernière

(1) On dit que dans le moyen âge l'enceinte de Bierres a été occupée par les Montgommery.

qui a été signalée depuis long-temps par M. Louis Dubois, présente la forme d'un carré très-régulier ayant 120 pieds sur chaque face; si ce petit camp était plus grand, il ressemblerait beaucoup à celui du Plessis-Grimoult placé comme lui dans une bruyère fort élevée.

Camp du Châtellier. Le camp du Châtellier dans la paroisse du Cercueil, hameau de Blanche-Lande, est établi sur une vaste bruyère au pied de laquelle se trouvent une rivière et plusieurs étangs; il présente la forme d'un cercle elliptique, coupé irrégulièrement vers son centre (V. la figure 5, pl. XXXII), dont le petit axe aurait 680 pieds de longueur, et le demi-grand axe 1,110 pieds (1). Le rempart de ce camp est en terre et en pierres sèches; sa hauteur s'élève jusqu'à 30 pieds; il subsiste dans tout le pourtour du camp et l'on n'y remarque qu'une porte (e) flanquée de deux tours.

On a trouvé des médailles romaines dans le camp du Châtellier.

On cite à Saint-Pierre-le-Goult, à l'Ouest du Cercueil, une enceinte qui n'a pas encore été examinée, et que M. Louis Dubois a

---

(1) V. La description donnée dans le tome IV de Caylus et dans les archives normandes de M. Louis Dubois. — Le camp du Châtellier appartient à M. Félix de La Roque, membre de la société des Antiquaires de Normandie.

supposée d'origine romaine, bien qu'elle ait été occupée dans le moyen âge. Il serait possible que les trois camps de Francheville, du Châtellier et de Montabar eussent été situés à peu de distance d'une route antique se dirigeant vers le Sud.-O., qui se serait embranchée dans le *chemin Haussé*, soit à Périères en deçà de Jort, soit audelà de cette station vers Crocy où un ancien chemin traverse la Dive.

Je ne parlerai pas des camps Romains de la Manche si bien décrits par M. de Gerville (1), ni de ceux du département de la Seine-Inférieure dont M. Léon Fallue, membre de la Société des Antiquaires de Normandie, doit présenter prochainement une description détaillée (2).

Il serait inutile aussi de vous entretenir des camps que l'on a observés en très-grand nombre dans toutes les parties de l'ancienne Gaule; ils sont conformes à ceux que je viens de citer; les uns carrés, oblongs ou ovales, les autres triangulaires et prenant la forme des caps ou éminences escarpées sur lesquels ils ont été assis. Je vais seulement en citer trois qui ont été observés par M. le comte d'Allonville, dans le département de la Somme.

(1) Archives Normandes, 1er. volume.
(2) Ce travail fort intéressant paraîtra dans un des volumes de la Société des Antiquaires.

CAMP DU VIEUX-CASTIL. Le camp du Vieux-Castil (Castellum), décrit par M. d'Allonville, est situé à 1|4 de lieue à l'Ouest-N.-O. de la petite ville de Roye sur la rivière d'Avre, on y a trouvé des médailles et des poteries romaines: il est peu éloigné de la voie d'Agrippa, qui conduisait de Lyon à Boulogne en passant par Noyon et plus près encore d'une autre route fort ancienne qui conduit de Compiègne à Arras, dans la direction du S.-O. au N.-O. Il est aussi à une très-petite distance de la rivière d'Avre. La forme de cette enceinte est carrée ; elle présente sur chaque face une étendue d'environ 700 pieds.

A l'extérieur le rempart est encore élevé de près de 11 pieds du côté du Nord et de 8 au midi, dans les parties non dégradées par la charrue ; mais il est nivelé de deux côtés et l'on n'aperçoit pas d'entrée, soit que les portes aient été obstruées ou bouchées par la suite, soit que le camp s'accédât au moyen d'une rampe ou pente douce en terre.

CAMP DE TIRANCOURT (Somme). Le camp de Tirancourt, décrit par l'abbé de Fontenu sous le nom de camp de Péquigny, est situé sur un escarpement calcaire du côteau qui règne le long de la rive droite de la Somme, à 2 lieues 1|2 à l'ouest d'Amiens et à 3 lieues 1|2 à l'est d'un autre camp que je vais citer tout à l'heure. De trois côtés l'escarpement naturel du sol est de 80 pieds, à pic; du 4me. côté l'enceinte est défendue suivant le système que nous avons remarqué ailleurs, par un barrage ou rempart élevé de plus de 12 pieds à l'intérieur du camp et de 45 pieds à l'extérieur, à partir du fond du fossé. Ce fossé n'a pas moins de 70 pieds d'ouverture et près de 30 pieds de largeur au fond.

Le camp avait quatre portes; ses dimensions étaient d'environ 1,800 pieds en longueur, sur une largeur de 1,600 pieds.

La voie romaine allant de Lyon à Boulogne ne passait qu'à une demi-lieue de là.

CAMP DE L'ÉTOILE (Somme). Le camp de l'Etoile est situé sur la rive droite de la Somme, à 6 lieues environ d'Amiens, où il domine tous les environs et commande un des plus importants passages qu'il y ait sur la Somme; cette enceinte est de forme oblongue et arrondie (pl. XXXII, fig. 6), offrant environ 1,260 pieds de longueur sur 690 pieds de largeur. Il se trouve ainsi à peu près deux fois aussi long que large, comme le prescrit Végèce. Une éminence D. D.

défendait l'entrée directe de la porte. A l'extrémité du camp existe une petite éminence de forme ovale C, entourée d'un fossé particulier, que M. d'Allonville a considérée comme le Prétoire du camp, tandis que M. de Fontenu, qui avait le premier décrit le camp de l'Etoile, regardait cette enceinte accessoire comme un ouvrage postérieur.

Il ne m'appartient pas de décider lequel des deux observateurs a raison, mais si l'enceinte marquée C. sur ce plan était véritablement le prétoire, elle nous offrirait déjà l'élément de ces mottes ou éminences qui dans le moyen âge ont supporté les donjons ou tours féodales que nous étudierons dans la Vme. partie du Cours.

Dans cette hypothèse, le prétoire aurait été à l'extrémité et vers la partie la plus abrupte du terrain et non au centre, mais dans les camps d'observation qui peuvent sous plusieurs rapports se comparer à des châteaux, on n'a pas dû suivre exactement l'ordre indiqué pour les camps ordinaires. On a parfois, comme le prouvent les camps de Bierres et quelques-uns de ceux que M. Fallue a découverts dans la Seine-Inférieure, établi plusieurs enceintes; le prétoire a dû être placé sur le point le mieux fortifié et le plus difficile à forcer, comme on l'a fait dans le moyen âge pour le donjon ; or, je prouverai plus tard, que le donjon représente le prétoire des camps à demeure.

Les enceintes retranchées que je viens de citer comme pouvant être rapportées à l'ère gallo-romaine offrent des dimensions très-différentes; plusieurs ont une étendue considérable, les autres n'ont pu contenir qu'une cohorte ou un corps de troupes moins nombreux encore. Le camp de Francheville, par exemple, qui n'a que 120 pieds sur chaque face (V. la page 329) n'a pu renfermer qu'un détachement équivalant à peu près à un manipule. En effet, un manipule était composé de deux centuries de 60 hommes ou de 120 soldats, et si chaque tente contenait 8 hommes, il en fallait 15 pour 120 guerriers. Mais les deux centurions étaient logés dans des tentes particulières et les quatre autres officiers (les deux lieutenants et les deux vexillaires) logeaient ensemble dans une autre tente ; le nombre des tentes devait conséquemment être au moins de 18. Il était porté à 24, s'il y avait des vélites ou d'autres troupes légères attachées au manipule ; car les vélites devaient être au nombre de 48, 24 par centurie, et il fallait 6 tentes pour leur logement. On pourrait même compter une ou deux tentes pour les ouvriers qui suivaient les troupes.

Nous avons vu que chaque tente occupait une largeur de 12 pieds, sur une profondeur de 15. Ainsi 18 tentes disposées côte à côte sur trois rangs auraient formé trois lignes de 72 pieds (1), et 24 disposées de même, des lignes de 96 pieds.

Si nous réfléchissons qu'il fallait ménager un chemin le long du rempart, et des allées entre les deux rangs de tentes, nous trouverons que 120 pieds ne donnaient pas beaucoup plus d'espace qu'il n'en fallait pour disposer convenablement les soldats d'un manipule ou de deux centuries. Ceci posé, nous aurons une échelle qui nous servira pour juger du nombre des soldats qui ont pu camper dans quelques-unes des autres enceintes que j'ai citées.

Le camp de Campandré, plus grand que le précédent, pouvait contenir au moins trois centuries.

Celui du Plessis (pl. XXXI, fig. 3), aurait pu renfermer quatre centuries, et peut-être une cohorte, si deux centuries avaient été placées dans l'espèce d'enceinte supplémentaire qu'on remarque près du camp principal (E, pl. XXXI).

---

(1) Je raisonne dans l'hypothèse où le détachement n'aurait été composé que de fantassins.

Les camps de Bénouville, de Quévrue, d'Ouezy, etc., etc., qui ont plus de 300 pieds de longueur et une largeur proportionnée, étaient suffisamment grands pour une cohorte (1). Enfin le grand Castellier de Lisieux pouvait contenir une armée considérable.

Je vous laisse à déterminer, Messieurs, ce que pouvaient renfermer de soldats les autres camps dont les plans ont été mis sous vos yeux (*), et je passe à l'examen d'une question dont vous apprécierez l'intérêt, celle de savoir à quelle époque on doit rapporter la plupart des en-

---

(1) Une cohorte formait la 10e partie d'une légion et se composait d'un manipule de *triaires*, d'un manipule de *principes* et d'un autre de *hastati* avec une turme de cavaliers et une troupe de vélites ; toutefois ces deux dernières compagnies ne faisaient pas partie nécessaire de la cohorte. La cohorte détachée de la légion n'était tantôt composée que de troupes légionnaires, tantôt elle réunissait un nombre égal d'auxiliaires. Lorsqu'une cohorte était complète en soldats légionnaires et en auxiliaires, elle formait un corps de 756 piétons et de 90 chevaux; si elle ne comprenait que deux manipules de 168 piétons et deux turmæ de 60 chevaux, elle était forte de 396 hommes seulement. L'arrangement des tentes dans le camp devait varier suivant le nombre des soldats de la cohorte ; elles étaient disposées de manière à laisser un espace ou prétoire près de celle du commandant.

(*) M. de Caumont avait présenté dans son cours oral des développements assez étendus sur la disposition des troupes dans les camps suivant leur dimension; on a cru devoir supprimer ce passage, de peur de fatiguer le lecteur, ces détails étant nécessairement arides, quoique fort curieux.

ceintes qui ont été reconnues dans nos contrées.

Un petit nombre de camps tels que le Castellier de Lisieux où peut-être l'armée de César prit ses quartiers d'hiver l'an 58 avant Jésus-Christ, à son retour d'une expédition contre les Morins ; celui de Montcastre entre Lessay et Valognes (1) et quelques autres que je ne me permettrai pas de désigner, peuvent remonter aux premiers temps de la domination romaine.

Peut-être aussi quelques camps remontent-ils à une époque ancienne, soit que la police intérieure ou que la perception des impôts rendît nécessaire la circulation de quelques troupes ; mais il me paraît évident que la plupart des enceintes retranchées qui subsistent aujourd'hui ont été établies dans un temps où déjà des irruptions de pirates avaient eu lieu sur nos côtes et où la défense était devenue nécessaire contre les ravages et les déprédations des barbares.

Je ne vois en effet dans les deux premiers siècles de la domination romaine rien qui ait nécessité l'établissement de semblables forteresses sur tant de points divers.

(1) Voir, dans le 1er volume des Archives Normandes, le mémoire de M. de Gerville sur le camp de Moncastre, qu'il regarde comme celui d'un lieutenant de César.

Après la conquête de César, la Gaule occidentale ne fut le théâtre d'aucune guerre importante; huit légions gardaient les bords du Rhin pour empêcher le passage des Germains. Le reste de la Gaule n'était occupé que par un très-petit nombre de soldats. (1).

Sous les règnes de Galba, d'Othon, de Vitellius, sous Nerva, Trajan, Hadrien; pendant les 42 années des règnes d'Antonin et de Marc-Aurèle, durant toute cette période enfin qui comprend le 1er et le second siècle de l'ère chrétienne, on ne voit pas que la guerre ait approché de nos contrées.

Ce fut dans le IIIe. siècle que les irruptions des barbares commencèrent à affliger la Gaule. Avant le règne de Maximien les courses des Saxons avaient été désastreuses pour les peuples maritimes, puisque sous cet empereur une flotte fut construite à Boulogne et confiée à Carausius, qui, loin de remplir sa mission, partagea le butin que faisaient les pirates Saxons.

Constance Chlore fut chargé de réprimer ces barbares, que Carausius avait épargnés; il fit équiper deux flottes, l'une à Boulogne,

---

(1) V. Histoire de la guerre Judaïque par Flavien Josèphe.

l'autre à l'embouchure de la Seine, et tout porte à croire que de ce moment on s'occupa de défendre par des ouvrages militaires les points les plus exposés aux descentes des pirates.

Ainsi, ce serait vers la fin du IIIe. siècle, ou un peu plus tard, sous Constantin, que la plupart des enceintes retranchées dont nous nous occupons auraient été établies.

Les incursions des barbares devinrent si fréquentes qu'il fallut non seulement des camps pour les troupes, mais encore des lieux de refuge où les habitants des contrées les plus exposées aux rapines pussent se réunir et se mettre à couvert dans les moments de danger. Ce système de défense dut s'étendre jusqu'aux habitations privées, et plusieurs des enceintes qui nous restent peuvent bien n'être que des clôtures d'habitations gallo-romaines qui, en raison de leur importance, avaient plus que d'autres à redouter le pillage et qui pouvaient même servir de retraite aux habitants du voisinage (1). Ainsi il y aurait eu dès le IVe. siècle des bourgades et des maisons fortifiées comme au moyen âge (2).

(1) Nous verrons dans la Ve partie du Cours qu'aux XIe et XIIe siècles, et à une époque plus récente, les habitants des campagnes qui devaient le service pour la défense des demeures baroniales avaient en temps de guerre le droit d'y déposer la partie la plus précieuse de leur mobilier pour la soustraire à l'ennemi.

(2) Il est difficile de déterminer si *quelques-unes* de ces vigies

D'après l'opinion que j'expose, les populations auraient elles-mêmes établi des forteresses où elles auraient veillé à la sûreté des campagnes voisines. Ceci nous explique pourquoi l'on remarque tant de variations dans la forme et l'étendue de certaines enceintes retranchées qui existent sur quelques points du territoire normand. Les ouvrages entrepris de la sorte ne pouvaient avoir la même régularité que ceux d'une armée, et d'ailleurs les forteresses étaient peut-être distribuées dans certaines circonstances de manière à pouvoir contenir des troupeaux.

Ceci explique également pourquoi nous trouvons une si grande quantité de campements, malgré le nombre plus grand encore de ceux qui ont dû disparaître depuis quatorze siècles; car il

---

remparées en terre ou de ces éminences coniques appelées *Mottes*, qui ont été si communes dans le moyen âge, ont été établies sous la domination romaine ; s'il est vrai que des médailles aient été trouvées à l'entour de quelques-uns de ces petits châteaux, comme plusieurs personnes me l'ont assuré, il faudra sans doute les regarder comme plus anciennes que les autres et les classer parmi les forteresses privées du IVme siècle ; mais il reste beaucoup de doutes à ce sujet, et cette origine ne serait d'ailleurs admissible que pour un petit nombre.

La plupart des mottes, même de celles que l'on trouve dans des lieux inhabités et sur lesquelles on ne possède aucuns renseignements, appartiennent au moyen âge; j'espère le prouver dans la Vme partie du Cours.

serait difficile d'admettre que tant de positions militaires eussent pu être occupées par des détachements de troupes régulières.

Ajoutons que la plupart des camps gallo-romains que nous avons examinés se trouvent peu éloignés de vestiges de constructions romaines, qui annoncent dans le voisinage des agglomérations plus ou moins considérables d'habitations (1).

Mais si plusieurs des enceintes retranchées qui subsistent en Normandie ont été établies par les habitants eux-mêmes dans l'intérêt de leur propre défense, on ne peut douter que plusieurs aussi n'aient été des forteresses pour les troupes régulières, préposées à la garde du pays. En effet, nous avons vu (page 78), que le duc de l'Armorique avait sous ses ordres dix cohortes dont la notice des dignités de l'empire indique les principales garnisons ; et, outre ces places mentionnées par la notice, il existait probablement des vigies ou des camps d'observation dans les lieux les plus exposés aux invasions, et pour lesquels les cohortes fournissaient des détachements (2).

(1) On a vu de même dans les siècles féodaux les habitations se grouper autour des donjons.
(2) Dans le Calvados j'ai remarqué des indices d'habitations romaines à plusieurs places près de la route qui longe la côte et qui se nomme le chemin de Ronde. Ce chemin paraît fort ancien

Les enceintes dont il existe des vestiges et qui ont été élevées depuis le IIIe. siècle pourraient donc, suivant mon hypothèse, appartenir à trois classes et se diviser en *militaires*, *communales* et *privées*; au reste c'est avec beaucoup de réserve que j'exprime cette opinion, qui n'aura d'autorité qu'autant qu'elle sera adoptée par un certain nombre d'explorateurs expérimentés.

Nous avons vu que les camps romains sont bien souvent connus sous le nom de *Castels*, *Castelets*, *Castelliers*, *Castillons* ; ces noms, qui signifient lieu fortifié, s'appliquent aussi aux châteaux du moyen âge. Beaucoup d'enceintes s'appellent encore *camps de César*, et quelques-unes *camps des Romains*.

Nous avons vu également que tous les camps du Calvados sont situés sur des éminences d'où l'on pouvait surveiller les plaines, près de l'embouchure des rivières, ou en vue des côtes maritimes. Je dois ajouter qu'il n'y en a peut-être pas un seul qui ne soit placé de manière à

(Voir ma statistique monumentale du Calvados). Tout près de cette route on montre à Vierville près Bayeux, un reste de chaussée que l'on appelle *chemin du duc Guillaume*. On dit dans le pays que le duc passa par là pour aller à Ryes après s'être enfui de Valognes.

Quelques antiquités romaines ont été observées à Vierville.

être aperçu d'un autre camp plus ou moins éloigné, et qui ne puisse correspondre avec lui au moyen de signaux (1). Ainsi, nous trouvons dans la disposition de ces forteresses non seulement une combinaison très-favorable pour la défense, mais encore une sorte de système télégraphique, au moyen duquel les garnisons pouvaient s'avertir du danger et se prêter mutuellement main-forte.

(1) M. Fallue, membre de la société des Antiquaires de Normandie, qui explore avec autant de zèle que de succès les enceintes gallo-romaines de la Seine-Inférieure, et qui doit publier, dans les mémoires de la société, le beau travail auquel ses recherches ont donné lieu, a reconnu, comme nous l'avons fait dans le Calvados et dans les départements voisins, que d'une des enceintes à l'autre on pouvait se faire des signaux soit au moyen de feux, soit de toute autre manière, pour avertir de l'approche de l'ennemi. De sorte que, si un signal était fait à l'entrée de la Seine, il pouvait être répété successivement par les autres vigies, jusqu'à Rouen et au-delà.

CHAPITRE IX.

Continuation du sujet. — Enceintes murales des villes gallo-romaines. — Forme, étendue, mode de construction de ces enceintes. — Presque toutes sont fondées sur des pierres taillées et souvent sculptées, provenues de grands édifices détruits. — Nombreux exemples à l'appui de cette assertion. — Déduction tirée de ce fait et de quelques autres pour déterminer à quelle époque les villes gallo-romaines ont été pourvues de murailles militaires. — Conclusion.

Nous venons de voir que beaucoup de camps romains doivent être du IVe. siècle ou du troisième; nous aurons de nouveaux motifs pour croire cette opinion bien fondée, si nous démontrons que les villes ont été fortifiées vers le même temps.

D'abord il est constant que toutes les villes gallo-romaines ont été entourées de remparts; il existe encore aujourd'hui trop de débris de ces enceintes pour qu'on puisse en douter; et la seule difficulté qui se présente est de déterminer a quelle époque on doit rapporter ces ouvrages militaires (1).

Les enceintes des villes gallo-romaines devaient être établies d'après le même système que les camps fixes ou stationnaires. Aussi affectent-elles le plus ordinairement la forme d'un carré long plus ou moins régulier.

D'après les observations que j'ai faites, la plupart des enceintes militaires n'étaient pas d'une grande étendue; le plus souvent elles n'entouraient qu'une partie des villes, c'étaient les châteaux ou citadelles des cités.

Les murs construits en pierres de petit appareil, avec des cordons de brique, étaient flanqués de tours rondes irrégulièrement espacées.

A l'intérieur de la place, il y avait une tour beaucoup plus vaste, ordinairement carrée, dans laquelle habitait le commandant.

Je ne doute pas que cette tour qu'on peut considérer comme le prétoire de la citadelle et

---

(1) Jusqu'au XIIe ou au XIIIe siècle les fortifications gallo-romaines sont restées presque intactes dans beaucoup de villes. A cette époque, comme on le verra dans la Ve partie du Cours, on construisit assez généralement des fortifications beaucoup plus vastes, mais les murs romains restèrent souvent intactes au milieu de la cité.

qui se liait sans doute à quelques constructions accessoires, n'ait servi de type pour les donjons du moyen âge, et j'exposerai dans la Ve. partie du cours les motifs qui déterminent ma conviction.

A l'angle Nord-Est du *castrum* de la cité des Turones, il y avait une tour semblable connue sous le nom *de tour feu Hugon*, et désignée dans les anciens titres sous celui de *tour du Comte*. Elle avait servi pendant fort longtemps de manoir aux comtes de Touraine; et la tradition qui attribue à Valentinien II la construction des remparts, veut aussi que cet empereur ait habité la tour dont je parle, ou un palais dont elle dépendait (1).

(1) Cette tradition se trouve consignée dans le passage que nous allons rapporter, d'une histoire en vers des archevêques de Tours, imprimée dans cette ville en 1654. Il s'agit d'un démêlé survenu entre Valentinien et Saint-Martin.

Il (saint Martin) vivait simplement dans la grande franchise
Mais il été zélé pour deffendre l'eglise.
Un empereur Romain, c'est Valentinien,
Infecté d'Arrius et de Jovinien
Porté, poussé, forcé par son impératrice,
Il voulut usurper de force et d'injustice,
Quelques biens despendant de son archevesché.
Sainct Martin le sachant, il en était fasché,
S'en va dans son palais, dont il était tout proche
A la tour feu Hugon où c'est qu'est la bazoche.
L'empereur ayant sceu que l'évêque de Tours
Venait pour lui tenir quelque picquant discours
Commanda brusquement qu'on lui ferme la porte.

La partie de la cité d'Angers, qu'on désignait sous le nom de *Capitole*, et qui a été complètement défigurée depuis long-temps, était le prétoire ou *castrum* des Andegaves ; le comte Paul, gouverneur d'Angers, pour les romains, tué par Childéric, au Vme. siècle ; et les comtes d'Anjou, qui lui ont succédé y faisaient leur résidence.

Le capitole de Saintes, bâti sur une hauteur qui dominait le cours de la Charente, servait aussi de palais aux comtes de Saintonge (1).

Un fait bien remarquable et sur lequel je dois spécialement fixer votre attention, c'est que la plupart des murs militaires de construction gallo-romaine ont pour fondations des blocs considérables de pierres taillées et souvent sculptées, provenant d'édifices détruits : citons quelques exemples à l'appui de cette assertion.

Enceinte antique de Tours. L'enceinte antique de Tours est encore très-marquée et j'ai pu facilement en tracer le plan, aidé de M.

---

(1) Si je voulais pousser plus loin les rapprochements, je pourrais prouver que pendant fort long-temps les comtes qui se sont succédé dans les villes d'origine gallo-romaine, ont fait leur résidence dans le capitole du *castrum* romain ou dans la tour qui le représentait et que nos donjons ont remplacée au moyen âge.

Noël Champoiseau, qui a bien voulu m'accompagner et me faire part de ses observations (1); elle forme un carré long irrégulier ayant environ 1050 pieds de longeur de l'Est à l'Ouest, sur une largeur de 765 pieds à l'Ouest et de 600 pieds vers l'Est (V. la pl. XXXII).

Le mur antique s'étendait du côté de l'Est depuis la tour de Cupidon jusqu'à la Loire; au Nord il se prolongeait parallèlement au fleuve, depuis l'angle où se trouvait la *tour du Comte*, aussi nommée *tour de feu Hugon*, jusqu'à cent pas environ au-delà de la tour *de Guise* (2); du Nord-Ouest au Sud-Ouest, il suivait une ligne droite passant le long des casernes et sous les clochers de la cathédrale (3), et du côté du midi il courait depuis

---

(1) M. Noël Champoiseau est auteur d'une notice intéressante sur *les ruines romaines de la ville de Tours et de ses environs*.

(2) Cette tour est connue sous ce nom depuis que le duc de Guise auquel elle avait servi de prison pendant deux ans, parvint à s'en échapper en 1591. *Voir l'histoire de Touraine, par Chalmel, second volume*. Tours, 1828.

(3) Ces clochers sont en partie fondés sur la muraille antique que l'on distingue très-bien à droite du portail; et c'est à la différence du tassement qui s'est opéré dans les anciennes et dans les nouvelles foundations qu'il faut attribuer les lézardes qu'on remarque dans les tours de la cathédrale. (*Note de MM. Noël Champoiseau et Dujardin*).

l'archevêché jusqu'à la tour de Cupidon que nous avons prise pour point de départ. Cette partie méridionale des murs qui est bordée de jardins et complètement dégagée sur une assez grande longueur (1) est très-intéressante à visiter ; elle présente un blocage de 11 pieds d'épaisseur, revêtu en petites pierres carrées liées avec un ciment mêlé de brique pilée et dans lequel on remarque des assises de briques placées à des distances inégales. De ce côté le mur était primitivement flanqué de tours rondes, éloignées les unes des autres d'environ 80 pieds (2). En examinant la partie basse de la muraille (V. la pl. XX), on y remarque une quantité considérable de blocs énormes, simplement superposés, et rangés sans mortier ni ciment. Des fondations semblables existent tout autour de la cité, comme on peut s'en convaincre en pénétrant dans les caves de la rue Psallete et de l'archevêché (3). C'est là qu'on

(1) Elle se trouve cependant masquée en partie par une esplanade que l'on croit du XII°. siècle.

(2) Il paraît qu'il n'y avait pas autant de tours du côté de la Loire, parce que la ville y était assez bien défendue par le fleuve qui baignait en entier ses murs.

(3) Les caves dont je parle ont été pratiquées sous les murs romains par l'enlèvement d'une partie des blocs non cimentés qui forment la partie basse de cette construction.

voit quelle énorme quantité de pierres taillées et couvertes de sculptures ont été employées à la construction de ces murs presque cyclopéens, qui ont été exploités comme des carrières et ont produit une quantité considérable de matériaux.

La Sauvagère rapporte qu'une portion du mur méridional détruit à l'époque ou l'on reconstruisit le palais archiépiscopal fournit alors un grand nombre de fûts de colonnes, de chapiteaux, de frises, de bas-reliefs, de sculptures de différents genres, parmi lesquels on remarquait des cippes funéraires portant des inscriptions, et qu'au milieu de tous ces débris on ramassa des médailles dont les plus récentes étaient de Gratien, qui a régné depuis 373 jusqu'à l'an 385. D'après ce document, l'enceinte murale de Tours n'aurait point été construite avant cet empereur, bien que la tradition en attribue la fondation à son prédécesseur Valentinien II.

ENCEINTE ANTIQUE D'ORLÉANS. Les murailles antiques d'Orléans formaient un carré presque parfait, d'après les recherches de M. Vergnaud-Romagnési (V. la fig. 10, pl. XXXII); on en reconnaît facilement les restes à plusieurs places. Elles étaient formées de plusieurs assises de briques et de pierres carrées de petit appareil, on a la preuve que du côté de la Loire la partie inférieure de ces murs était formée comme celle des murs de la cité de Tours, avec des blocs considérables de pierres taillées et posées sans ciment, qui avaient fait partie de quelques grands édifices. J'ai vu à Orléans plus de 500 morceaux de ces belles pierres, provenant des murs qui se rencontrent près de la rue de la Boucherie, sur le bord de la Loire (1).

Sur presque toutes on remarquait la trace des tenons à queue d'aronde au moyen desquels elles avaient été attachées les unes aux autres avant la destruction des édifices dont elles faisaient partie.

C'étaient, comme à Tours, des débris d'entablements, des fûts de colonnes dont plusieurs étaient canelés et d'un diamètre considérable, des pilastres également canelés, des chapiteaux; on a même trouvé parmi ces blocs un fragment de statue et une pierre tumulaire assez interéssante dont M. Vergnaud a donné la description.

(1) Le fleuve coulait tout près des anciens murs et l'on avait surtout de ce côté accumulé les grandes pierres de taille pour fortifier les fondations.

ENCEINTE ANTIQUE D'AUXERRE. L'enceinte antique d'Auxerre (Pl. XXXII) présente la figure d'un polygone irrégulier dont le contour n'a guère plus de 1,100 mètres de développement; la forme irrégulière de cette place n'est pas l'effet du hasard, elle était commandée par les localités.

Onze tours pleines jusqu'à la hauteur du parapet sont placées dans les angles (1). Ces remparts sont en petit appareil comme ceux que nous avons examinés déjà; ils reposent, comme eux, sur un soubassement de grosses pierres posées sans mortier; on en a tiré à diverses époques une énorme quantité de débris sculptés, de chapiteaux, et d'inscriptions; des tombeaux, des statues, etc., etc. (2). L'abbé Le Bœuf qui avait examiné ces murailles avec attention les croyait du IVme. siècle.

ENCEINTE D'ANGERS. L'enceinte murale d'Angers, dont il ne reste plus aujourd'hui qu'une petite partie, présentait plus de 1,200 pieds

---

(1) Recherches historiques et statistiques sur Auxère, ses monuments et ses environs, par M. L........, ingénieur des ponts et chaussées. Deux volumes in-12 avec planches. Auxerre, 1830.

(2) La face sculptée des pierres avait été cachée à dessein dans l'épaisseur du mur, et le côté non sculpté se trouvait en-dehors.

sur tous sens. Elle avait quatre portes, dont une s'appelait *porte Hugon*, dénomination qui était aussi appliquée à la tour principale du *castrum* de Tours; les murs en petit appareil reposaient comme dans les autres villes sur une énorme quantité de débris *déposés à sec*, dit M. Bodin, *dans une fosse large et profonde*. Des fragments de corniches ornées de modillons, des chapiteaux, des bases de colonnes, des pierres tumulaires, des frises et un grand nombre d'autres pierres sculptées annonçaient que ces restes appartenaient aux beaux siècles de l'art (1).

ENCEINTE DE BORDEAUX. La cité romaine de Bordeaux était carrée, entourée de murs en petit appareil, dans lesquels régnaient quelques cordons de briques; il y avait dans l'enceinte, vers l'extrémité qui donnait sur le bord de la Garonne, un port dans lequel on entrait par une ouverture qui a long-temps été désignée sous le nom de *Porte Navigère*.

Les quatre grandes lignes murales qui formaient cette enceinte ont été sondées sur un grand nombre de points; et partout les fonde-

---

(1) Bodin, recherches historiques sur le Bas-Anjou.

ments se sont trouvés composés de pierres de grand échantillon taillées ou sculptées, de fûts de colonnes, de pierres tumulaires, etc. Les morceaux de sculpture recueillis jusqu'ici pour les musées de Bordeaux sont au nombre de 200 environ, non compris ceux qui ont été perdus ou retaillés. Les inscriptions sont au nombre de 100; le reste se compose de cipes sans inscriptions, de statues plus ou moins mutilées, de bas-reliefs, de chapiteaux, de frises, de corniches et autres débris de grands monuments.

M. Jouannet pense que tous ces fragments sont antérieurs au IVme siècle. Il annonce que cette date n'est démentie par aucun des morceaux trouvés jusqu'à ce jour (1).

Saintes. Le *castrum* de Saintes avait la forme d'un carré long; il renfermait un temple dont je parlerai dans la IVme partie du Cours;

---

(1) Parmi les inscriptions provenant des murs de l'enceinte antique, il n'y en a que deux qui soient datées, et elles sont antérieures à l'an 300. Sur les cent inscriptions découvertes, cinquante-huit portent des noms gaulois, indice presque certain de leur haute antiquité; et sous le rapport de la lettre, du style et de la dédicace, elles annoncent aussi une époque reculée de l'ère gallo-romaine. M. Jouannet fait remarquer qu'il en est de même des sculptures dont plusieurs sont traitées avec plus de soin et plus de perfection que n'en présentent ordinairement les monuments postérieurs au IIIe siècle.

et le Capitole ou la citadelle qui, comme nous l'avons dit, servait de palais aux comtes de Saintonge, se trouvait à l'une des extrémités de cette enceinte carrée (1).

La ville était en outre fortifiée dans tout son pourtour d'une ceinture de murailles qui existait encore en partie dans le siècle dernier et dans laquelle était une porte donnant sur les prairies de la Charente, appelée *porta aquaria* ou porte d'Aiguère (V. la pl. XXXII, fig. 9).

En détruisant plusieurs parties des murs de la citadelle « on les trouva remplis (dit la Sau- « vagère) de ruines antiques, de colonnes, « chapiteaux, entablements, et autres pierres « d'architecture sculptées et non sculptées ; on « y rencontra aussi des statues, bas-reliefs, au- « tels, et beaucoup de pierres écrites » (2).

Des découvertes semblables ont eu lieu à plusieurs reprises, et il est à regretter que l'on ait perdu la plupart de ces fragments d'architecture. Quelques-uns sont déposés dans le musée santonique formé par les soins de MM. de Crazannes et Moreau; le plus grand nombre a été

---

(1) Voir le plan du château de Saintes dans la topographie de Martin Zeiller, publiée par Merian en 1661.

(2) La Sauvagère, recherches sur les ruines de Saintes, p. 22.

dispersé (1). Une grande partie des inscriptions a été publiée dans les recherches topographiques et historiques sur la Saintonge, par Bourignon, et dans le bel ouvrage de M. de Crazannes sur les monuments de Saintes.

Murailles antiques du Mans. J'ai eu l'avantage d'examiner plusieurs fois l'enceinte antique de la ville du Mans, et j'ai reconnu l'exactitude des limites indiquées par M. Richelet, conservateur de la bibliothèque de cette ville (2). En commençant par la porte d'Anille située entre deux tours dont une seulement existe encore dans un jardin de l'ancien évêché, ces murailles descendaient en ligne droite vers la rivière pour reprendre l'alignement de la porte des Pans-de-Gorron, détruite depuis quelques années ; elles s'étendaient ensuite dans la rue des Chapelains et la rue de Gourdaine, jusques dans la cour du Portail Sainte-Anne,

---

(1) Une grande quantité de ces précieux restes furent, il y a 12 ans, brisés et employés comme moëllons dans de nouveaux murs faits à l'hôpital, sans que les administrateurs de la ville se soient opposés à cet acte de vandalisme. Quand j'ai visité Saintes, j'y ai remarqué dans plusieurs rues des fûts de colonnes employés à faire des bornes.

(2) Le Mans ancien et moderne, un volume in-18 de 250 pages.

où elles formaient un angle pour aller rejoindre l'eglise de Saint-Pierre-de-la-Cour, et de là se diriger à travers une partie des dépendances de l'Hôtel-de-Ville; elles prenaient ensuite la rampe de la place des Jacobins pour gagner le point de départ, en passant sous les chapelles du chœur de la cathédrale (1).

D'après le plan tracé par M Richelet, cette enceinte en forme de carré long (pl. XXXII, fig. 12) présente un développement de 1,080 pieds sur 600; elle occupe un des points les plus élevés de la ville. J'ai figuré sur la pl. XX une partie des murailles qui bordent la rue de Gourdaine, et une des tours qui les garnissent, remarquables par les dessins symétriques résultant de la combinaison des pierres du revêtement qui sont de deux couleurs et rangées de manière à former des espèces de mosaïques. L'épaisseur des murs est de 11 pieds, comme à Tours et à Orléans; elles reposent également sur des fondations formées de pierres volumineuses non cimentées dont quelques-unes ont été sculptées (2).

(1) Ouvrage cité page 126.
(2) Essais historiques sur le Mans, par M. Renouar, 1ᵉʳ vol.

ENCEINTE ANTIQUE DE LILLEBONNE. A Lillebonne on a trouvé dans les fondations des murailles militaires de construction romaine encore visible, à peu de distance du théâtre, des pierres sculptées provenant de beaux édifices et employées sans ciment comme dans les localités déjà citées.

M. Gaillard, qui a souvent examiné ces débris, demeure convaincu que les murs auxquels ils servaient de base, sont un ouvrage des premières années du IVme siècle (1).

ENCEINTES D'EVREUX, DE BAYEUX ET DE PLUSIEURS AUTRES VILLES. Si l'on en croit le calendrier historique d'Evreux, pour l'année 1750, on a trouvé, en 1652, une grande quantité d'inscriptions, de débris de sculpture, de pierres travaillées, etc., derrière le jardin de l'évêché et au pied de deux tours qui avaient fait partie de l'enceinte murale de construction romaine dont on remarque encore aujourd'hui quelques vestiges (2).

---

(1) Mémoire sur le balnéaire de Lillebonne présenté, en 1829, à la Société des Antiquaires de Normandie.

(2) V. la notice historique de M. A. Le Prévost sur le département de l'Eure.

Cette enceinte, dont on n'a pas exactement déterminé les limites, pouvait contenir 10 ou 11 acres.

Nous avons déjà vu, en parlant de colornes milliaires (p. 102) que les murs antiques de Bayeux, dont il reste encore des traces (1), étaient fondés sur des blocs sculptés dont quelques-uns portaient des inscriptions.

L'abbé Le Bœuf, qui a consigné dans le 33me. volume de l'académie des inscriptions, le résultat de son examen des murs de Périgueux, dit que leur première assise était formée de fragments de colonnes, de chapiteaux et de statues.

Le même fait a été constaté dans les murs antiques de Langres, dans ceux de Reims, de Sens, de Narbonne, de Beauvais, de Troyes; en un mot dans la plupart des villes anciennes de la Gaule.

Les castella ou Châteaux étaient en diminutif des enceintes milliaires que je viens de décrire; on n'y voyait pas d'édifices publics ni de maisons agglomérées : tout y était consacré à la défense. Ils se composaient seulement d'une enceinte murale et d'une forteresse pour le logement du chef et de la garnison. Les châteaux étaient d'ailleurs, assez souvent, des propriétés privées, comme l'a dit avec raison M. le comte

---

(1) L'enceinte antique de Bayeux était de forme carrée, j'en donne les mesures exactes dans ma statistique monumentale du Calvados.

de La Borde (1). En effet, tant que la tranquillité avait régné dans les provinces, aucun moyen n'avait été employé pour mettre à couvert les propriétés et protéger les habitants des campagnes. Les élégantes maisons des Romains couvraient les riants côteaux, et cet aspect guerrier, qui vient troubler le repos de la vie, était relégué aux extrêmes frontières; là seulement, on connaissait les enceintes de murs protégées par des tours, origines de nos vieux châteaux; ces portes décumanes et prétoriennes, semblables à nos portes de villes; et enfin le *pretorium*, ou logement du chef, situé au milieu de l'enceinte, sur le modèle duquel ont été construits nos donjons. Mais quand le grand empire fut envahi, le pays attaqué de tous côtés présenta partout une frontière à défendre, des ouvrages militaires à construire. Il fallut renoncer aux décorations extérieures des palais. Ce fut alors qu'on couvrit ces demeures d'une enveloppe de murs épais, défendu par des tours.

Je décrirai quelques châteaux gallo-romains dans la Vme. partie du Cours, avant de parler des forteresses de la période Mérovingienne et

---

(1) Dans le grand et bel ouvrage sur l'Espagne.

de la période carlovingienne; pour le moment je vais me borner à vous citer un seul exemple de châteaux de cette époque, que je vais prendre à Jublains, département de la Mayenne.

Castellum de Jublains (Mayenne). L'enceinte militaire, ou château de Jublains, offre un carré d'environ 320 pieds sur chaque face, dont les murs très bien conservés ont encore 12 pieds de hauteur et 9 pieds de largeur. Aux quatre angles du camp sont placées quatre tours (V. la pl. XXXII). D'autres tours garnissent les intervalles compris d'un angle à l'autre, au nord, à l'Est et à l'Ouest. Du côté du midi le terrain est en pente, on ne trouve qu'une seule tour de forme carrée (B, fig., 7, pl. XXXII). On entre aujourd'hui par une brèche pratiquée dans le mur, j'ignore quelle était la forme de la porte primitive (1).

Au milieu de l'enceinte se voient encore les débris d'un carré de murs avec un amas consi-

(1) La brèche qui sert aujourd'hui d'entrée, A, fig. 7, parait avoir été ouverte à la place, où se trouvait une tour, et l'on n'y voit aucune autre issue; je ne serais pas surpris qu'il n'y eût eu aucune porte à ce château, et qu'on y fût entré, au moyen d'un pont-levis, ou d'une pente douce en terre, que l'on pouvait paire disparaître au moment du danger.

dérable de décombres recouverts par un bois taillis; ce sont évidemment les ruines du fort ou *Castellum*. Il est impossible de se rendre compte de la distribution intérieure de cette contruction, il faudrait pour cela des fouilles. Mais il y a lieu de croire que le bâtiment était carré et assez élevé avec une cour au centre, peut-être aussi ressemblait-il à nos donjons carrés du moyen âge.

Un espace de 50 pieds règne de tous côtés entre cette forteresse centrale et les murs d'enceinte. J'ai dessiné (pl. XX) une petite portion de ces derniers murs, ils sont parementés en pierre de petit appareil; on y remarque des cordons de brique.

Du côté du Sud les fondations se composent d'un rang de blocs de granite, non cimentés, qui reposent à nu sur la roche. J'ai remarqué sous une des tours de l'Ouest, un fût de colonne jeté parmi ces pierres de blocage.

Du castellum de Jublains qu'on appelle *camp de César*, la vue s'étend très-loin au Sud et au Sud-Est; on distingue la petite ville de Sainte-Suzanne éloignée de 3 lieues, et les environs de la cité des Arviens (*Vagoritum*).

Plusieurs voies romaines partaient de ce château et de la ville de Jublains; l'une d'elles fort remarquable était couverte ou défendue par une fortification nommée *la Haie de Terre* (1). Elle mettait le château de Jublains en communication avec un camp qui subsiste encore au confluent de la rivière d'Arou et de la Mayenne, et au milieu duquel est situé le bourg de Moulay (2).

Il résulte des faits précédents qu'un très-grand nombre d'enceintes murales de villes ou de châteaux gallo-romains, n'ont été élevées que dans le IVme. siècle ou vers la fin du IIIme; je ne crois pas qu'il puisse rester à cet égard aucun doute dans votre esprit; car outre que les médailles découvertes en détruisant ces murs, nous fournissent des dates certaines, les débris de sculpture jetés dans les fondations paraissent être du Ier, du IIme ou du commencement du IIIme siècle.

Il n'est pas moins vrai que tous ces remparts ont été élevés dans un moment de danger,

---

(1) Malheureusement ce rempart a été détruit dans presque toute son étendue.

(2) Une autre voie se dirigeait à l'Ouest, vers le château d'Arou; le nouveau chemin de Jublains à Mayenne la traverse à trois endroits, et on la suit encore dans plusieurs champs. L'empreinte des roues, que l'on a remarquées, sur le pavé de cette chaussée, annonce, pour les charrettes employées anciennement, une largeur bien moins considérable que celle de nos voitures.

puisque nous trouvons tant de morceaux précieux sacrifiés pour se procurer des matériaux. Alors il fallut renoncer au luxe, se contenter des édifices d'une nécessité absolue, et concentrer les habitations sur les points les plus favorables pour la défense (1).

Les monuments restés en dehors des enceintes militaires furent en partie détruits (2), soit parce qu'il fallait des matériaux tout préparés, soit pour éviter qu'ils ne servissent de retraite

---

(1) Les villes ouvertes, que leur position ne permettait pas de fortifier avec avantage, furent abandonnées et transportées ailleurs dans des emplacements plus favorables ; ainsi la ville Romaine, qui était située à Alonne, village sur la Sarthe, fut tranférée, là où nous voyons aujourd'hui Le Mans, après qu'elle eut été ravagée par les barbares. La plupart des médailles trouvées à Alonne appartenaient aux différents Empereurs, qui se sont succédés depuis Auguste jusqu'à Constantin ; tandis que celles qui ont été trouvées au Mans, se rapportent plus particulièrement au IIIme. et au IVme. siècles. Le Mans était sans doute une ville comme Alonne, mais qui reçut des accroissements notables après l'abandon de celle-ci.

Ce que je viens de dire de *Suindinum*, peut s'appliquer à *Mediolanum Aulercorum*, primitivement placée au viel Evreux, et qui fut, dans les dernières années du IVme. siècle, transportée là où nous voyons aujourd'hui Evreux.

(2) En général les thermes qui devaient être placés près des cours d'eau furent conservés à l'extérieur des murs : tels furent ceux de Bayeux, du Mans et d'Angers. La muraille militaire de Lillebonne traversait les bains placés près du théâtre, et les divisait en deux parties.

aux ennemis. Probablement aussi le christianisme dont l'empire commençait à s'étendre dans toutes les villes de la Gaule, encouragea ces destructions qui anéantissaient les monuments de l'ancien culte.

Quoi qu'il en soit, tout annonce, je le répète, que les fortifications des villes gallo-romaines ont été établies rapidement, et pour ainsi dire, dans l'attente de nouvelles invasions de la part des barbares. M. Jouannet est arrivé de son côté à une conclusion semblable en examinant les nombreux tombeaux qui entrent dans la construction des murs antiques de Bordeaux.

« L'examen attentif de ces débris, dit M.
« Jouannet, ne permet pas de douter que la sé-
« paration des cippes et des tombeaux n'ait été
« l'effet simultané de leur enlèvement et de leur
» transport dans le mur d'enceinte. En effet, ces
« tombeaux sont restés si peu de temps expo-
« sés aux injures de l'air et des hommes, que,
« dans quelques-uns, l'urne s'est trouvée intacte
« avec les ossements et les cendres. Ceux qui ne
« renfermaient plus que de légers débris, con-
« servaient du moins encore des traces si fraî-
« ches qu'on aurait pu les croire toutes récen-
« tes. Il paraît que les cippes eux-mêmes
« n'avaient encore souffert d'autres dégrada-
« tions, que celles qui sont toujours l'effet du

« temps; et si quelques-uns ont eu leurs parties
« saillantes sciées ou coupées, ce fut évidem-
« ment au moment de l'emploi : on enleva ce
» qui aurait nui à la pose. Les cippes de même
« hauteur et de même largeur, furent affrontés
« les uns aux autres, corniche à corniche, base
« à base, comme pour mieux ménager les ins-
« criptions et les moulures. Enfin plusieurs des
« inscriptions conservent encore en partie cette
« couleur de minium dont, suivant Pline, on
« peignait quelquefois la lettre pour la rendre
« plus apparente. (1) »

Ainsi les populations malheureuses menacées de nouveaux désastres employèrent à leur défense les débris des monuments somptueux qui faisaient la gloire et l'ornement des cités, et la pierre même des tombeaux (2).

---

(1) Dissertation sur les inscriptions funéraires, découvertes en 7bre. 1826, dans les murs de l'enceinte antique de Bordeaux, par M. Jouannet.

(1) Aux termes de la loi romaine, la ville une fois prise par l'ennemi, les monumens sacrés cessaient de l'être, et l'on pouvait n employer la pierre à toute espèce d'usage. L'enceinte murale était d'ailleurs un objet sacré ; elle pouvait recevoir des monumens funéraires.

» Cùm loca ab hostibus capta sunt, desinunt omnia religiosa esse... ideòque lapides indè sublatos in quemlibet usum convertere possumus. »

Jac. de Gutherii, de jure manium. (Lib. III).

Maintenant *peut-on assigner à toutes ces constructions une époque précise ? ont-elles été élevées en même temps pour toute la Gaule ?* Je ne pense pas, Messieurs, qu'il y ait eu simultanéité dans tous ces travaux, quoiqu'ils paraissent avoir été le résultat d'une mesure générale.

En effet, l'enceinte murale de Bordeaux serait de la fin du IIIme siècle, d'après M. Jouannet (1), au lieu que celle de Tours ne peut guères, comme nous l'avons vu, être reportée au-delà de Gratien.

Cette dernière date pourrait, je crois, convenir à plusieurs autres enceintes du N.-O. de la Gaule; mais on a examiné jusqu'ici si légèrement ces médailles recueillies dans ces constructions, que je ne suis point encore en mesure de rien affirmer à cet égard.

Quelques enceintes pourraient être postérieures encore au règne de Gratien.

---

(1) Beaucoup de villes doivent avoir été fortifiées, soit sous Dioclétien, soit du temps de Constantin et de ses successeurs, plusieurs passages d'Ammien Marcellin prouvent que l'an 355, Sens et plusieurs autres villes étaient entourées de murs. A cette époque, les troupes Romaines ne prenaient plus leurs quartiers d'hiver que dans des villes fermées.

Les villes situées près des frontières avaient dû être munies de fortifications plus anciennement que les autres, et peut être avant le IIIe. siècle.

Je recueille en ce moment des observations qui, comparées entre elles, me permettront, j'espère, de déterminer bientôt, aussi exactement que possible, l'époque à laquelle nos villes gallo-romaines sont devenues plus compactes en se concentrant dans d'épaisses murailles.

Conclusion. Nous avons, Messieurs, recherché la position des lieux mentionnés par les auteurs anciens dans la 2me. et dans la 3me. Lyonnaise.

Nous avons reconnu quels sont les caractères des voies de communication établies entre ces divers établissements, puis nous avons successivement passé en revue les objets qui se trouvent le plus abondamment dans les lieux anciennement habités.

Les sépultures gallo-romaines ont aussi fixé notre attention, et nous avons examiné, en dernier lieu, les enceintes retranchées dont la Gaule a été garnie principalement au IVme. siècle et vers la fin du III^m.

Il me reste à parler des temples, des arènes, des bains, des théâtres et des autres grands monuments de l'époque romaine ; je compte en faire l'objet de nos prochaines conférences.

FIN DE LA SECONDE PARTIE.

www.ingramcontent.com/pod-product-compliance
Lightning Source LLC
Chambersburg PA
CBHW070450170426
43201CB00010B/1283